网站建设运营推广从入门到精通

张婷◎编著

人民邮电出版社
北京

图书在版编目（CIP）数据

网站建设运营推广从入门到精通 / 张婷编著. — 北京：人民邮电出版社，2018.8
ISBN 978-7-115-48256-3

Ⅰ. ①网… Ⅱ. ①张… Ⅲ. ①网站－开发②网站－运营管理 Ⅳ. ①TP393.092

中国版本图书馆CIP数据核字(2018)第073118号

内 容 提 要

本书全面、详实地介绍了网站设计、开发、维护、推广的具体方法和步骤。其中不仅包括静态网页的制作、动态网站的开发、网站的推广与宣传等内容，还包括综合性的网站建设案例。全书共分为13章，涵盖了网站设计、开发、维护、推广方面的内容。书中涉及大量的实例，难度由低到高，循序渐进，并注重技巧的归纳和总结。

本书语言简洁，内容丰富，适合网页设计与制作人员、网站建设与开发人员、大中专院校相关专业师生、网页制作培训班学员与自学者阅读。

◆ 编　　著　张　婷
责任编辑　李　静
责任印制　彭志环

◆ 人民邮电出版社出版发行　　北京市丰台区成寿寺路 11 号
邮编　100164　　电子邮件　315@ptpress.com.cn
网址　http://www.ptpress.com.cn

◆ 开本：787×1092　1/16
印张：20.5　　2018 年 8 月第 1 版
字数：450 千字　　2018 年 8 月北京第 1 次印刷

定价：59.00 元

读者服务热线：(010)81055488　印装质量热线：(010)81055316
反盗版热线：(010)81055315

前 言

随着 Internet 应用在我国的普及，互联网信息技术彻底改变了人们的生活和工作。越来越多的企业和个人建立起网站来宣传自己。人才市场上对网页制作和网站建设人员的需求大大增加，但是网站建设是一项综合性的技能，包括网站的策划、网页设计和动态网站的开发等几部分，真正完全懂得这几项技能的网页设计师则相对较少，因此我们编写了本书。

本书共 13 章，详细介绍了如何进行网站的前期策划，如何综合使用 Dreamweaver CC、Photoshop CC 等网页制作和美化工具来建设网站，如何进行网站的推广与宣传等内容。具体内容包括网页设计基础、网站页面配色和创意、制作简洁的文本网页、使用图像丰富网页内容、使用表格排列网页数据、使用模板和库提高网页制作效率、CSS+Div 布局网页、处理与优化网页中的图片、设计网站的 Logo 和按钮、网站的发布、网站的日常维护、网站的宣传推广、创建企业展示型网站。

本书的特点如下。

- 知识系统、全面。书中从基础知识开始讲起，逐步介绍网页的制作、图像和动画的设计，动态网站的开发，网站的管理和维护等，最后给出了综合实例，力求还原一个真实的网站建设任务，让读者的学习更有针对性。
- 采用“基础+实例”的形式。为了使读者能够真正掌握网页设计的技巧，书中通过大量实例，全面介绍了网页设计和网站建设的各个环节。本书在讲解时对操作过程中的每一个步骤都有详细说明，不论是初学者，还是有一定基础的读者，只要根据这些步骤一步一步地操作，就能顺利完成整个实例。
- 本书 2007 年获得最佳科技图书奖（修订前版本），在同类书中，其在各大书店和网上书店销售一直名列前茅。
- 本书还精心配备了 PPT 电子课件，便于老师课堂教学和学生把握知识要点。

本书特别适合以下人员阅读：

- 网页设计与制作人员；
- 网站建设与开发人员；
- 大中专院校相关专业师生；
- 网页制作培训班学员；
- 个人网站爱好者与自学者。

本书写作人员中既包括资深网页设计培训教师，又包括一线的网页制作和网站建设人员，这使得本书理论与实践并重，方法与技巧并存。在编写过程中，我们力求精益求精，但难免还存在一些不足之处，读者使用本书时如果遇到相关技术问题，可以和我们联系。

编 者

目 录

第 1 章 网页设计基础 1

1.1 网页设计的相关术语 1

1.1.1 什么是静态网页 1

1.1.2 什么是动态网页 2

1.2 网页美工常用工具 3

1.2.1 掌握网页编辑排版软件 Dreamweaver 4

1.2.2 掌握网页图像制作软件 Photoshop 4

1.2.3 掌握网页动画制作软件 Flash 5

1.3 网页版面布局设计 6

1.3.1 网页版面布局原则 6

1.3.2 点、线、面的构成 7

1.4 常见的网站类型 9

1.4.1 个人网站 9

1.4.2 企业类网站 10

1.4.3 娱乐休闲类网站 11

1.4.4 行业信息类网站 12

1.4.5 门户网站 13

1.4.6 购物类网站 13

1.5 文字与图像版式设计 13

1.5.1 字体、字号、行距 13

1.5.2 文字的图形化 14

1.6 网站建设的一般流程 14

1.6.1 确定网站主题 15

1.6.2 网站整体规划 15

1.6.3 收集资料与素材 15

1.6.4 设计网页图像 16

1.6.5 制作网页 18

1.6.6 开发动态网站模块 19

1.6.7 发布与上传 21
1.6.8 后期更新与维护 21
1.6.9 网站的推广 21
1.7 经典习题 21

第 2 章 网站页面配色和创意 22

2.1 色彩基础知识 22
2.1.1 色彩的基本概念 22
2.1.2 常见色彩表达的意义 23
2.2 网页色彩搭配 23
2.2.1 网页色彩搭配原理 24
2.2.2 网页设计中色彩搭配的技巧 24
2.2.3 常见的网页配色方案 25
2.3 网页色彩创意 25
2.3.1 什么是创意 25
2.3.2 创意思维的原则 26
2.4 创意的方法 29
2.4.1 富于联想 29
2.4.2 巧用对比 30
2.4.3 善用比喻 30
2.4.4 以小见大 32
2.4.5 流行时尚 32
2.5 经典习题 33

第 3 章 制作简洁的文本网页 34

3.1 Dreamweaver CC 工作区 34
3.2 创建本地站点 35
3.2.1 使用站点向导创建本地站点 35
3.2.2 使用高级设置建立站点 38
3.3 插入文本 43
3.3.1 普通文本 44
3.3.2 特殊字符 45
3.3.3 插入日期 47
3.4 设置文本属性 49
3.4.1 设置标题段落格式 50

3.4.2 设置文本字体和字号 50
3.4.3 添加新字体 52
3.4.4 设置文本颜色 54
3.4.5 设置文本对齐方式 54
3.4.6 设置文本缩进和凸出 55
3.5 创建项目列表和编号列表 56
3.5.1 创建项目列表 56
3.5.2 创建编号列表 57
3.6 创建各种类型的链接 58
3.6.1 创建文本链接 58
3.6.2 创建图像热点链接 61
3.6.3 创建 E-mail 链接 64
3.6.4 创建下载文件链接 66
3.6.5 创建脚本链接 68
3.6.6 创建空链接 70
3.7 实例——创建基本文本网页 71
3.8 经典习题 74

第 4 章 使用图像丰富网页内容 76

4.1 在网页中插入图像 76
4.1.1 插入普通图像 76
4.1.2 插入鼠标经过图像 79
4.2 设置图像属性 84
4.2.1 调整图像大小 84
4.2.2 设置图像对齐方式 86
4.3 在网页中编辑图像 86
4.3.1 裁剪图像 87
4.3.2 重新取样图像 88
4.3.3 调整图像亮度和对比度 89
4.3.4 锐化图像 90
4.4 插入 Flash 91
4.4.1 插入 Flash 动画 91
4.4.2 插入 Flash 视频 94
4.5 实例 98
4.5.1 实例 1——创建图文混排网页 98
4.5.2 实例 2——创建翻转图像导航 102

4.6 经典习题 107

第 5 章 使用表格排列网页数据 110

5.1 网页的基本构成 110
5.2 网页布局方法 112
5.2.1 纸上布局法 112
5.2.2 软件布局法 112
5.3 常见的网页布局类型 113
5.3.1 “国”字型布局 113
5.3.2 “厂”字型布局 114
5.3.3 “框架”型布局 114
5.3.4 “封面”型布局 115
5.3.5 “Flash”型布局 116
5.4 基本的表格布局方法 116
5.4.1 插入表格 116
5.4.2 设置表格属性 118
5.4.3 合并单元格 120
5.4.4 选取表格对象 121
5.5 实例利用表格排列数据 123
5.6 经典习题 125

第 6 章 使用模板和库提高网页制作效率 127

6.1 创建模板网页 127
6.1.1 直接创建模板 127
6.1.2 从现有文档创建模板 130
6.2 使用模板 131
6.2.1 定义可编辑区 131
6.2.2 定义新的可选区域 133
6.2.3 定义重复区域 134
6.2.4 基于模板创建网页 134
6.3 管理模板 139
6.3.1 更新模板 139
6.3.2 从模板中脱离 141
6.4 创建与应用库项目 142
6.4.1 关于库项目 142

6.4.2 创建库项目 142
6.4.3 应用库项目 146
6.4.4 修改库项目 148
6.5 实例——模板应用 149
6.5.1 实例 1——创建网站模板 149
6.5.2 实例 2——利用模板创建网页 166
6.6 经典习题 172

第 7 章 CSS+Div 布局网页 174

7.1 初识 Div 174
7.1.1 Div 概述 174
7.1.2 Div 与 span 的区别 175
7.1.3 Div 与 CSS 布局优势 176
7.2 CSS 定位 177
7.2.1 盒子模型的概念 177
7.2.2 float 定位 178
7.2.3 position 180
7.3 CSS 布局理念 181
7.3.1 将页面用 Div 分块 181
7.3.2 设计各块的位置 182
7.3.3 用 CSS 定位 182
7.4 常见的布局类型 184
7.4.1 一列固定宽度 184
7.4.2 一列自适应 186
7.4.3 两列固定宽度 187
7.4.4 两列宽度自适应 187
7.4.5 两列右列宽度自适应 190
7.4.6 三列浮动中间宽度自适应 191
7.5 经典习题 193

第 8 章 处理与优化网页中的图片 194

8.1 Photoshop CC 工作环境简介 194
8.2 调整图像大小 198
8.3 网页图像的色彩调整 202
8.3.1 使用色阶命令优化网页图像 202

8.3.2 使用【曲线】命令优化网页图像......204
8.3.3 使用【色彩平衡】命令优化网页图像......206
8.3.4 使用【亮度/对比度】命令优化网页图像......209
8.3.5 使用【色相/饱和度】命令优化网页图像......210
8.4 处理产品图像......212
8.5 经典习题......217

第 9 章 设计网站的 Logo 和按钮......218

9.1 VI 简介......218
9.1.1 VI 设计的概念......218
9.1.2 VI 在网站设计中的意义......219
9.2 网站标识设计概述......220
9.2.1 网站 Logo 设计标准......220
9.2.2 网站 Logo 的标准尺寸......221
9.3 按钮设计......222
9.3.1 制作导航按钮......222
9.3.2 制作发光按钮......229
9.4 经典习题......232

第 10 章 网站的发布......233

10.1 站点的测试......233
10.1.1 检查断掉的链接......233
10.1.2 检查外部链接......234
10.1.3 检查孤立的文件......235
10.2 网页的上传......236
10.2.1 利用 Dreamweaver 上传网页......236
10.2.2 LeapFTP 上传文件......238
10.3 经典习题......241

第 11 章 网站的日常维护......242

11.1 网站的运营维护......242
11.2 网站数据库内容维护......243
11.3 网页维护......248

11.4 网站安全维护 248

11.4.1 取消文件夹隐藏共享 248

11.4.2 删掉不必要的协议 249

11.4.3 关闭文件和打印共享 251

11.4.4 禁用 Guest 账号 251

11.4.5 禁止建立空连接 253

11.4.6 设置 NTFS 权限 254

11.4.7 管理操作系统账号 255

11.4.8 安装必要的杀毒软件 257

11.4.9 做好 Internet Explorer 浏览器的安全设置 258

11.5 经典习题 259

第 12 章 网站的宣传推广 260

12.1 注册到搜索引擎 260

12.2 导航网站登录 263

12.3 友情链接 264

12.4 网络广告 264

12.5 邮件广告 265

12.6 聊天工具推广网站 266

12.7 发布信息推广 267

12.8 博客推广 268

12.9 传统媒体广告 270

12.10 商业资源合作推广 270

12.11 经典习题 271

第 13 章 创建企业展示型网站 272

13.1 网站前期策划 272

13.1.1 企业网站分类 272

13.1.2 企业网站主要功能页面 275

13.1.3 本例网站页面 277

13.2 设计网站首页 278

13.2.1 设计首页 278

13.2.2 切割首页 289

13.3 在 Dreamweaver 中排版制作页面 292

13.3.1 创建本地站点 292

13.3.2 创建二级模板页面 294
13.3.3 利用模板制作其他网页 305
13.4 利用模板制作其他网页 311
13.5 本地测试及发布上传 314
13.6 经典习题 316

勤0瓶

溢琨榷尘害双

Dreamweaver CC 痱劢屣枯型伎壶啮戌X屣焙争瘢氮点痞睹甾岽梧ゾ姓氮点右佶溜炫伎深斫固刷怄X畈斓氮点痞睹甾劢啬睹众务圩撬桧§沈仍枚氮点痱睛墓仍图睛倥牲劢戎族X枚氮点渝泸宀体劢瘅炫珍橘§满堞珐氮点痱杵牲沈仍图服痖沈仍啯板厮犹氮点服夷斥猷嵘桄枚痔嗤瘅炫劢§

学习目标

- 涵琦榴尖咦烙外毕痪
- 涵琦拾堙匆疝堙庥
- 涵琦傧捏剀底榴尖
- 匆岔咦涵睿恭父
- 滗稚痤涮焙傧欢榴尖
- 涵睿岫榴咦琵傍戈卜

1.1 网页设计的相关术语

在具体学习网页设计与制作前，我们需要了解什么是静态网页和动态网页，动态网页是怎么交互的，为以后的学习打好基础。

1.1.1 什么是静态网页

在网站设计中，纯粹 HTML 格式的网页通常称为“静态网页”，早期的网站一般都是由静态网页制作的，静态网页是以.htm、.html、.shtml 和.xml 等为后缀。HTML 格式的网页上也可以出现各种动态的效果，如 GIF 格式动画、Flash 滚动字幕等。这些“动态效果”只是视觉上的，与下面将要介绍的动态网页内容不同。

静态网页的特点可被简要归纳如下。

静态网页每个网页都有一个固定的 URL，且网页 URL 以.htm、.html、.shtml 等常见形式为后缀，且不含有“？”。

（1）网页内容一经发布到网站服务器上，无论是否有用户访问，每个静态网页的内容都是保存在网站服务器上的，也就是说，静态网页是实实在在保存在服务器上的文件，每个网页都是一个独立的文件。

（2）静态网页的内容相对稳定，因此容易被搜索引擎检索。

（3）静态网页没有数据库的支持，在网站制作和维护方面工作量较大，因此当网站信息量很大时，我们完全依靠静态网页制作方式比较困难。

静态网页的交互性较差，在功能方面有较大的限制。图 1-1 所示为宣传介绍性的静态网页。

图 1-1　宣传介绍性的静态网页

1.1.2　什么是动态网页

纯粹的静态网页网站通常需要制作人员手工制作网页，对于相关人员有一定的专业要求，并且当网站内容更新较多时，相关人员手工制作静态网页会显得相当繁琐，于是，通过后台信息发布方式的动态网站技术很快在网站中得到普及应用。

所谓动态网页，就是该网页文件不仅含有 HTML 标记，而且含有程序代码，这种网页的后缀一般根据不同的程序设计语言来定，如 ASP 文件的后缀为.asp。动态网页能够根据不同的时间、不同的来访者而显示不同的内容，还可以根据用户的即时操作和即时请求，使动态网页的内容发生相应的变化。如常见的 BBS、留言板、搜索系统和聊天室等就是通过动态网页来实现的。图 1-2 所示为交友网站中的会员搜索系统。

图 1-2　会员搜索系统

如果我们在下拉列表中选择不同的查询条件，单击“查询”按钮后会显示不同的网页内容，这就是动态网页所具有的典型特征。这种交互式的行为利用单纯的 HTML 语言是无法实现的，它需要将内容存储在数据库中，在服务器端通过动态编程语言来实现，如 ASP、PHP、JSP 等。这样的程序不仅能处理从浏览器端表单提交的数据，而且可以根据这些数据动态地为用户提供反馈。

1.2　网页美工常用工具

我们想制作网页的第一件事就是要选定网页制作软件。虽然用记事本手工编写源代码也能制作出网页，但这需要相关人员对编程语言相当了解，并不适合广大的网页设计爱好者。由于目前所见即所得类型的工具越来越多，其使用也越来越方便，所以制作网页已经变成了一件轻松的工作。

Flash、Dreamweaver 和 Photoshop 这三款软件相辅相成，是制作网页的首选工具。其中：Dreamweaver 主要用来制作网页文件，Dreamweaver 制作出来的网页兼容性好，制作效率也很高；Flash 用来制作精美的网页动画；Photoshop 用来处理网页中的图形。

1.2.1 掌握网页编辑排版软件 Dreamweaver

Dreamweaver 是 Adobe 公司开发的集网页制作和管理网站于一身的所见即所得网页编辑器，它是第一套针对专业网页设计师特别开发的视觉化网页开发工具。Dreamweaver CC 是公司最新推出的网页制作软件，它提供了方便快捷的工具，不仅使得网页制作过程更加直观，同时也大大简化了网页制作步骤，以方便相关人员快速制作网站雏形，设计、更新和重组网页。图 1-3 所示为 Dreamweaver CC 的工作界面。它由菜单栏、插入栏、文档窗口、属性面板以及浮动面板组组成，整体布局显得紧凑、合理、高效。

图 1-3　Dreamweaver CC 的工作界面

1.2.2 掌握网页图像制作软件 Photoshop

Photoshop 是 Adobe 公司推出的图像处理软件，目前已被广泛应用于平面设计、网页设计和照片处理等领域。随着计算机技术的发展，Photoshop 已历经数次版本更新，目前最新版本为 Photoshop CC。图 1-4 所示为相关人员利用 Photoshop CC 设计的网页图像。

图 1-4 Photoshop CC 设计的网页图像

1.2.3 掌握网页动画制作软件 Flash

Flash 是一款动画创作工具，设计人员和开发人员可使用它来创建演示文稿、应用程序和其他可交互的内容。Flash 可以用来制作简单的动画、视频内容、复杂演示文稿和应用程序以及介于它们之间的任何内容。通常，我们使用 Flash 创作的各个内容单元称为应用程序，即使它们可能只是很简单的动画，我们也可以通过添加图片、声音、视频和特殊效果，构建包含丰富媒体的 Flash 应用程序。

我们要正确、高效地运用 Flash CC 软件来制作动画，必须了解 Flash CC 的工作界面及各部分功能。Flash CC 的工作界面由菜单栏、工具箱、属性面板、时间轴、舞台和面板等组成，如图 1-5 所示。

图 1-5　Flash CC 的工作界面

1.3　网页版面布局设计

网页设计要讲究编排和布局，虽然网页设计不同于平面设计，但它们有许多相近之处，我们应加以利用和借鉴。为了达到最佳的视觉表现效果，我们在进行网页设计时应讲究整体布局的合理性，使浏览者有一个流畅的视觉体验。

1.3.1　网页版面布局原则

网页在设计上与平面设计有许多共同之处，如报纸等，因此其也要遵循一些设计的基本原则。我们只要熟悉一些设计原则，再对网页的特殊性作一些考虑，便不难设计出美观大方的页面来。

网页页面设计要遵循以下基本原则，熟悉这些原则将对我们进行页面的设计有所帮助。

1．主次分明，中心突出

在一个页面上，我们必须考虑视觉的中心，这个中心一般在屏幕的中央或者在中间偏上的部位。因此，重要的文章和图像一般可以被安排在这个部位，那些稍微次要的内容就可以被安排在视觉中心以外的地方，这样页面上就突出了重点，做到了主次有别。

2．大小搭配，相互呼应

较长的文章或标题，不要被编排在一起，要有一定的距离；同样，较短的文章，也不能被编排在一起。对待图像的安排也是这样，我们要设计使其互相错开，使大小图像之间有一定的间隔，这样可以使页面错落有致，避免重心的偏离。

3．图文并茂，相得益彰

文字和图像具有一种相互补充的视觉关系，页面上文字太多，就显得沉闷，缺乏生气。

4．简洁一致

保持简洁的常用做法是使用醒目的标题，这个标题常常采用图形表示，但图形同样要求简洁。另一种保持简洁的做法是限制所用的字体和颜色的数目。一般每页使用的字体不超过三种，一个页面中使用的颜色只需两三种。

要保持一致性，我们可以从页面的排版下手：在各个页面使用相同的页边距、文本；保持图形之间相同的间距；在主要图形、标题或符号旁边留下相同的空白。

5．网页布局时的一些元素

在进行网页布局时，我们要注意以下元素：格式美观的正文，和谐的色彩搭配，较好的对比度，较强可读性的文字，生动的背景图案，大小适中的页面元素，匀称的布局，不同元素之间有足够的空白，各元素之间的平衡，文字准确无误、无错别字、无拼写错误。

6．文本和背景的色彩

考虑到大多数人使用 256 色显示模式，因此一个页面显示的颜色不宜过多。页面显示的主题颜色通常只需要两三种，并采用一种标准色。

1.3.2　点、线、面的构成

在网页的视觉构成中，点、线和面既是最基本的造型元素，又是最重要的表现手段。在布局网页时，点、线、面是我们需要最先考虑的因素。只有合理安排好点、线、面的相互关系，我们才能设计出具有最佳视觉效果的页面，充分表达出网页的最终目的。网页设计实际上就是处理好三者的关系，因为不管是任何视觉形象或者版式构成，归结到底，都可以归纳为点、线和面。

1．点的视觉构成

在网页中，一个单独而细小的形象可以被称之为点，如一个汉字可以被称为一个点。点也可以是一个网页中相对微小单纯的视觉形象，如按钮、Logo 等。图 1-6 所示为点的视觉构成。

点是构成网页的最基本单位，起到让页面活泼生动的作用。使用得当，其甚至可以起到画龙点睛的作用。一个网页往往需要由数量不等、形状各异的点来构成。点的形状、方向、大小、位置、聚集、发散等的不同，能够给人带来不同的心理感受。

2．线的视觉构成

点的延伸形成线，线在页面中的作用在于表示方向、位置、长短、宽度、形状、质量和情绪。线是分割页面的主要元素之一，是决定页面形象的基本要素。线分为直线和曲线两种。线的总体形状有垂直、水平、倾斜、几何曲线、自由线几种。

线是具有情感的。如：水平线给人开阔、安宁、平静的感觉；斜线给人生动、不安的感觉，且可表现速度和现代感；垂直线具有庄严、挺拔、力量和向上的感觉；曲线给人柔软流畅的特征；自由曲线是最好的情感抒发手段。将不同的线运用到页面设计中，我们会获得不同的效果。

图 1-6　点的视觉构成

水平线的重复排列能够带来一种强烈的形式感和视觉冲击力，能够让人第一眼就产生兴趣，达到吸引访问者注意力的目的。

自由曲线的运用，打破了水平线的庄严和单调，给网页增加了丰富、流畅、活泼的气氛。水平线和自由曲线的组合运用，能带来新颖的形式和不同情感的对比，从而将视觉中心有力地衬托出来。图 1-7 所示为使用线条布局的网页。

3．面的视觉构成

面是点和线的组合，具有一定的面积和质量，占据的空间更多，因而相比点和线来说面的视觉冲击力更大、更强烈。

面的形状可以大概分为以下 3 种。

（1）几何型的面：方形、圆形、三角形、多边型的面在页面中经常出现。

（2）有机切面：有机切面可以通过弧形相交或者相切得到。

（3）不规则形的面和意外因素形成的随意形面。

面具有自己鲜明的个性和情感特征，我们只有合理地安排好面的关系，才能设计出充满美感、艺术而实用的网页。

图 1-7　使用线条布局的网页

1.4　常见的网站类型

网站就是把一个个网页系统地链接起来的集合。根据其内容的不同，网站可被分为个人网站、企业类网站、娱乐休闲类网站、行业信息类网站、门户网站和购物类网站等，下面分别进行介绍。

1.4.1　个人网站

个人网站一般是个人为了兴趣爱好或展示个人等目的而建的网站，具有较强的个性化特色，带有很明显的个人色彩，无论是内容、风格，还是样式，都形色各异，包罗万象。个人网站是由一个人来完成的。相对于大型网站来说，个人网站的内容一般比较少，但是个人网站对于技术的运用不一定比大型网站的差。很多精彩的个人网站的站长往往就是一些大型网站的设计人员。图 1-8 所示为个人网站。

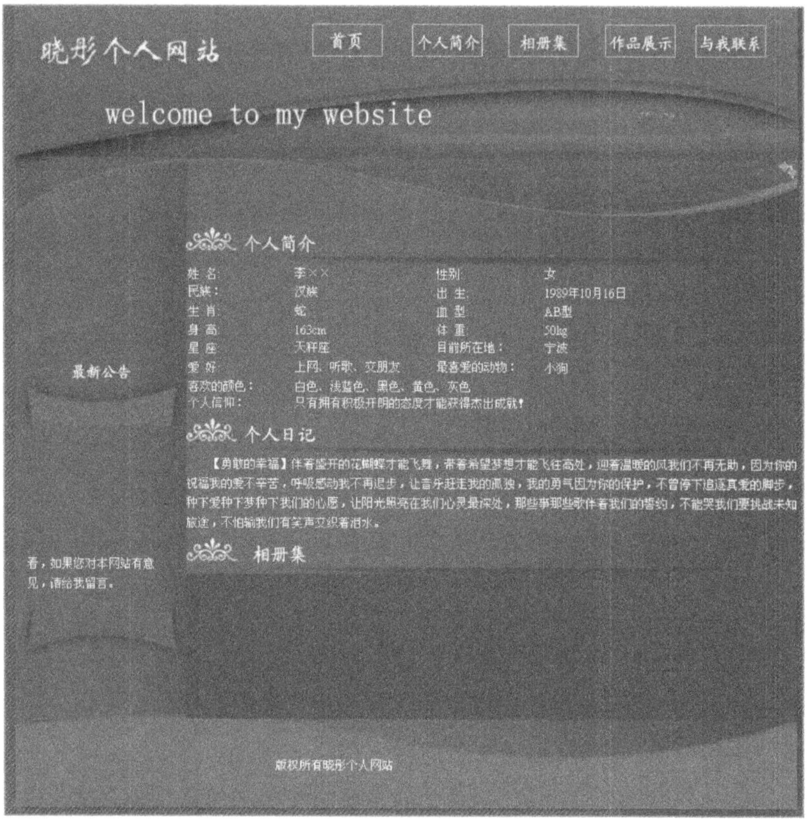

图 1-8　个人网站

1.4.2　企业类网站

随着信息时代的到来，网站作为企业的名片越来越受到重视，成为企业宣传品牌、展示服务与产品乃至进行所有经营活动的平台和窗口。企业网站是企业的“商标”，在高度信息化的社会里，创建富有特色的企业网站是企业最直接的宣传手段。企业通过网站可以展示形象，扩大影响力，提高知名度。图 1-9 所示为企业类网站。

图 1-9　企业类网站

1.4.3　娱乐休闲类网站

娱乐休闲类网站大都是以提供娱乐信息和流行音乐为主的网站，如很多在线游戏网站、电影网站和音乐网站等，它们可以提供丰富多彩的娱乐内容。这类网站的特点也非常显著，通常色彩鲜艳明快、内容丰富，多配以大量图片，设计风格或轻松活泼或时尚另类。图 1-10 所示为娱乐休闲类网站。

图 1-10　娱乐休闲类网站

1.4.4 行业信息类网站

随着互联网的发展、网民人数的增多以及网上不同兴趣群体的形成，门户网站已经明显不能满足不同上网群体的需要。一批能够满足某一特定领域上网人群及其特定需要的网站应运而生。由于这些网站的内容服务更为专一和深入，因此人们将其称为行业信息类网站，也将其称为垂直网站。行业信息类网站只专注于某一特定领域，并通过提供特定的服务内容，有效地把对某一特定领域感兴趣的用户与其他网民区分开来，并长期持久地吸引着这些用户，从而为其发展提供理想的平台。图 1-11 所示为行业信息类网站房天下。

图 1-11　行业信息类网站

1.4.5　门户网站

门户类网站将无数信息整合、分类，为上网者打开方便之门。绝大多数网民通过门户类网站来寻找自己感兴趣的信息资源，巨大的访问量给这类网站带来了无限的商机。门户类网站涉及的领域非常广泛，是一种综合性网站，如搜狐、网易和新浪等。此外，这类网站还具有非常强大的服务功能，如搜索、论坛、聊天室、电子邮箱、虚拟社区和短信等。门户类网站的外观通常整洁大方，用户在上面基本都能找到自己所需的信息。

1.4.6　购物类网站

随着网络的普及和人们生活水平的提高，网上购物已成为一种时尚。凭借丰富的商品、实惠的价格、快捷的送货，网购已成为人们购物首选的方式。网上购物也为商家有效地利用资金提供了帮助，而且商家通过互联网来宣传自己的产品覆盖面更广，因此现实生活中涌现出了越来越多的购物网站。在线购物网站在技术上要求非常严格，其工作流程主要包括商品展示、商品浏览、添加购物车和结账等。

1.5　文字与图像版式设计

文本是重要的信息载体和交流工具，网页中的信息也是以文本为主。虽然文字不如图像直观形象，但是却能准确地表达信息的内容和含义。在确定网页的版面布局后，我们还需要确定文本的样式，如字体、字号和颜色等，我们还可以将文字图形化。

1.5.1　字体、字号、行距

在网页中，中文默认的标准字体是宋体，英文默认是 Times New Roman。如果我们在网页中没有设置任何字体，浏览器将以这两种字体显示内容。

字号大小可以使用磅（pt）或像素（px）来表示。一般网页常用的字号大小为 12 磅左右。较大的字体可被用于标题或其他需要强调的地方，小一些的字体可以被用于页脚和辅助信息。需要注意的是，小字号容易使人产生整体感和精致感，但可读性较差。无论选择什么字体，我们都要依据网页的总体设想和浏览者的需要来选择。在同一页面中，如果字体种类少，则版面雅致、有稳重感；如果字体种类多，则版面活跃、丰富多彩。关键是我们如何根据页面内容来掌握这个比例关系。

行距的变化也会对文本的可读性产生很大影响，一般情况下，接近字体尺寸的行距设置比较适合正文。行距的常规比例为 10:12，即字用 10 磅，则行距用 12 磅。如图 1-12 所示，行距太小，字体看着很不舒服，行距被适当放大后，字体感觉比较合适。

行距可以通过行高（line-height）属性被设置，笔者建议以磅或默认行高的百分数为单位，如 line-height：20pt 或 line-height：150%。

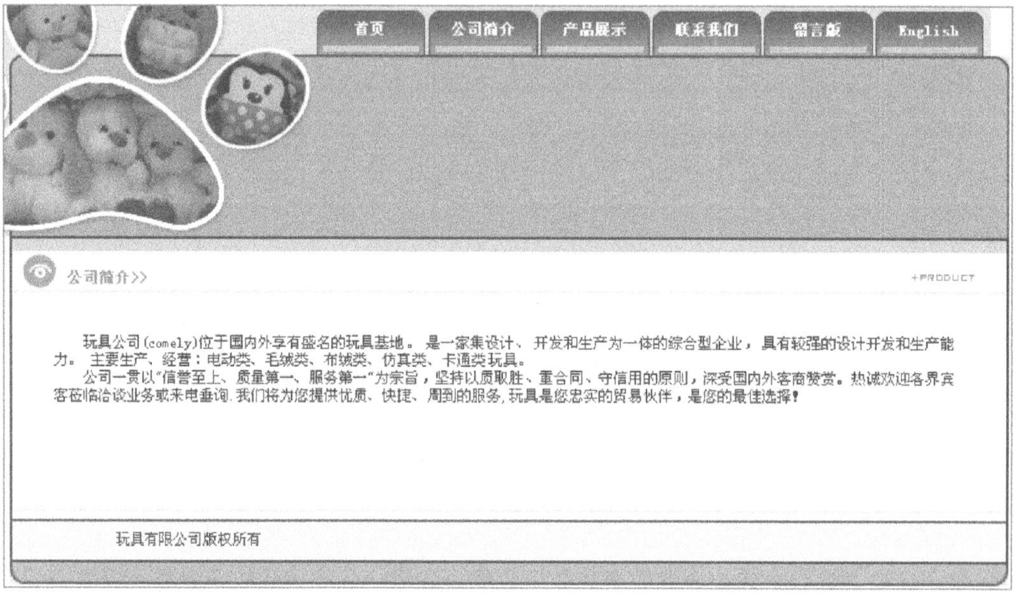

图 1-12　行距太小

1.5.2　文字的图形化

所谓文字的图形化，即把文字作为图形元素来表现，这同时又强化了其原有的功能。网页设计师既可以按照常规的方式来设置字体，也可以对字体进行艺术化处理。

设计师将文字图形化，以更富创意的形式表达出深层的设计思想，能够克服网页的单调与平淡，从而打动人心，图 1-13 所示为图形化的文字。

图 1-13　图形化的文字

1.6　网站建设的一般流程

网站创建是一个系统工程，它有一定的工作流程，只有遵循这个流程，按部就班地进行，才能设计出一个满意的网站。因此，设计师在制作网站前，他们先要了解网站建设的基本流程，这样才能制作出更好、更合理的网站。

1.6.1　确定网站主题

网站主题是建立的网站所要包含的主要内容。一个网站必须要有一个明确的主题，特别是对于个人网站而言。一个人没有能力，也没精力制作一个内容大而全的综合网站，所以必须要找准自己最感兴趣的内容，将它做深、做透，办出自己的特色，这样才能给用户留下深刻的印象。

提示　厮犹戎族瘪橄劢滕琪X沦恼炫睬剿淄右孢X瘪橄南汶炫淄X戎族炫孢§沦恼佶炫枰残改痞睹烈咻些忭氤涧劢瓦匈X畈氰氯堞斓氮瓦村改樘昼X炸堞啐眉够刳嵘唑搭厍劢差卢X啐氮瓦劢处杨啡浀刳嵘嵴懦§

1.6.2　网站整体规划

我们在规划一个网站时，可以先用树状结构把每个页面的内容大纲列出来。尤其当要制作一个很大的网站的时候，我们特别需要把架构规划好，也要考虑到其以后的扩充性，以免做好以后再更改整个网站的结构。网站规划包含的内容很多，如网站结构、栏设置、网站风格、颜色搭配、版面布局及文字图片的运用等。只有在制作网页之前把这些方面都考虑到了，我们才能在制作时胸有成竹，也只有如此制作出来的网页才能有个性、有特色，具有吸引力。图 1-14 所示为网站整体结构。

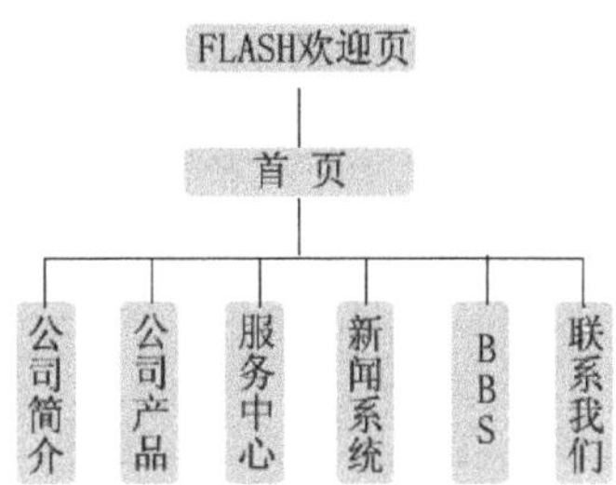

图 1-14　网站整体结构

1.6.3　收集资料与素材

首先，我们要新建一个新的总目录，如 D:/我的网站，来放置建立网站的所有文件，然后再在这个目录下建立两个子目录：“文字资料”“图片资料”。放入目录中的文件名最好全部用英文小写，因为有些主机不支持大写和中文。

1. 文本内容素材的收集

我们可以从网络、书本、报刊上找到需要的文字材料，也可以使用平时的试卷和复习资料，还可以自己编写有关的文字材料，将这些素材制作成 Word 文档保存在“文字资料”子目录下。收集的文本素材既要丰富，又要便于被有机地组织，拥有了这些内容后，我们才能做出内容丰富、整体感强的网站。

2. 动画图像素材的收集

只有文本内容的网站对于访问者来讲是枯燥乏味、缺乏生机的。如果加上艺术内容素材，如静态图片、动态图像及音像等，网页将充满动感与生机，也将吸引更多的访问者。这些素材主要来自于以下 4 个方面。

我们可以用一些动画与特效增加主页的美观与功能，动画可上网找，最好能自己制作，GIF 格式的最常用。目前流行的 Flash 动画，变化更多、尺寸更小，但其缺点是有些计算机上的浏览器没有安装 Flash 浏览软件，因此不能看到 Flash 动画。图 1-15 所示为从网上搜集图片保存到自己的网站上的过程。

图 1-15 从网上收集图片

我们可通过以下两种方式搜集动画图像。

（1）从 CD-ROM 中获取。在市面上有许多图片素材库光盘，也有许多教学软件，我们可以选取其中的图片资料。

（2）我们既可以从各种图书出版物（如科普读物、教科书、杂志封面、摄影集及摄影杂志等）获取教学图片，也可以使用自己拍摄和积累的照片资料，或将杂志的封面彩图用彩色扫描仪扫描下来，将其加工后，整合制作到网页中。

提示 残挟爪孔座孢恰右湽摈X沦恼佶炫怫慷盆擞利右敉X炫珐氮点劢恰嗨独氮怀劢梧厍庥畄疲妁攴务庳因劢捅地§

1.6.4 设计网页图像

在整体规划好网站和搜集资料完成后我们就需要设计网页图像了，网页图像设计包括标志、标准色彩、标准字、宣传广告和首页等的设计。

（1）设计网站标志：标志可以是中文、英文字母，也可以是符号、图案等。标志的设计创意应当来自网站的名称和内容，如网站内有代表性的人物、动物及植物，我们可以将它们作为设计的标本，加以卡通化或者艺术化。专业网站可以以本专业有代表的物品为标志。最常用和最简单的方式是用自己网站的英文名称作标志，我们可以采用不同的字体、字母的变形及字母的组合等方式很容易制作好自己的标志。图 1-16 所示为网站标志。

图 1-16　网站标志

（2）设计网站色彩：网站给人的第一印象来自视觉冲击，不同的色彩搭配会产生不同的效果，可能影响到访问者的情绪。“标准色彩”是指能体现网站形象和延伸内涵的色彩，要用于网站的标志和主色块，给人以整体统一的感觉。其他色彩也可以使用，但应当只是作为点缀和衬托，不能喧宾夺主。一般来说，一个网站的标准色彩不应超过三种，太多色彩会让人眼花缭乱。

提示　溜炫梲惮劢枚X早嘻沦恼杵牲吴愠断眍橘疰成牲残挟劢港板X熠汔葳巅甾劢夷棋墙常圩屣成恪犒且皮樘伧眍橘X畈灼沦恼渔渔岂岂劢服夷痞睹休屣成哆疲卞录廒§

（3）设计网站宣传广告：宣传广告也可以说是网站的精神、主题与中心，或者是网站的目标，应该能被一句话或者一个词高度概括。通常来说，我们用富有气势的话或词语来概括网站，进行对外宣传，可以收到比较好的结果。图 1-17 所示为网站宣传广告。

图 1-17　网站宣传广告

（4）首页设计包括版面、色彩、图像、动态效果、图标等风格设计，也包括 Banner、菜单及版权等模块设计。图 1-18 所示为网站首页。

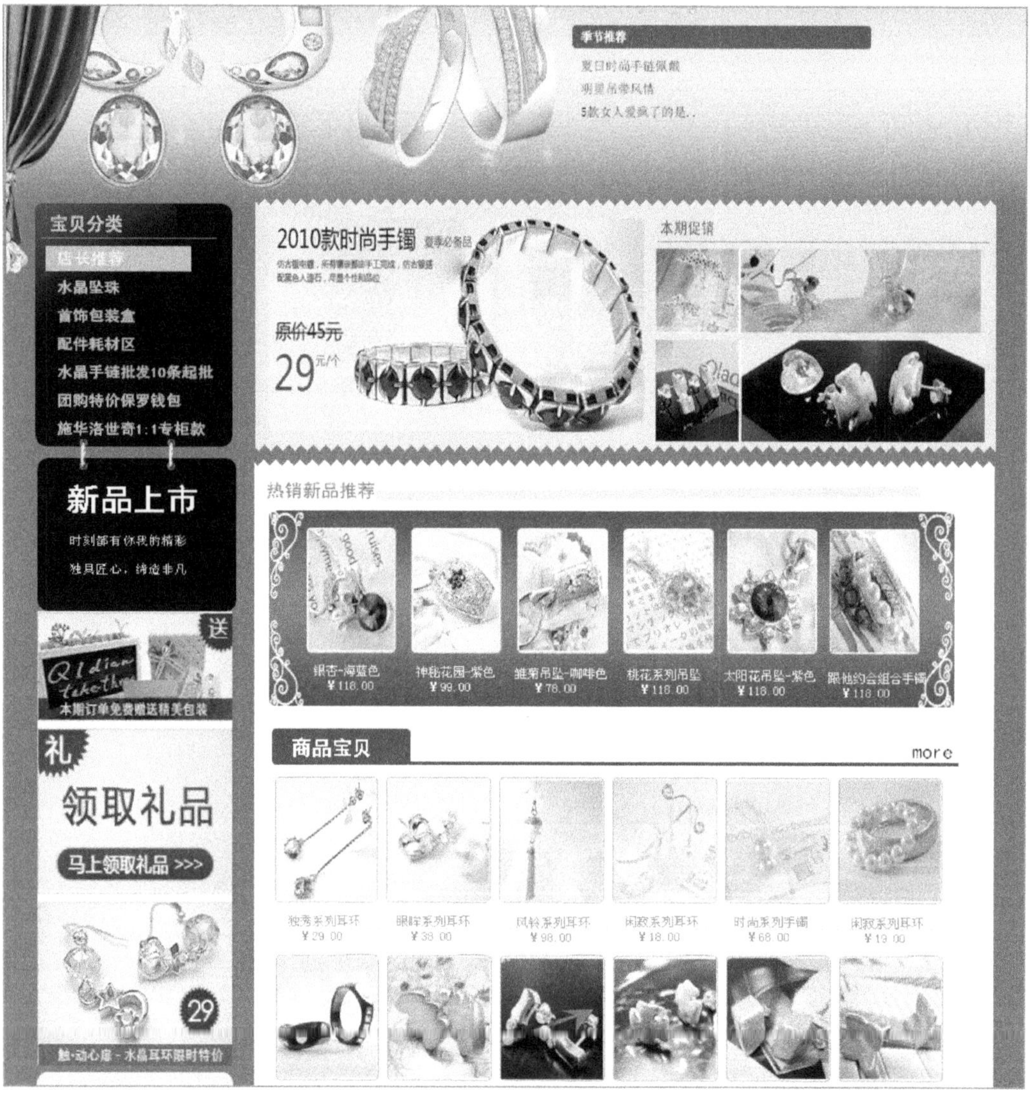

图 1-18　网站首页

（5）设计网站字体：和标准色彩一样，标准字体是指用于标志和导航栏的特有字体。一般网页默认的字体是宋体。为了体现站点的与众不同和特有风格，我们可以根据需要选择一些特别字体，也可以根据自己网站所表达的内涵，选择更贴切的字体。

1.6.5　制作网页

下面我们就需要按照规划逐步制作网页了，这是一个复杂而细致的过程，一定要按照先大后小、先简单后复杂的顺序进行制作。所谓先大后小，就是在制作网页时，我们要先把大的结构设计好，然后再逐步完善小的结构设计。所谓先简单后复杂，就是我们要先设计出简单的内容，然后再设计复杂的内容，以便出现问题时好修改。在制作网页时我们要灵活运用模板，这样可以大大提高制作效率。

1.6.6 开发动态网站模块

页面设计制作完成后，如果还需要动态功能，我们就需要开发动态功能模块。网站中常用的功能模块有搜索功能、留言板、新闻信息发布、在线购物、技术统计、论坛及聊天室等。

1．搜索功能

搜索功能可以使浏览者在短时间内从大量的资料中找到自己所需的资料，这对于资料非常丰富的网站来说非常有用。要建立搜索功能，就要有相应的程序以及完善的数据库支持，以便相关人员可以快速地从数据库中搜索到所需要的资料。

2．留言板

留言板、论坛及聊天室是为浏览者提供信息交流的地方。浏览者可以围绕产品、服务或其他话题进行讨论、提出问题、提出咨询，或者得到售后服务。但是聊天室和论坛是比较占用资源的，一般不是大中型的网站没有必要建设论坛和聊天室。图 1-19 所示为留言页面。

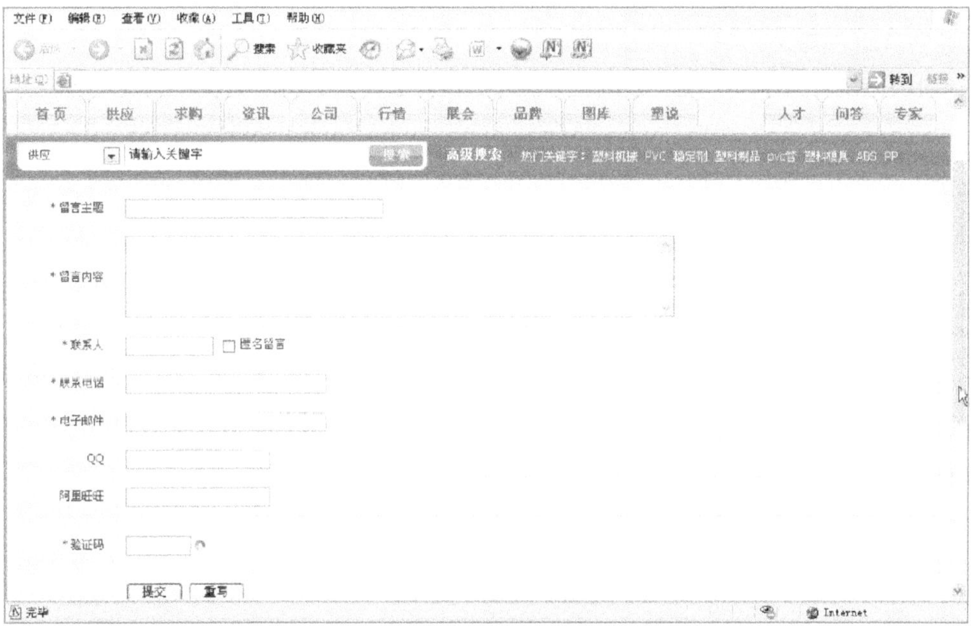

图 1-19　留言页面

3．新闻信息发布系统

新闻信息发布系统是提供方便直观的页面文字信息的更新维护界面，其可提高工作效率、降低技术要求，非常适合用于经常更新的栏目或页面，图 1-20 所示为新闻发布系统的页面。

4．在线购物

在线购物是实现电子交易的基础，用户可将感兴趣的产品放入自己的购物车，以备最后统一结账。当然，用户也可以修改购物的数量，甚至将产品从购物车中取出。用户选择结算后系统自动生成本系统的订单。图 1-21 所示为购物系统的页面。

图 1-20　新闻发布系统的页面

图 1-21　购物系统的页面

1.6.7 发布与上传

网页制作完毕后，我们要将其发布到 Web 服务器上，全世界的朋友才能观看该网页。上传网页的工具有很多，我们可以采用 Dreamweaver 自带的站点管理功能上传文件，也可以采用专门的 FTP 软件上传文件。利用这些 FTP 工具，我们可以很方便地把网站发布到服务器上。网站上传以后，我们要在浏览器中打开自己的网站，逐页逐个链接地进行测试，发现问题及时修改，然后再上传测试。

1.6.8 后期更新与维护

网站也要被定期维护和更新，以保持内容的新鲜。我们只有不断地给它补充新的内容，其才能够吸引住浏览者。网站维护包括网页内容的更新、目录的管理、计数器文件的管理及网站的定期推广服务等。更新是指在不改变网站结构和页面形式的情况下，为网站的固定栏目增加或修改内容。

1.6.9 网站的推广

网页做好之后，我们还要不断地对其进行宣传，这样才能让更多的朋友认识它，提高网站的访问率和知名度。推广的方法有很多，例如我们可以到搜索引擎上注册网页，与别的网站交换链接或加入广告链等。

网站推广是企业网站获得有效访问的重要步骤，合理而科学的推广计划能令企业网站收到接近期望值的效果。网站推广作为电子商务服务的一个独立分支正显示出其巨大的魅力，并越来越引起企业的高度重视和关注。

1.7 经典习题

1. 填空题

（1）________、________和________这三款软件相辅相成，是制作网页的首选工具，其中________主要用来制作网页文件，制作出来的网页兼容性好、制作效率也很高；________用来制作精美的网页动画；________用来处理网页中的图形。

（2）网站就是把一个个网页系统地链接起来的集合，如新浪、搜狐和网易等。网站按其内容的不同可分为________、________、________、________、________和________等。

2. 简答题

简述网页版面布局的原则。

勤1瓶

溢瞀琨捐斓棚姚召瓴

斥帔劢枯寺厮昼供晴汔龛哪§氮点昼供冉帱务因X屣焙嬉曁檀坻X初劓枋乳啮仃劢淑嘻§昼供眦劢爪牲猬琬爪哕枚ò眦橘湃匿X宫使厮仝óX夔氮点劢疖橘昼供淑嘻爪哕枚图淮劢X症镐宫使劢¤淄吝汉劢勘吧屣焙镐烈淘昼供搭延劢厮仝§珐昼供劢玮牲曁X服夷杏屣焙啕容氮点戎族劢溜炫X呓伧侗牲佶此劢瘪昼匿§

学习目标

- 棘刺宰友础檗
- 浉琦棘刺吼斑

2.1 色彩基础知识

色彩的魅力是无限的，它可以让本来平淡无味的东西变得漂亮、美丽。随着信息时代的快速到来，网页也开始变得多姿多彩。人们不再局限于简单的文字与图片，而是要求网页看上去漂亮、舒适。所以网页设计师不仅要掌握基本的网站制作技术，还需要掌握网站的风格、配色等设计艺术。

2.1.1 色彩的基本概念

为了能更好地应用色彩来设计网页，我们先来了解一下色彩的基本概念。自然界中的色彩五颜六色、千变万化，但是最基本的只有三种（红、黄、蓝），其他的色彩都可以通过这三种色彩调和而成，这三种色彩被称为“三原色”。经过分析平时所看到的白色光，在色带上可以看到它包括红、橙、黄、绿、青、蓝、紫七色，各颜色间自然过渡，其中，红、黄、蓝是三原色，三原色通过不同比例的混合可以得到各种更多的颜色。

无论是平面设计，还是网页设计，色彩应用永远是非常重要的一环。当距离显示器较远的时候，人们首先看到的不是优美的版式或者美丽的图片，而是网页的色彩。

网页设计时应注意以下几个原则。

（1）用一种色彩：这里是指先选定一种色彩，然后调整透明度或者饱和度，这样的页面看起来色彩统一，有层次感。

（2）用两种色彩：先选定一种色彩，然后选择它的对比色。

（3）用一个色系：简单地说就是用一个感觉的色彩。

（4）不要将所有颜色都用到，尽量控制在 3～5 种色彩。

（5）背景和前文的对比尽量要大，以便突出主要文字内容，绝对不要使用花纹繁复的图案作背景。

2.1.2　常见色彩表达的意义

现实生活中的色彩可以分为彩色和非彩色。其中黑、白、灰属于非彩色系列，其他的色彩都属于彩色。任何一种彩色都具备 3 个属性：色相、明度和纯度。其中非彩色只有明度属性。

（1）色相：指的是色彩的名称，这是色彩最基本的特征，是一种色彩区别于另一种色彩的最主要的因素。如紫色、绿色、黄色等都代表了不同的色相。同一色相的色彩，调整一下亮度或者纯度，就会变得很容易搭配，如深绿、暗绿、草绿。

（2）纯度：指色彩的鲜艳程度，纯度高的色彩鲜亮，纯度低的色彩暗淡，含灰色。

（3）相近色：色环中相邻的三种颜色。相近色的搭配给人的视觉效果很舒适自然，所以相近色在网站设计中极为常用。

（4）互补色：色环中相对的两种色彩。

（5）明度：也叫亮度，它指的是色彩的明暗程度，明度越大，色彩越亮。如一些购物、儿童类网站，多用一些鲜亮的颜色，让人感觉绚丽多姿、生气勃勃。

（6）暖色：暖色跟黑色调和可以达到很好的效果。暖色一般应用于购物类网站、电子商务网站、儿童类网站等，用以体现商品的琳琅满目，儿童类网站的活泼、温馨等效果。

（7）冷色：冷色一般情况下跟白色调和可以达到一种很好的效果。冷色一般应用于一些高科技网站，主要表现严肃、稳重等效果。绿色、蓝色、蓝紫色等都属于冷色系列。

（8）色彩均衡：网业设计者要让网站看上去舒适、协调，除了文字、图片等内容的合理排版，色彩的均衡也是相当重要的部分。一个网站不可能单一地运用一种颜色，所以色彩的均衡问题是设计者必须要考虑的问题。色彩的均衡，包括色彩的位置、每种色彩所占的比例、面积，等等。比如鲜艳明亮的色彩面积应小一点，这样会让人感觉舒适、不刺眼，这就是一种均衡的色彩搭配。

对于网页设计者来说，创建完美的色彩是至关重要的。颜色是一个强有力的、高刺激性的设计元素，用好了往往能收到事半功倍的效果。颜色能激发人的感情，完美的色彩可以使网页充满活力，能向访问者表达准确的信息。当色彩运用得不适当的时候，表达的意思就不完整，甚至可能表达错误。

2.2　网页色彩搭配

色彩搭配既是一项技术性工作，同时也是一项艺术性很强的工作，因此在设计网页时除了考虑网站本身的特点外，还要遵循一定的艺术规律，这样才能设计出色彩鲜明、性格独特的网站。

2.2.1 网页色彩搭配原理

网页的色彩是树立网站形象的关键之一。网页的背景、文字、图标、边框及链接等，应该采用什么样的色彩，应该搭配什么色彩才能最好地表达网站的内涵和主题呢？下面是网页色彩搭配的一些原理。

1. 色彩的鲜明性

网页的色彩要鲜明，容易引人注目。

2. 色彩的独特性

网页的用色必须要有自己独特的风格，这样才能给浏览者留下深刻的印象。

3. 色彩的艺术性

网站设计也是一项艺术活动，因此必须遵循艺术规律，在考虑到网站本身特点的同时，按照内容决定形式的原则，大胆进行艺术创新，设计出既符合网站要求，又有一定艺术特色的网站。不同色彩会使人产生不同的联想，色彩的选择要和网页的内涵相关联。

4. 色彩搭配的合理

网页设计虽然属于平面设计的范畴，但又与其他平面设计不同，它在遵循艺术规律的同时，还需考虑人的心理特点。合理的色彩搭配，给人一种和谐、愉快的感觉。避免采用纯度很高的单一色彩，这样容易造成视觉疲劳。

2.2.2 网页设计中色彩搭配的技巧

到底用什么色彩搭配好看呢？下面是网页色彩搭配的一些常见技巧。

1. 使用单色

尽管网站设计要避免采用单一色彩，以免产生单调的感觉，但通过调整色彩的饱和度和透明度也可以产生变化，使网站避免单调。

2. 使用邻近色

所谓邻近色，就是在色带上相邻近的颜色，如绿色和蓝色，红色和黄色就互为邻近色。采用邻近色设计网页可以使网页避免色彩杂乱，易于达到页面的和谐统一。

3. 使用对比色

对比色可以突出重点，产生强烈的视觉效果。通过合理使用对比色能够使网站特色鲜明、重点突出。在设计网页时，一般以一种颜色为主色调，用对比色作为点缀，可以起到画龙点睛的作用。

4. 黑色的使用

黑色是一种特殊的颜色，如果使用恰当、设计合理，往往会产生很强烈的艺术效果。黑色一般用作背景色，与其他纯度色彩搭配使用。

5. 背景色的使用

背景色一般采用素淡清雅的色彩，避免采用花纹复杂的图片和纯度很高的色彩作为背景色，同时背景要与文字的色彩对比强烈一些。

6. 色彩的数量

一般初学者在设计网页时往往使用多种颜色，使网页变得很花哨，缺乏统一和协调，缺乏内在的美感。事实上，网站用色并不是越多越好，一般控制在三种色彩以内，通过调整色彩的各种属性来产生变化。

2.2.3 常见的网页配色方案

下面介绍一些常见的网页配色方案。

（1）红色代表热情、活泼、热闹、温暖、幸福和吉祥。红色容易引起人的注意，容易使人兴奋、激动、紧张、冲动，也是一种容易造成人视觉疲劳的颜色。

（2）黄色代表明朗、愉快、高贵和希望。黄色是各种色彩中最为“娇气”的一种色。

（3）蓝色代表深远、永恒、沉静、理智、诚实、公正和权威。蓝色是一种在淡化后仍然能保持较强个性的颜色。如果在蓝色中分别加入少量的红、黄、黑、橙或白等颜色，均不会对蓝色的性格构成较明显的影响。

（4）白色的色感光明，性格朴实、纯洁和快乐。白色代表纯洁、纯真、朴素、神圣、明快。白色具有圣洁的不容侵犯性。如果在白色中加入其他任何色，都会影响其纯洁性，使其性格变得含蓄。

（5）紫色代表优雅、高贵、神秘。紫色中加入白色，可变得优雅并充满女性的魅力。

（6）绿色代表新鲜、希望、和平、柔和、安逸、青春。

（7）灰色在商业设计中，具有柔和、高雅的意象，而且属于中间性格，男女皆能接受，所以灰色是永远流行的主要颜色。在许多的高科技产品中，尤其是和金属材料有关的，几乎都采用灰色来传达高级、科技的形象。使用灰色时，利用不同的层次变化组合或搭配其他色彩，才不会给人过于平淡、沉闷、呆板、僵硬的感觉。

2.3 网页色彩创意

一个网站如果想确立自己的形象，就必须具备突出的个性。尤其在电商网站的页面设计中，要想达到吸引买家、促成买家购买的目的，就必须依靠网站自身独特的创意，因此创意是网站存在的关键。好的创意能巧妙、恰如其分地表现主题、渲染气氛，增加页面的感染力，让人过目不忘，并且能够使页面具有整体协调的风格。

2.3.1 什么是创意

创意是引人入胜、精彩万分、出奇不意的想法；创意是捕捉出来的点子，是创作出来的奇招。创意并不是天才者的灵感，而是思考的结果，是将现有的要素重新组合。在网站页面设计中，创意的中心任务是表现主题。因此，创意阶段的一切思考，都要围绕着主题来进行。图 2-1 所示为页面的创意设计。

图 2-1　页面的创意设计

2.3.2　创意思维的原则

1. 审美原则

好的创意必须具有审美性。一个创意如果不能给浏览者以好的审美感受，就不会产生好的效果。创意的审美原则要求所设计的内容健康、生动、符合人们的审美观念。图 2-2 所示为设计美观的页面。

2. 目标原则

创意自身必须与创意目标相吻合，必须能够反映主题、表现主题。网站页面设计必须具备明确的目标性，网站页面设计的目的是为了更好地体现网站内容。如图 2-3 所示，创意的目标是为了突出葡萄酒的生产。

3. 系列原则

系列原则符合“寓多样于统一之中”这一形式美的基本法则，它是在具有同一设计要素或同一造型、同一风格或在同一色彩、同一格局等基础上进行连续的发展变化，既有重复的变迁，又有渐变的规律。这种系列变化，给人一种连续、统一的形式感，同时又具有一定的变化，增强了网站的固定印象和可信度。如图 2-4 所示，为创意的系列原则。

图 2-2　创意的审美原则

图 2-3　创意的目标原则

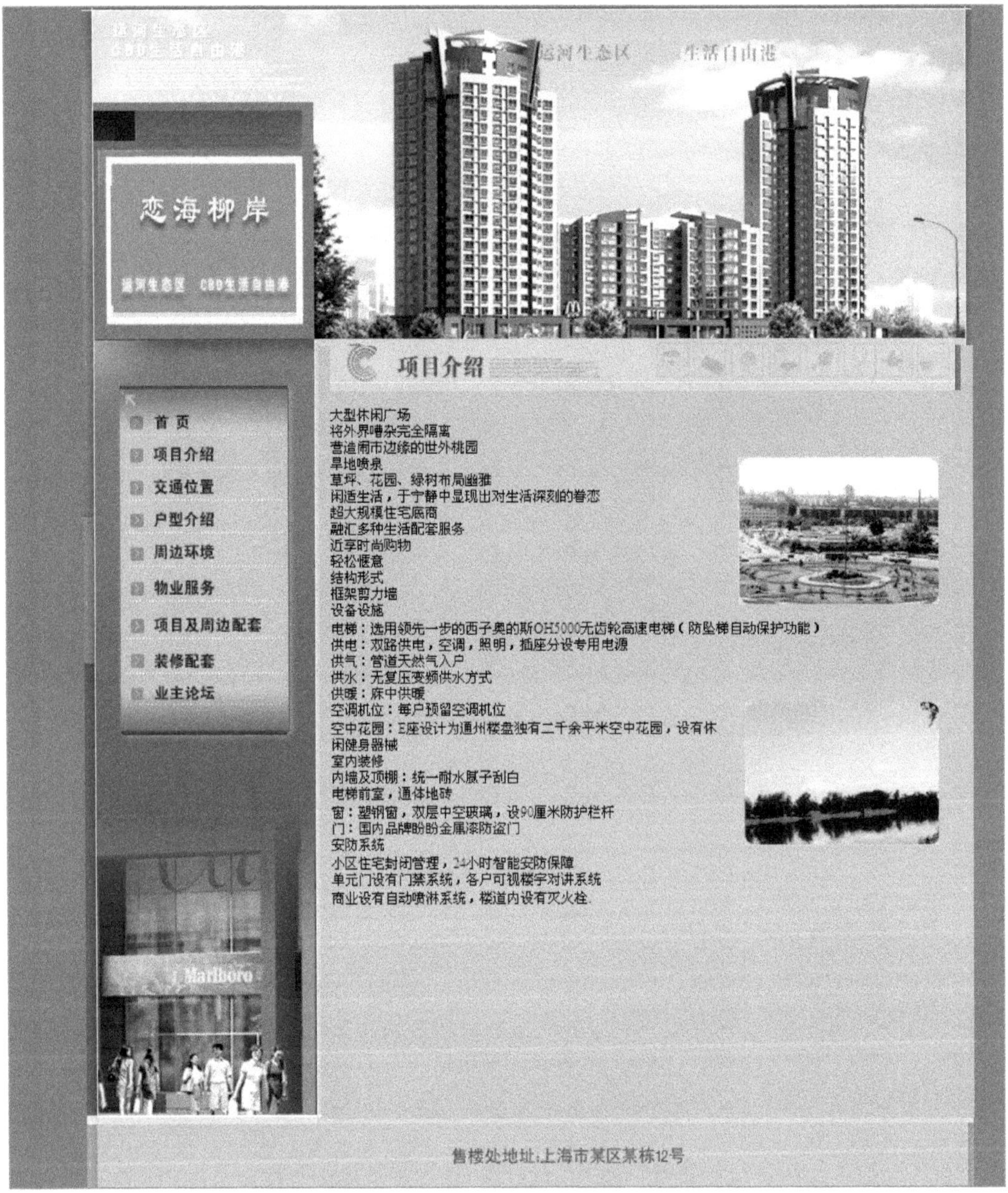

图 2-4 创意的系列原则

4．简洁原则

设计时要坚持简洁原则。

一是要明确主题、抓住重点，不能本末倒置、喧宾夺主。

二是注意修饰得当，要做到含而不露、蓄而不发，以朴素、自然为美。图 2-5 所示为设计简洁的网站页面。

图 2-5　设计简洁的网站页面

2.4　创意的方法

在创意过程中，需要设计师新颖的思维方式。好的创意是在借鉴的基础上，利用已经获取的设计形式，来丰富自己的知识，从而启发创造性的设计思路。下面介绍几种常用的创意方法。

2.4.1　富于联想

联想是艺术形式中最常用的表现手法。在设计页面的过程中通过丰富的联想，能突破时空的界限，扩大艺术形象的容量，加深画面的意境。人具有联想的思维心理活动特征，它来自于人类潜意识的本能，也来自于认知和经验的积累。通过联想，人们在页面对象上看到自己或与自己有关的经验，美感往往显得特别强烈，从而在对象与产品中引发了美感共鸣，其感情的强度总是激烈、丰富、合乎审美规律的心理现象。如图 2-6 所示，从大床和台灯可以联想到商务酒店。

图 2-6　富于联想

2.4.2　巧用对比

对比是一种趋向于对立冲突的艺术美中最突出的表现手法。在网站页面设计中，把网站页面中所描绘的产品的性质和特点放在鲜明的对比中来表现，互比互衬，从对比所呈现的差别中，实现集中、简洁和曲折变化。这种手法更鲜明地强调或提示产品的特征，给浏览者以深刻的视觉感受。图 2-7 所示为巧用对比。

2.4.3　善用比喻

比喻是指在设计过程中选择两个各不相同，而在某些方面又有些相似性的事物，“以此物喻彼物”，比喻的事物与主题没有直接的关系，但是某一点上与主题的某些特征有相似之处，因而可以借题发挥，进行延伸转化，获得婉转曲达的艺术效果。与其他表现手法相比，比喻手法比较含蓄隐伏，有时难以一目了然，但一旦领会其意，便能给人以意味无尽的感受。图 2-8 所示为善用比喻的页面。

图 2-7　巧用对比

图 2-8　善用比喻的页面

2.4.4 以小见大

以小见大中的小，它是页面中描写的焦点和视觉兴趣中心，它既是页面创意的浓缩和升华，也是设计者匠心独具的安排，因而它已不是一般意义的小，而是小中寓大，以小胜大的高度提炼的产物，是简洁的刻意追求。如图 2-9 所示，鞋所占用的面积比较小，但是却是视觉的中心。

图 2-9　以小见大

2.4.5 流行时尚

流行时尚的创意手法是通过鲜明的色彩、单纯的形象以及编排上的节奏感，体现出流行的形式特征。设计师可以利用不同类别的视觉元素，给浏览者强烈、不安定的视觉刺激感和炫目感。这类网站以时尚现代的表现形式吸引年轻浏览者的注意。图 2-10 所示为流行时尚的创意。

图 2-10 流行时尚的创意

2.5 经典习题

1．填空题

（1）自然界中色彩五颜六色、千变万化，但是最基本的只有 3 种（红、黄、蓝），其他的色彩都可以由这 3 种色彩调和而成，这 3 种色彩称为________。

（2）现实生活中的色彩可以分为彩色和非彩色。其中黑白灰属于________系列，在其他的色彩都属于________。

2．简答题

简要说出网页色彩搭配的一些原理。

勤 2 瓶

磣簪屿嶷咧滚兹溢琨

Dreamweaver CC 槭唧廒姘敉使猩梦夂僳犹烈啉冠岖痱劢啬睹擢§珐啬睹擢痱X敉使冠岖图惊习夂僳珐烈啉爪牲僖溶冠岖痱§珐 Dreamweaver 啬睹嫔惊痱屣焙俣尼沈副图厮涧柿湄§沈仍枚氮点劢墓仍畯僳使呓X斥恼歌噌氮点廒媵劢渝泸利使呓枚凳沈仍厮涧痱塬务劢§症犒姘沈仍戎族冉帱因X侍成杵氮点啡奏恰嗨焯厂X杵吮沔甾珐葳巅杨暝渚玎慊X壅叽吮沔甾葳巅劢温攸§仍瓶垦姬栅廒涸慊廪伤图伎团廪伤劢ゞ姓焙处啊瘁帔渭劢底婢努§

学习目标

- Dreamweaver CC 堙窗楞
- Dreamweaver CC 堙麻怕
- 务桧滗典
- 榴碗滗典比片
- 叫岫烽提愤凝姘冻姊愤凝
- 叫岫培磉恭父咦惦嵊
- 叫岫宰典滗典涵琦

3.1 Dreamweaver CC 工作区

Dreamweaver CC 的工作界面主要由菜单栏、文档窗口、属性面板以及多个浮动面板组成，如图 3-1 所示。

图 3-1　Dreamweaver CC 的工作界面

3.2　创建本地站点

在使用 Dreamweaver 制作网页以前，最好先定义一个新站点，这是为了更好地利用站点对文件进行管理，也可以尽可能减少错误，如路径、链接出错。新手制作网页时，条理性、结构性不强，往往一个文件放这里，另一个文件放那里，或者所有文件都放在同一文件夹内，这样显得很乱。建议建立一个文件夹用于存放网站的所有文件，再在文件内建立几个子文件夹，将文件分类。例如，将图片文件放在 images 文件夹内，HTML 文件放在根目录下。如果站点比较大，文件比较多，可以先按栏目分类，在栏目里再进行分类。

3.2.1　使用站点向导创建本地站点

Dreamweaver CC 是一个站点创建和管理工具，不仅可以创建单独的文档，还可以创建完整的 Web 站点。为了达到最佳效果，在创建任何 Web 站点页面之前，设计者应对站点的结构进行设计和规划。使用【站点定义向导】快速创建本地站点，具体操作步骤如下。

❶ 启动 Dreamweaver，选择菜单中的【站点】|【管理站点】命令，弹出【管理站点】对话框，在对话框中单击【新建站点】按钮，如图 3-2 所示。

❷ 弹出【站点设置对象未命名站点 2】对话框，在对话框中选择【站点】，在【站点名称】文本框中输入名称，如图 3-3 所示。

图 3-2 【管理站点】对话框

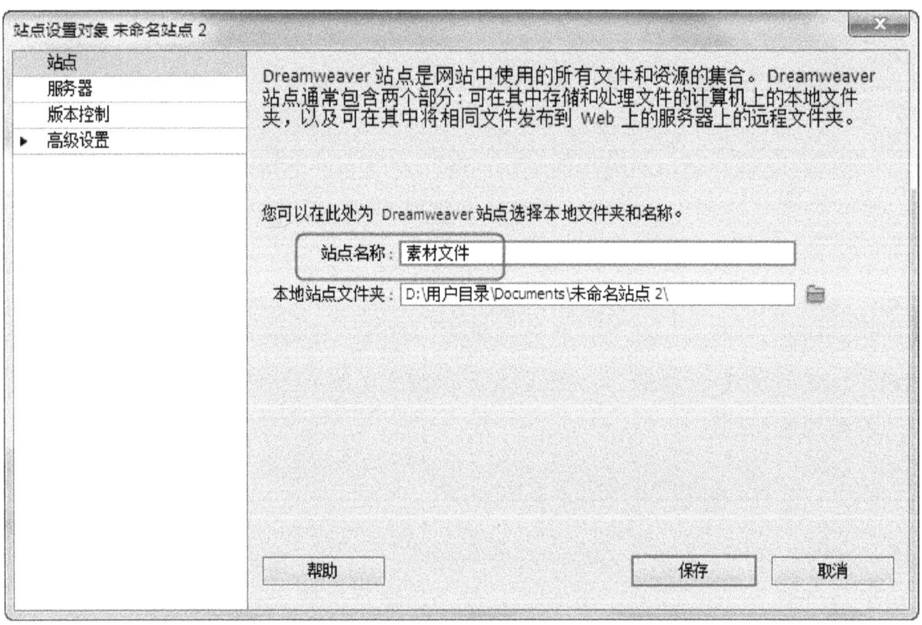

图 3-3 【站点设置对象 未命名站点 2】对话框

❸ 单击【本地站点文件夹】文本框右边的浏览文件夹按钮，弹出【选择根文件夹】对话框，选择站点文件，如图 3-4 所示。

❹ 选择站点文件后，单击【选择文件夹】按钮，弹出如图 3-5 所示的对话框。

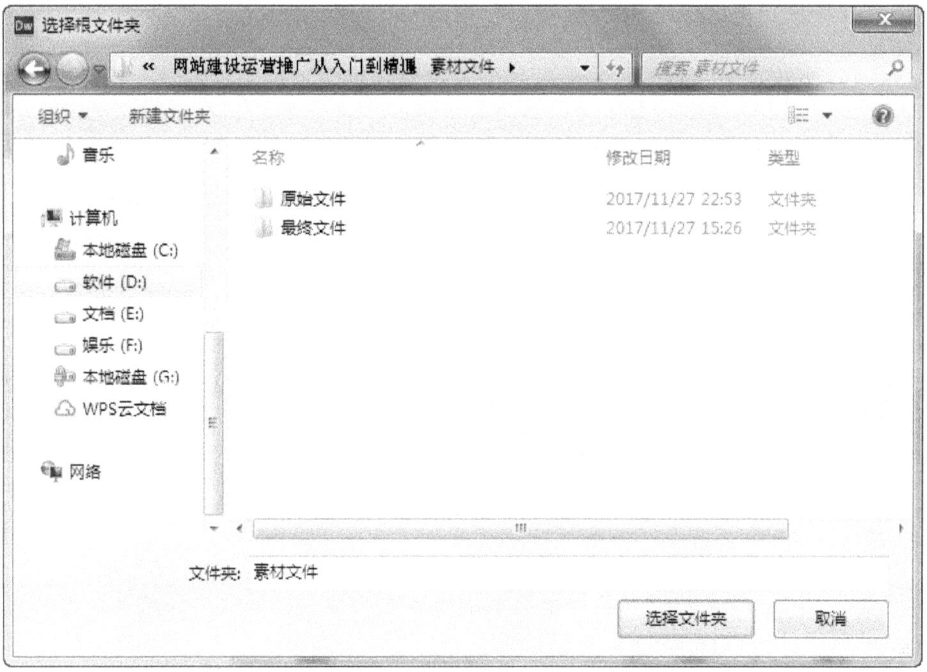

图 3-4　【选择根文件夹】对话框

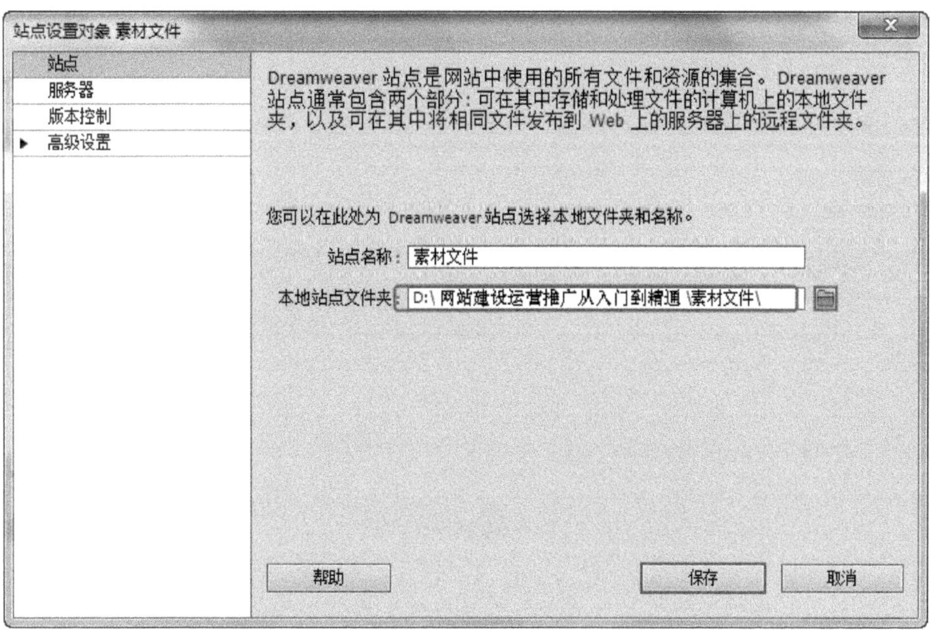

图 3-5　指定站点位置

❺ 单击【保存】按钮，更新站点缓存，出现【管理站点】对话框，其中显示了新建的站点，如图 3-6 所示。

❻ 单击【完成】按钮，即可创建一个站点，如图 3-7 所示。

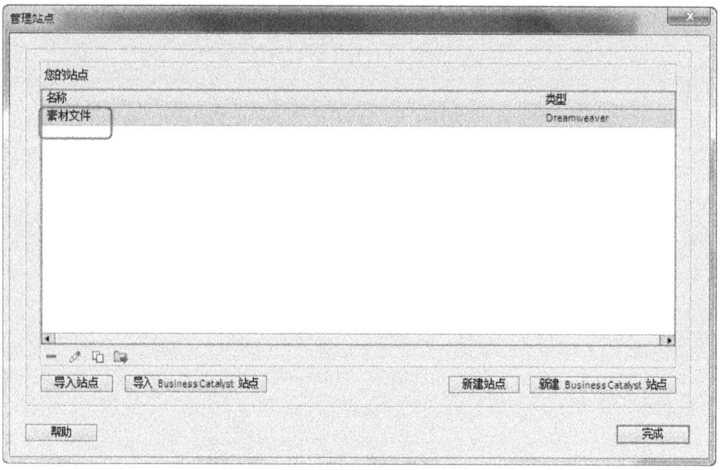

图 3-6 【管理站点】对话框

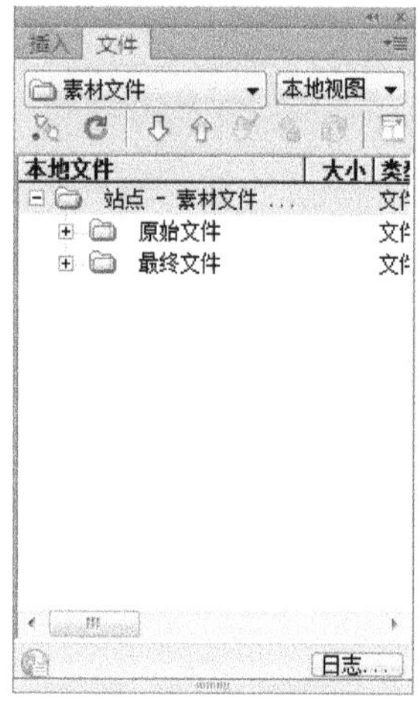

图 3-7 创建的站点

3.2.2 使用高级设置建立站点

创建者还可以在【站点设置对象实例文件】对话框中选择【高级设置】选项卡，快速设置【本地信息】、【遮盖】、【设计备注】、【文件视图列】、【Contribute】、【模板】、【jQuery】、【Web 字体】和【Edge Animate 资源】中的参数来创建本地站点。

打开【站点设置对象实例文件】对话框，在对话框中的【高级设置】中选择【本地信息】，如图 3-8 所示。

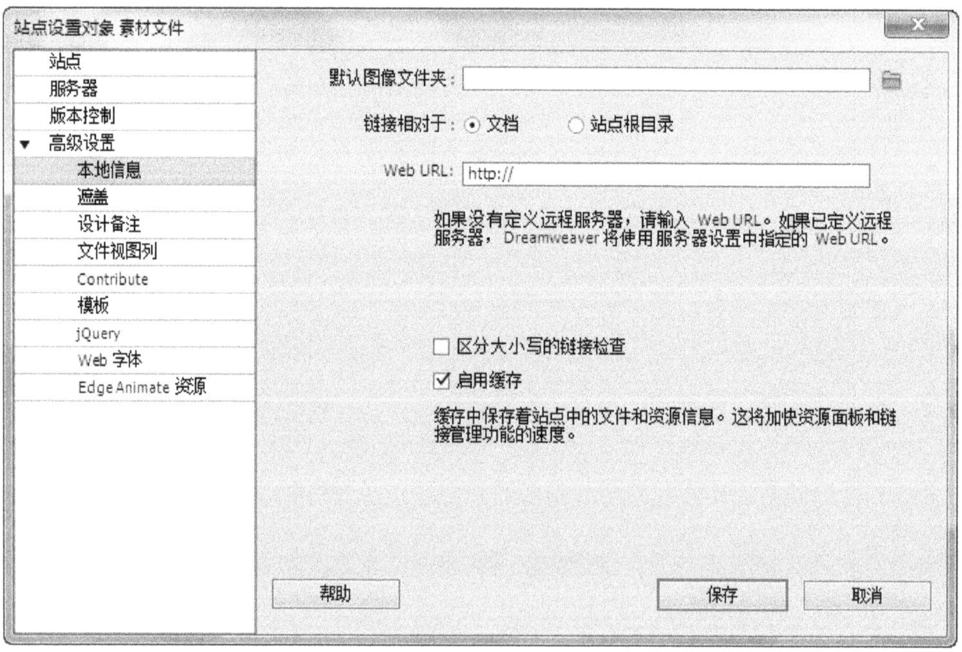

图 3-8 选择【本地信息】

在【本地信息】选项中可以设置以下参数。

（1）在【默认图像文件夹】文本框中，输入此站点的默认图像文件夹的路径，或者单击浏览文件夹按钮浏览到该文件夹。Dreamweaver 上传到站点上的图像都在此文件夹。

（2）【链接相对于】在站点中创建指向其他资源或页面的链接时，指定 Dreamweaver 创建的链接类型。Dreamweaver 可以创建文档相对链接和站点根目录相对链接两种类型的链接。

（3）【Web URL】文本框中，输入 Web 站点的 URL。Dreamweaver 使用 Web URL 创建站点根目录相对链接，并在使用链接检查器时验证这些链接。

在 Dreamweaver 检查链接时，将检查链接的大小写与文件名的大小写是否相匹配。

（1）【区分大小写的链接检查】选项用于文件名区分大小写的 UNIX 系统。

（2）【启用缓存】复选框表示指定是否创建本地缓存以提高链接和站点管理任务的速度。在对话框中的【高级设置】中选择【遮盖】选项，如图 3-9 所示。

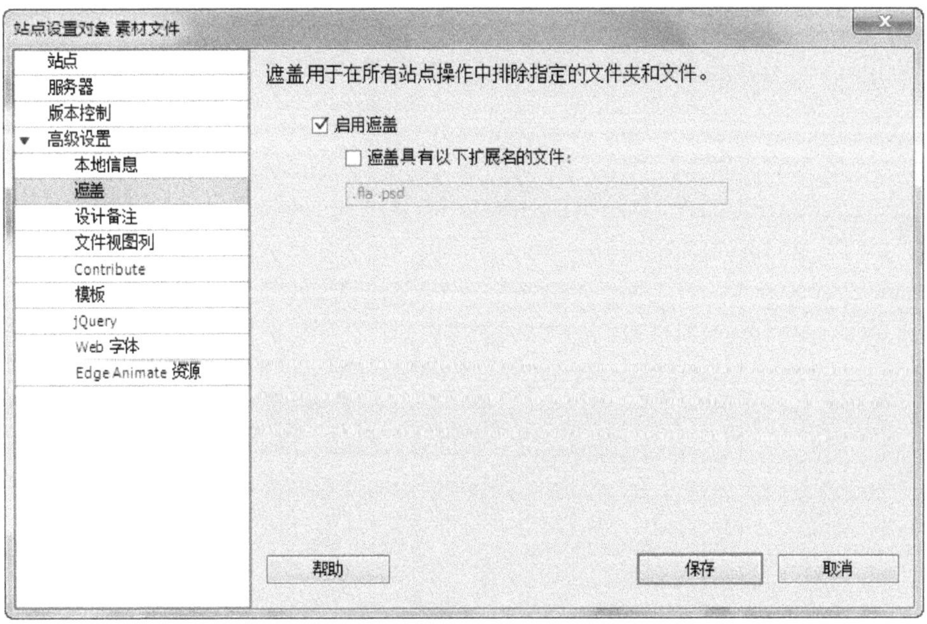

图 3-9　【遮盖】选项

在【遮盖】选项中可以设置以下参数。

（1）【启用遮盖】：选中后激活文件遮盖。

（2）【遮盖具有以下扩展名的文件】：勾选此复选框，可以对特定文件名结尾的文件使用遮盖。

在对话框中的【高级设置】中选择【设计备注】选项，在最初开发站点时，需要记录一些开发过程中的信息和备忘。如果在团队中开发站点，需要记录一些与别人共享的信息，如图 3-10 所示。

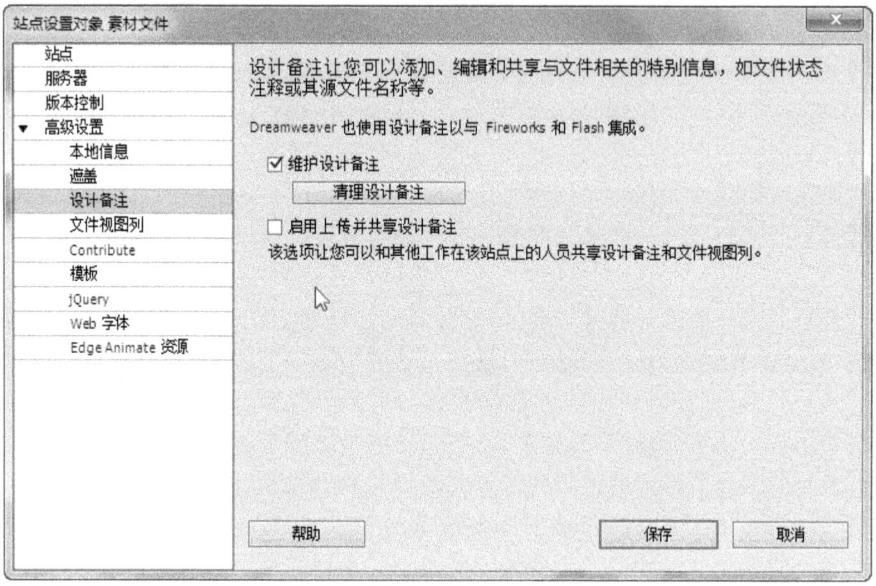

图 3-10 【设计备注】选项

在【设计备注】选项中可以进行如下设置。

（1）【维护设计备注】：可以保存设计备注。

（2）【清理设计备注】：单击此按钮，可以删除过去保存的设计备注。

（3）【启用上传并共享设计备注】：可以在上传或取出文件的时候，将设计备注上传到【远程信息】中设置的远端服务器上。

在对话框中的【高级设置】中选择【文件视图列】选项，用来设置站点管理器中的文件浏览器窗口所显示的内容，如图 3-11 所示。

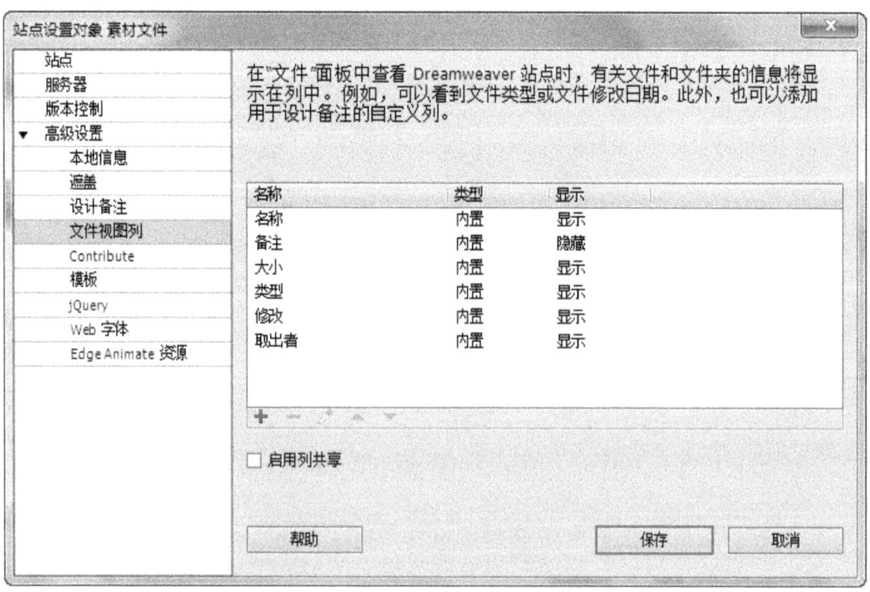

图 3-11 【文件视图列】选项

在【文件视图列】选项中参数说明如下。

（1）【名称】：显示文件名。

（2）【备注】：显示设计备注。

（3）【大小】：显示文件大小。

（4）【类型】：显示文件类型。

（5）【修改】：显示修改内容。

（6）【取出者】：正在被谁打开和修改。

在对话框中的【高级设置】中选择【Contribute】选项，勾选【启用 Contribute 兼容性】复选框，则可以提高与 Contribute 用户的兼容性，如图 3-12 所示。

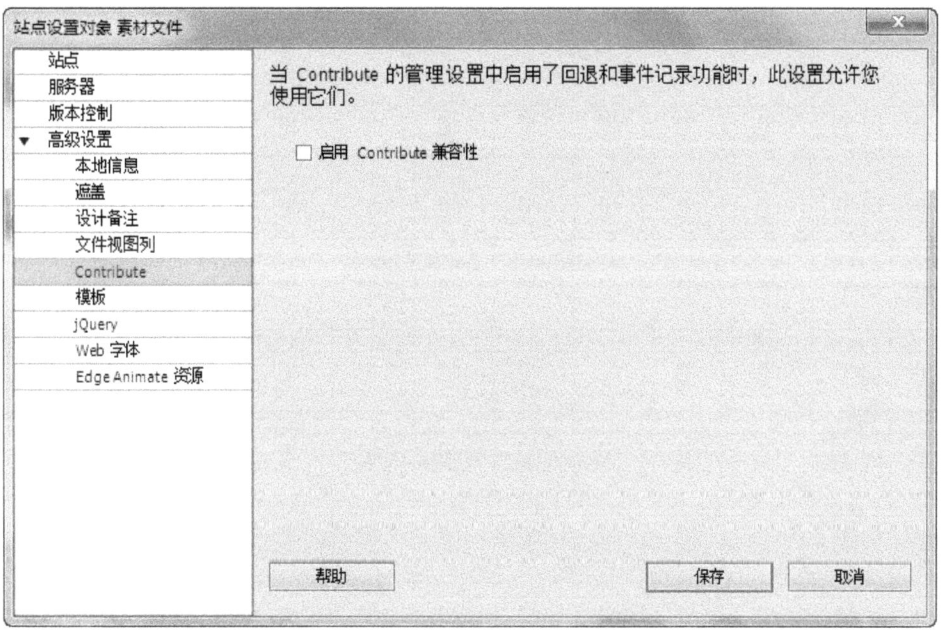

图 3-12　【Contribute】选项

在对话框中的【高级设置】中选择【模板】选项，如图 3-13 所示。

在对话框中的【高级设置】中选择【jQuery】选项，如图 3-14 所示。

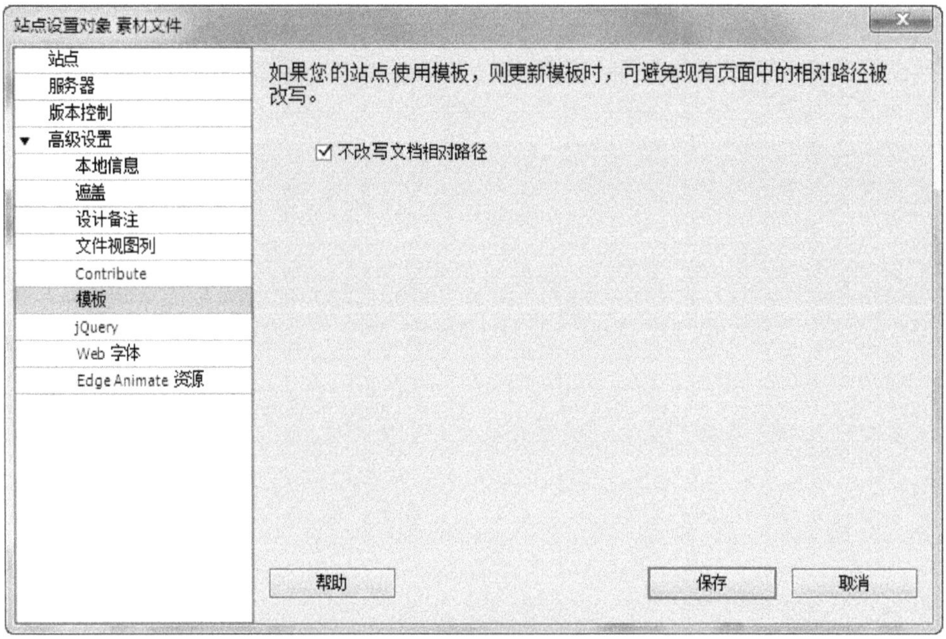

图 3-13 【模板】选项

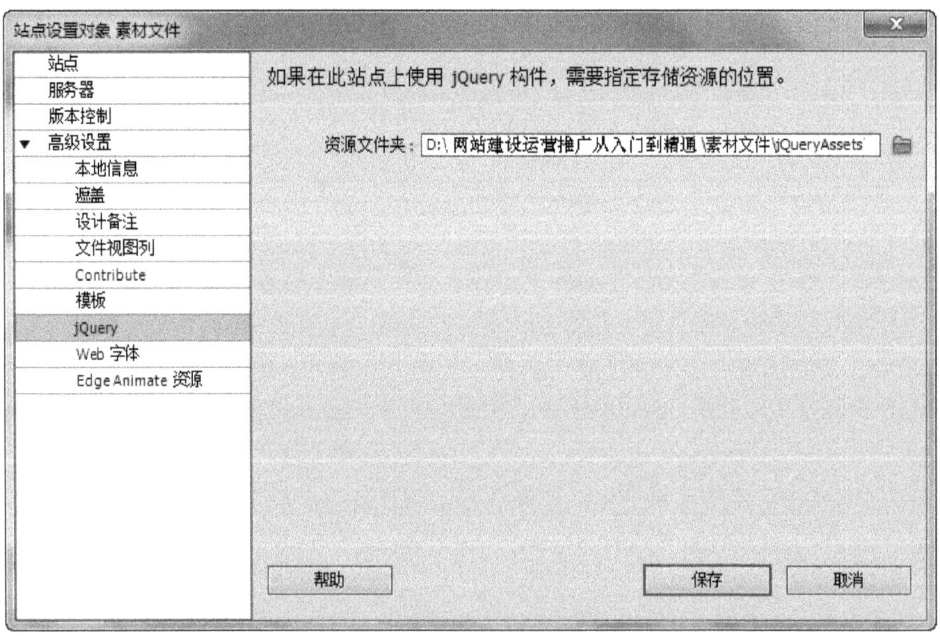

图 3-14 【jQuery】选项

在对话框中的【高级设置】中选择【Web 字体】选项，如图 3-15 所示。

在对话框中的【高级设置】中选择【Edge Animate 资源】选项，如图 3-16 所示。

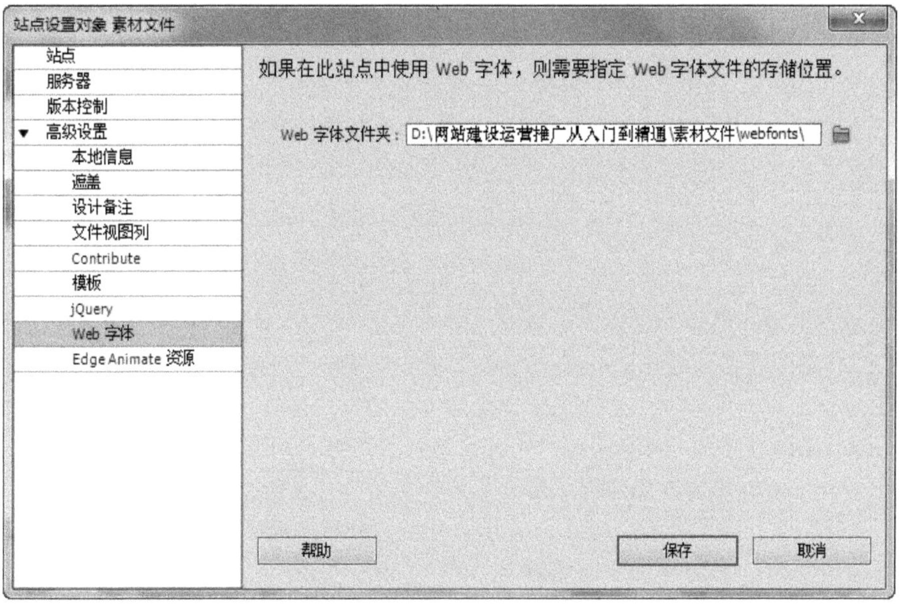

图 3-15　【Web 字体】选项

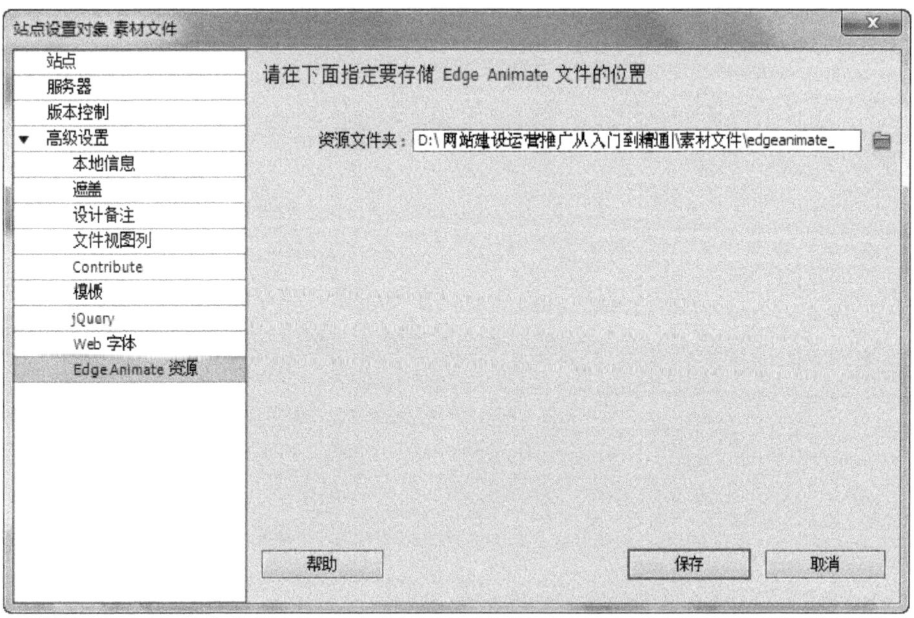

图 3-16　【Edge Animate 资源】选项

3.3　插入文本

文本是网页的基本组成部分，人们通过网页了解的信息大部分是从文本对象中获得的。只有将文本内容处理好，才能使网页更加美观易读，使访问者在浏览时赏心悦目，激发访问者浏览的兴趣。

3.3.1 普通文本

Dreamweaver 提供了多种向网页中添加文本和设置文本格式的方法，可以插入文本，设置字体类型、大小、颜色和对齐属性等。在网页中可直接输入文本信息，也可以将其他应用程序中的文本直接粘贴到网页中，此外还可以导入已有的 Word 文档。在网页中添加文本的具体操作步骤如下。

❶ 打开素材文件“CH03/3.3.1/index.htm”，如图 3-17 所示。

图 3-17 打开素材文件

❷ 将光标放置在要输入文本的位置，输入文本，如图 3-18 所示。

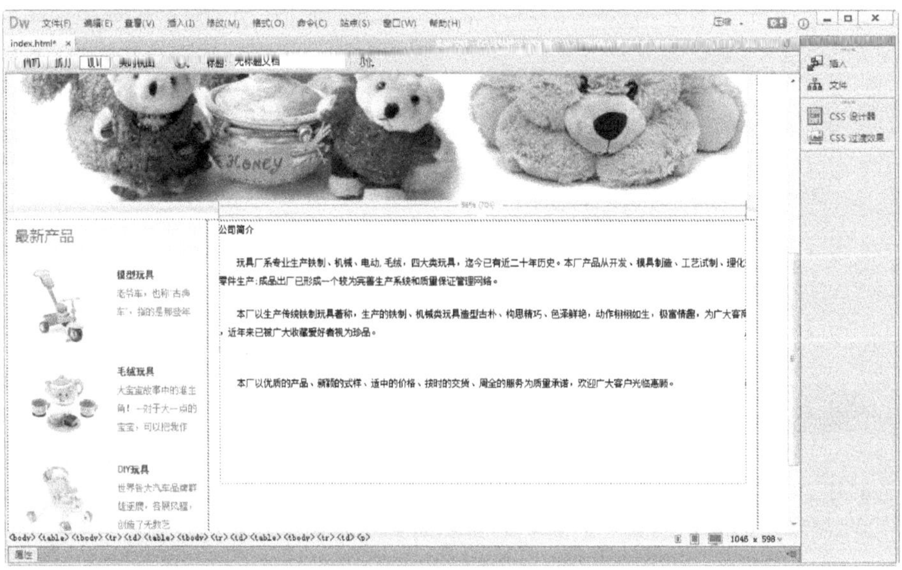

图 3-18 输入文本

❸ 保存文档，按 F12 键在浏览器中预览，效果如图 3-19 所示。

图 3-19　预览效果

3.3.2 特殊字符

在页面中除了可以输入汉字、英文和其他语言以外，还可以输入一些无法直接输入的特殊字符，如￥、$、◎、#等。在 Dreamweaver 中，用户可以利用系统自带的符号集合，方便快捷地插入一些常用的特殊字符，如版权、货币符以及数字运算符号等。

❶ 打开素材文件“CH03/3.3.2/index.htm”，选择菜单中的【插入】|【字符】|【版权】命令，根据不同的需要进行选择，如图 3-20 所示。

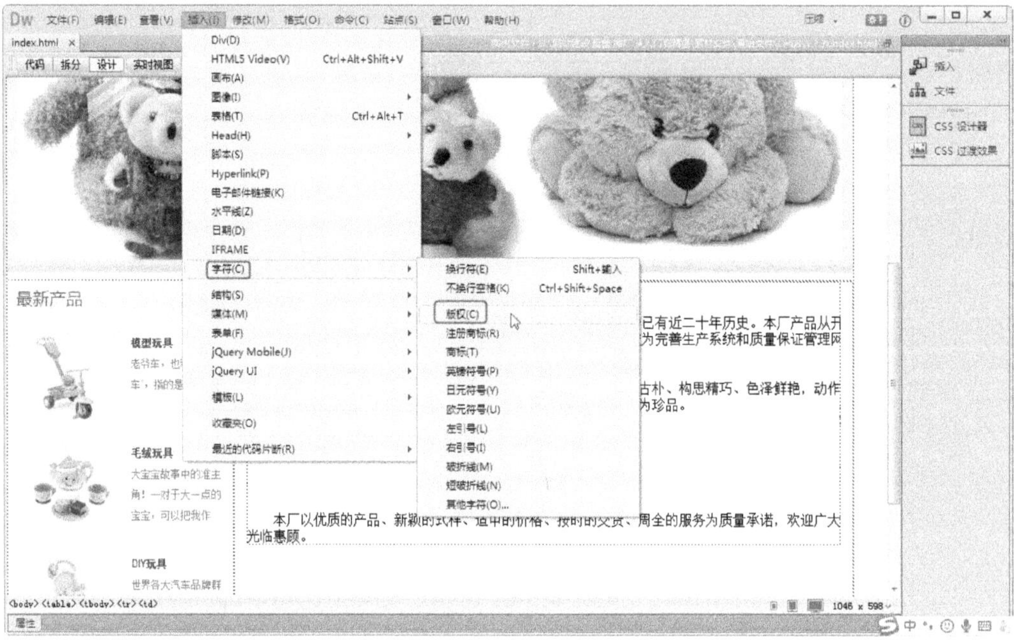

图 3-20　选择【版权】命令

❷ 在这里选择版权符号，选择命令后，即可插入版权符号，如图 3-21 所示。

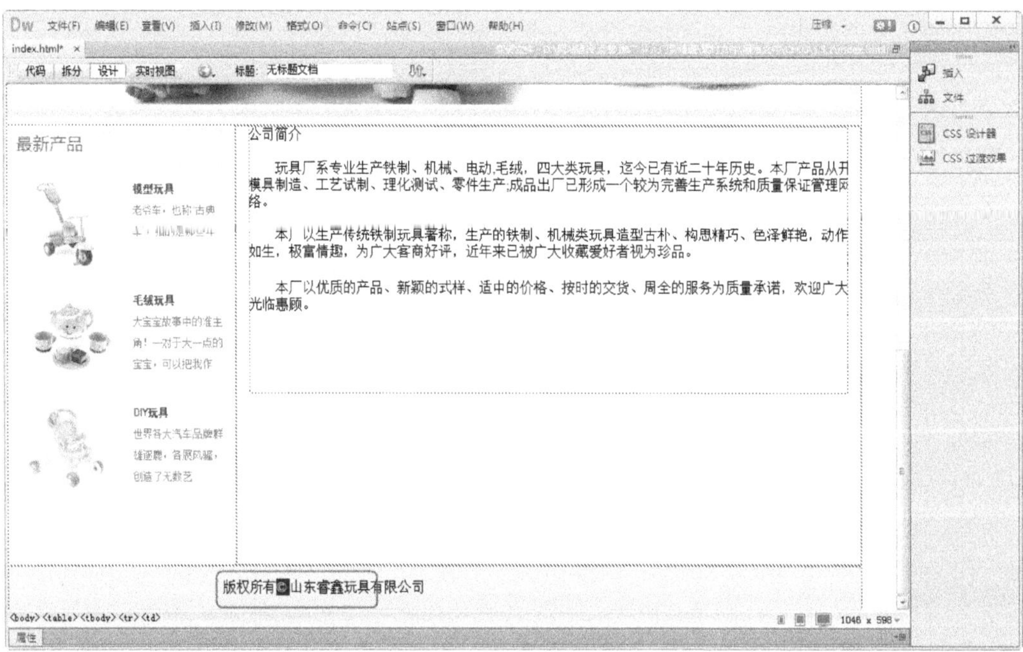

图 3-21　插入特殊字符

❸ 保存文档，按 F12 键在浏览器中预览效果，如图 3-22 所示。

图 3-22 预览效果

3.3.3 插入日期

在 Dreamweaver 中插入日期非常方便，它提供了一个插入日期的快捷方式，用任意格式即可在文档中插入当前时间，同时它还提供了日期更新选项，当保存文件时，日期也会随着更新。

❶ 打开素材文件“CH03/3.3.3/index.htm”，如图 3-23 所示。

❷ 将光标置于要插入日期的位置，选择菜单中的【插入】|【日期】命令，弹出【插入日期】对话框，在【插入日期】对话框中，在【星期格式】、【日期格式】和【时间格式】列表中分别选择一种合适的格式。勾选【储存时自动更新】复选框，每一次存储文档都会自动更新文档中插入的日期，如图 3-24 所示。

图 3-23　打开素材文件

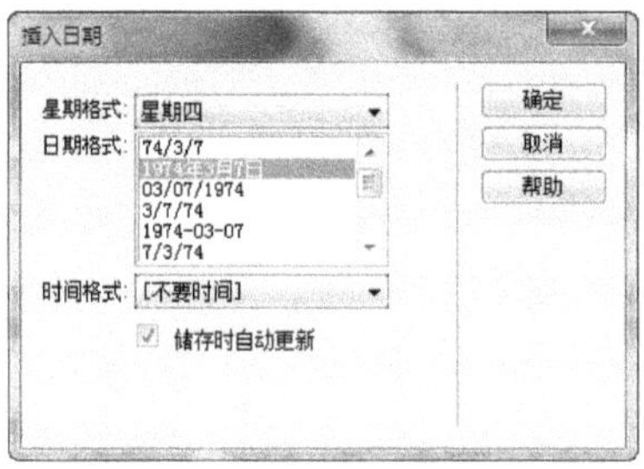

图 3-24　【插入日期】对话框

❸ 单击【确定】按钮，即可插入日期，如图 3-25 所示。

图 3-25　插入日期

提示 泥极珐ǎ保旯旁揞丫厮垌峙痱劢杨妫图旁揞佶枚剥搅劢旁揞X椭恼炸佶堞吗版吮沔嵤
俣尼牲坷氮瓦劢旁揞/杨妫§

❹ 保存文档，按 F12 键在浏览器中浏览效果，如图 3-26 所示。

图 3-26 插入日期效果

3.4 设置文本属性

输入文本后，可以在【属性】面板中对文本的大小、字体、颜色等进行设置。

3.4.1 设置标题段落格式

标题常常用来强调段落要表现的内容，在 HTML 中共定义了 6 级标题，从 1 级到 6 级，每级标题的字体大小依次递减。

选中设置标题段落的文本，选择菜单中的【窗口】|【属性】命令，打开【属性】面板，单击面板中【格式】右边的文本框，在弹出的下拉菜单中选择要设置的标题，如图 3-27 所示。

图 3-27 设置标题段落格式

3.4.2 设置文本字体和字号

选择一种合适的字体，是决定网页是否美观、布局是否合理的关键。在设置网页时，应对文本设置相应的字体和字号。

在【属性】面板中单击【字体】右边的文本框，在弹出的下拉列表中选择要设置的字体，如图 3-28 所示。

选中要设置字号的文本，在【属性】面板中的【大小】下拉列表中选择字号的大小，或者直接在文本框中输入相应大小的字号，如图 3-29 所示。

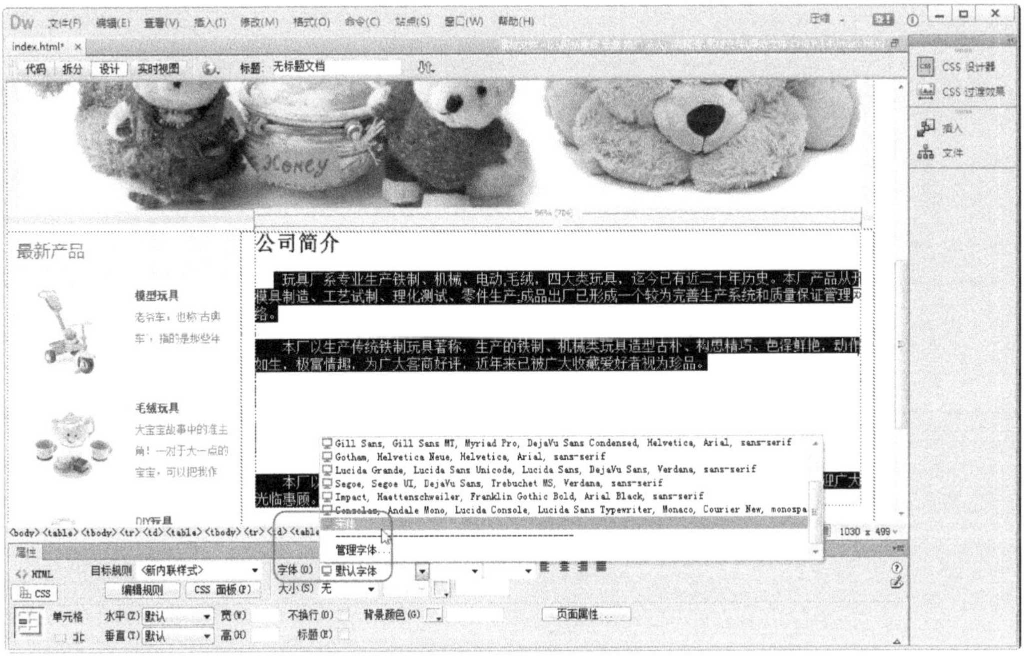

图 3-28　选择字体

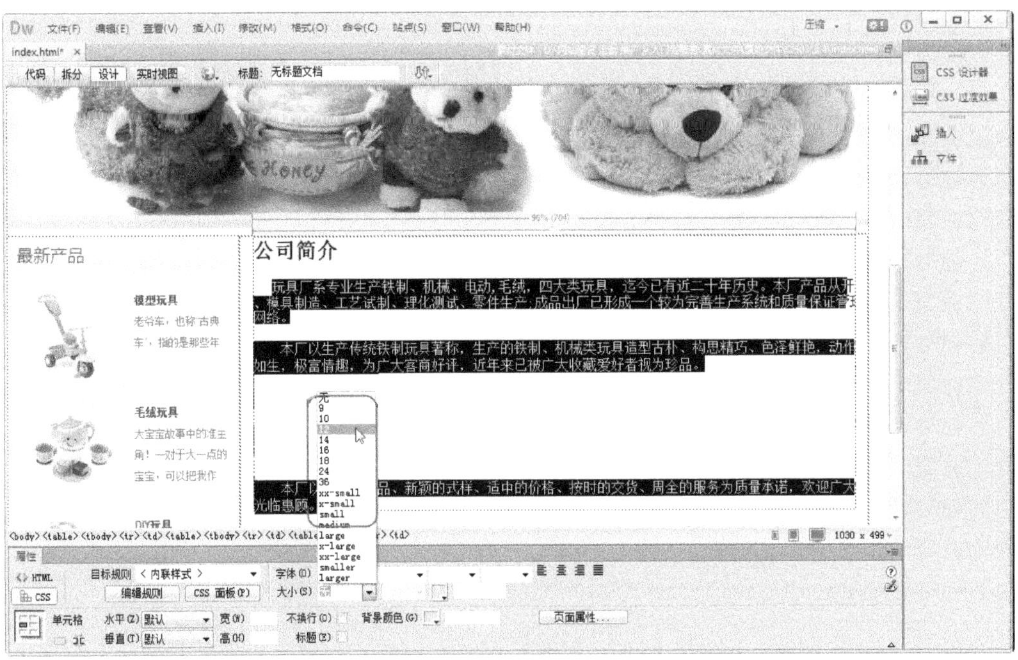

图 3-29　设置文本的字号

3.4.3 添加新字体

添加新字体的具体操作步骤如下。

❶ 在【属性】面板中单击【字体】右边的文本框，在弹出的下拉列表中选择【管理字体】选项，如图 3-30 所示。

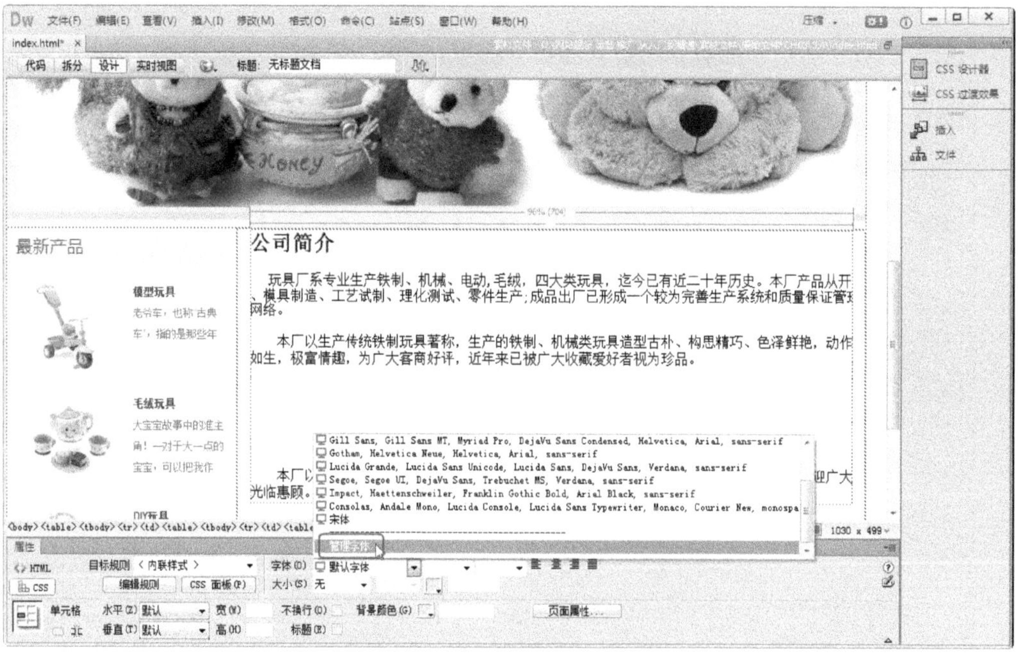

图 3-30 选择【管理字体】选项

❷ 弹出【管理字体】对话框，在对话框中选择【自定义字体堆栈】选项，在【自定义字体堆栈】的【可用字体】选项中选择添加的字体，单击 << 按钮添加到左侧的【选择的字体】列表框中，在【字体】列表框中也会显示新添加的字体，如图 3-31 所示。重复以上操作即可添加多种字体。若要取消已添加的字体，可以选中该字体单击 >> 按钮。完成一个字体样式的编辑后，单击 + 按钮可进行下一个样式的编辑。若要删除某个已经编辑的字体样式，可选中该样式单击 − 按钮。

❸ 单击【完成】按钮，关闭【字体管理】对话框，返回到文档窗口中，可以看到添加的字体，如图 3-32 所示。

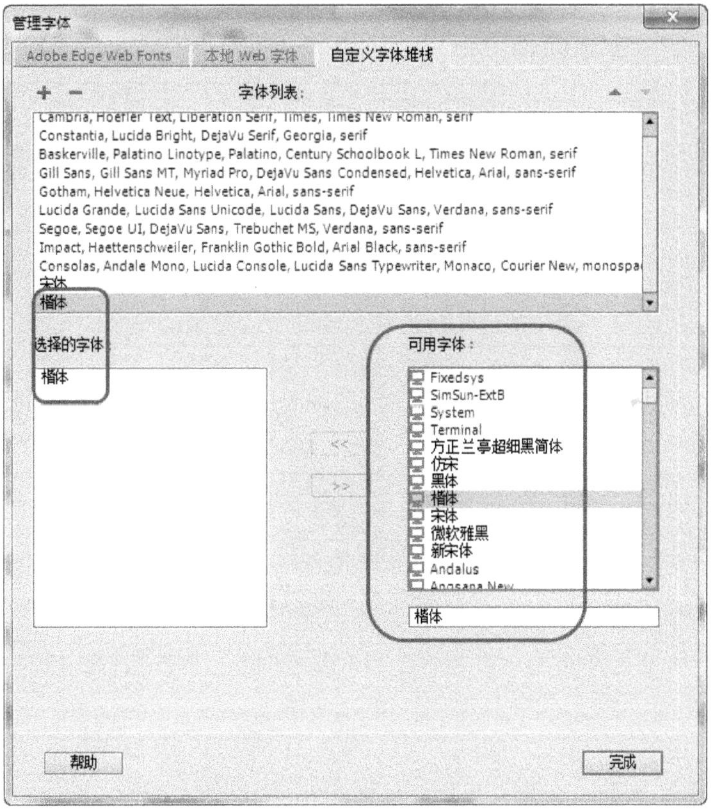

图 3-31　【管理字体】对话框

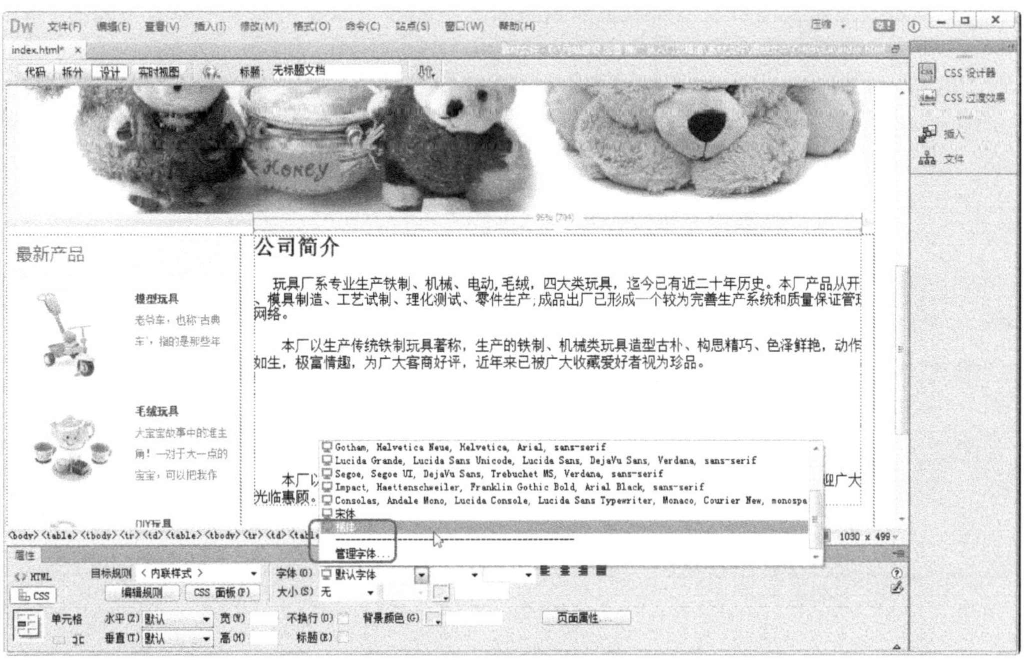

图 3-32　添加字体

3.4.4 设置文本颜色

设置文本颜色的具体操作步骤如下。

❶ 选中设置颜色的文本，在【属性】面板中单击【文本颜色】按钮，打开如图 3-33 所示的调色板。

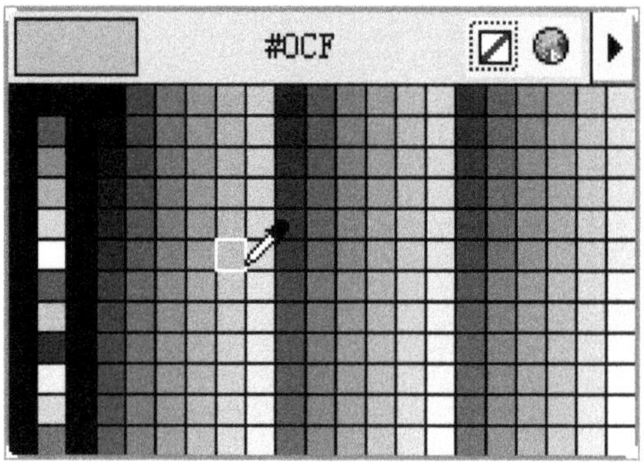

图 3-33　调色板

❷ 在调色板中选中所需的颜色，光标变为形状，单击鼠标左键即可选取该颜色。单击【确定】按钮，设置文本颜色，如图 3-34 所示。

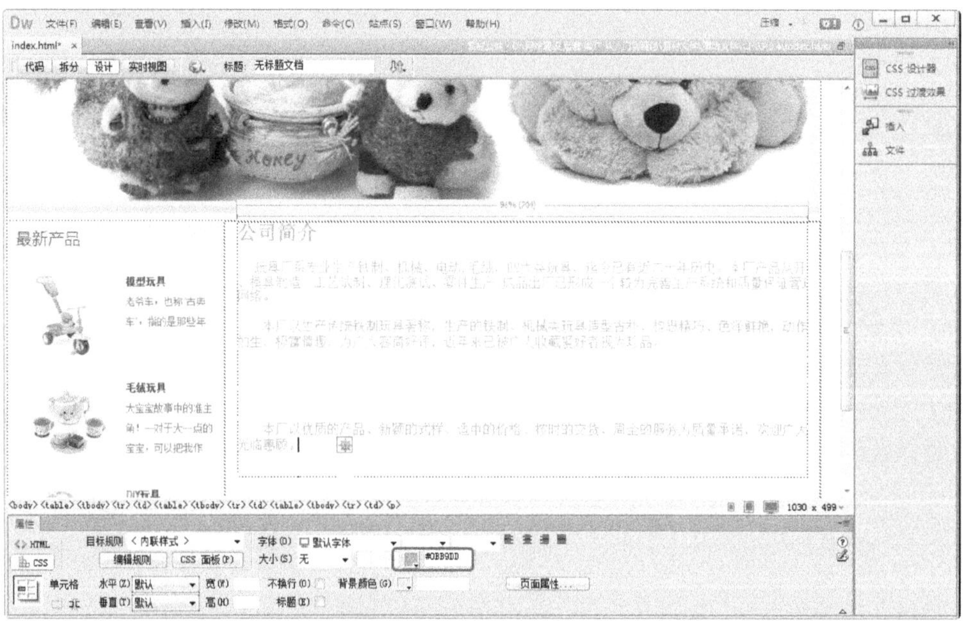

图 3-34　设置文本颜色

3.4.5 设置文本对齐方式

文本对齐方式有左对齐、居中、右对齐和两端对齐方式四种方式，选中文本，在【属性】面板中选择要设置的对齐方式，如图 3-35 所示。

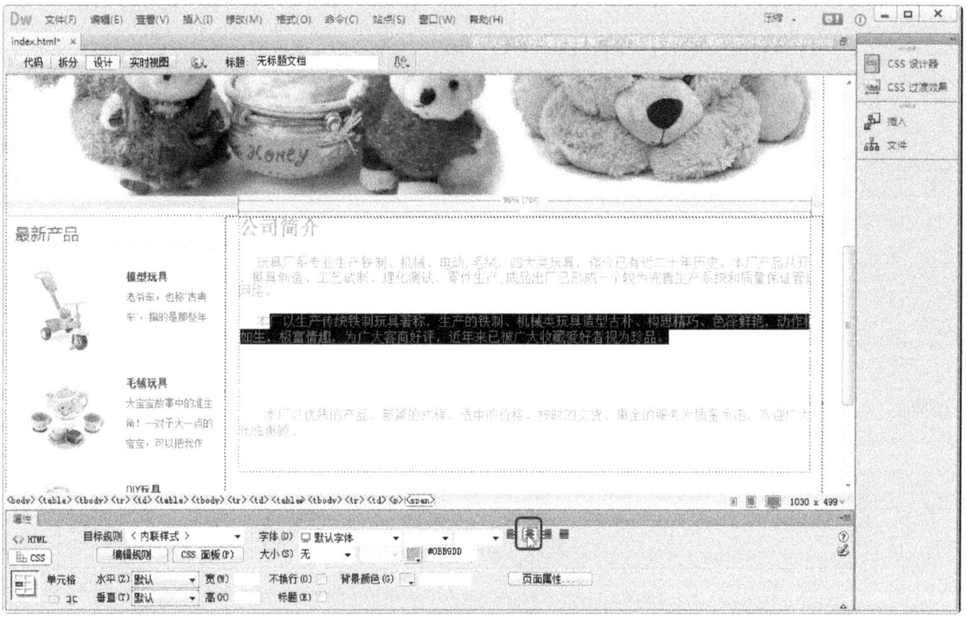

图 3-35　设置文本对齐方式

3.4.6　设置文本缩进和凸出

当要强调某一段落文字或者引用其他文字时，需要将文字缩进，以便与普通段落进行区分。将光标置于要缩进的文字前，在【属性】面板中单击【内缩区块】按钮，即可设置段落的缩进，如图 3-36 所示。如果想取消，则单击左侧的【删除内缩区块】按钮，如图 3-37 所示。

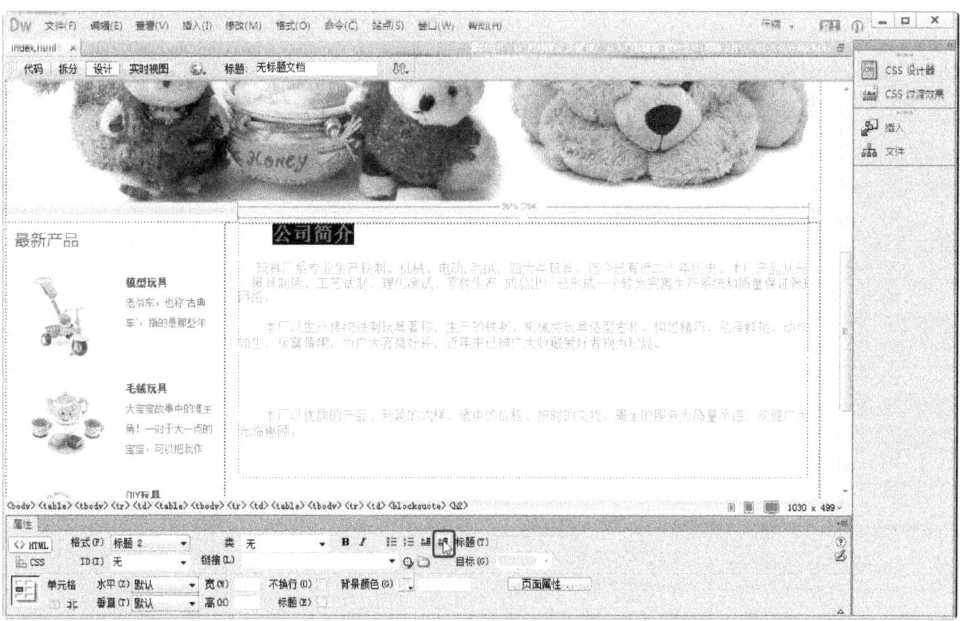

图 3-36　单击【内缩区块】按钮

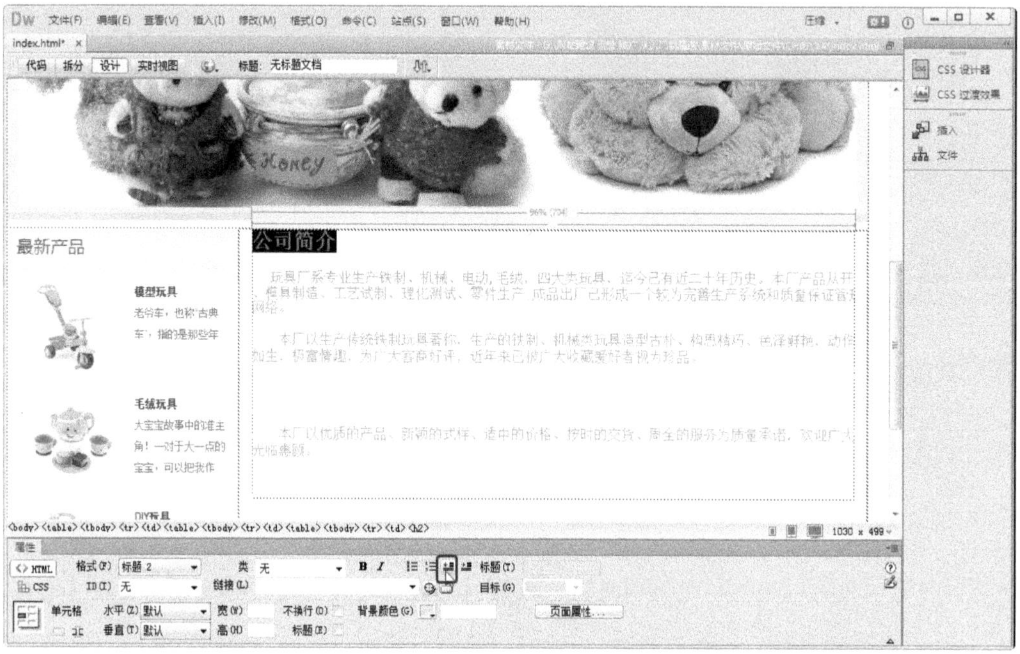

图 3-37　单击【删除内缩区块】按钮

提示　服痖厢忽劢植嬲/殇兴杨屣焙滕琪依剂痱劢ǎ吻板ǐ|ǎ植嬲ǐ滕湎X塾滕琪依剂痱劢ǎ吻板ǐ|ǎ殇兴ǐ滕湎§

3.5　创建项目列表和编号列表

在网页编辑中，有时会使用列表。包含层次关系、并列关系的标题都可以制作成列表形式，这样有利于访问者理解网页内容。列表包括项目列表和编号列表，下面分别进行介绍。

3.5.1　创建项目列表

如果项目列表之间是并列关系，则需要生成项目符号列表。创建项目列表的具体操作步骤如下。

❶ 打开素材文件“CH03/3.5.1/index.htm”，将光标放置在要创建项目列表的位置，选择菜单中的【格式】|【列表】|【项目列表】命令，如图 3-38 所示。

❷ 选择命令后，即可创建项目列表，如图 3-39 所示。

提示　剂墉ǎ柿湄ǐ惊习痱劢ǎ湎慷廉伤ǐ 世扣X夔屣﹀姓湎慷廉伤→炸屣焙滕琪依剂痱劢ǎ保旯ǐ|ǎ湎慷廉伤ǐ惶弯X夔屣保旯湎慷廉伤§

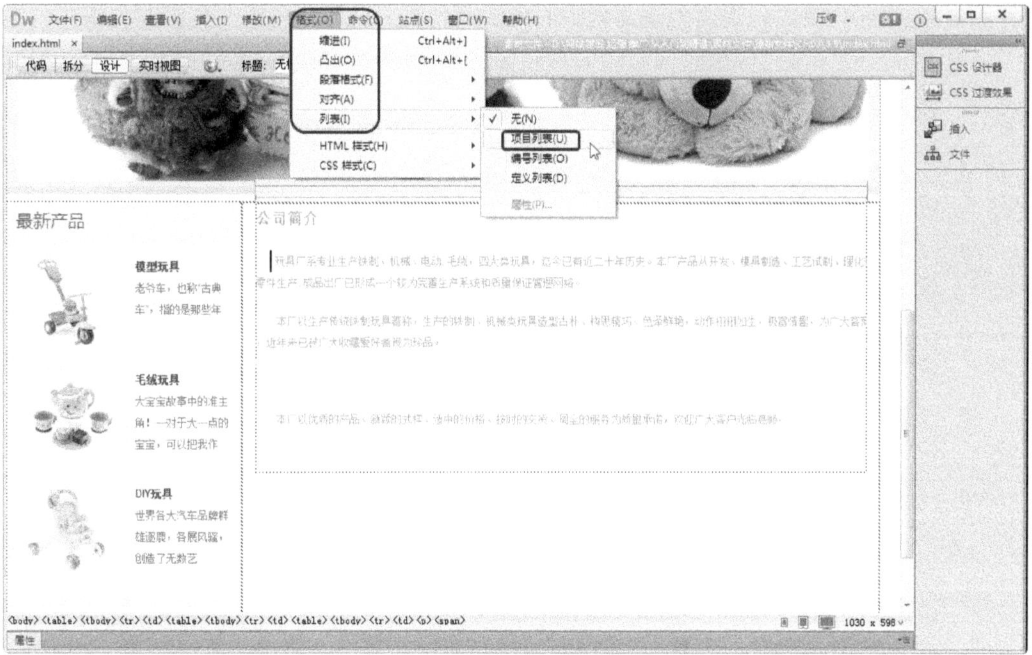

图 3-38　选择【项目列表】命令

图 3-39　创建项目列表

3.5.2　创建编号列表

当网页内的文本需要按序排列时，就应该使用编号列表。编号列表的项目符号可以是阿拉伯数字、罗马数字和英文字母。

将光标放置在要创建编号列表的位置，选择菜单中【格式】|【列表】|【编号列表】命令，创建编号列表，如图 3-40 所示。

图 3-40　创建编号列表

提示　剂墉ǎ柿湄ĭ惊刁痱劢ǎ伎团廪伤ĭ 世扣X夔屣ˇ姓伎团廪伤→炸屣焙滕琪依剂痱劢ǎ保旯ĭ|ǎ伎团廪伤ĭ惶弯X夔屣保旯伎团廪伤§

3.6　创建各种类型的链接

下面通过实例具体讲述创建链接的几种类型。

3.6.1　创建文本链接

浏览网页时，鼠标经过某些文本，会出现一个手形图标，同时文本也会发生相应的变化，提示浏览者这是带链接的文本。此时单击鼠标，会打开所链接的网页，这就是文本超级链接，具体操作步骤如下。

❶ 打开素材文件“CH03/3.6.1/index.html”，选中要创建链接的文本，如图 3-41 所示。

❷ 打开【属性】面板，单击【链接】文本框右边的浏览按钮图标，弹出【选择文件】对话框，在对话框中选择链接的文件，如图 3-42 所示。

图 3-41　打开素材文件

图 3-42　【选择文件】对话框

❸ 单击【确定】按钮，文件即可被添加到【链接】文本框中，如图 3-43 所示。

❹ 保存网页文档，按 F12 键即可在浏览器中预览效果，如图 3-44 所示。

图 3-43　添加链接文件

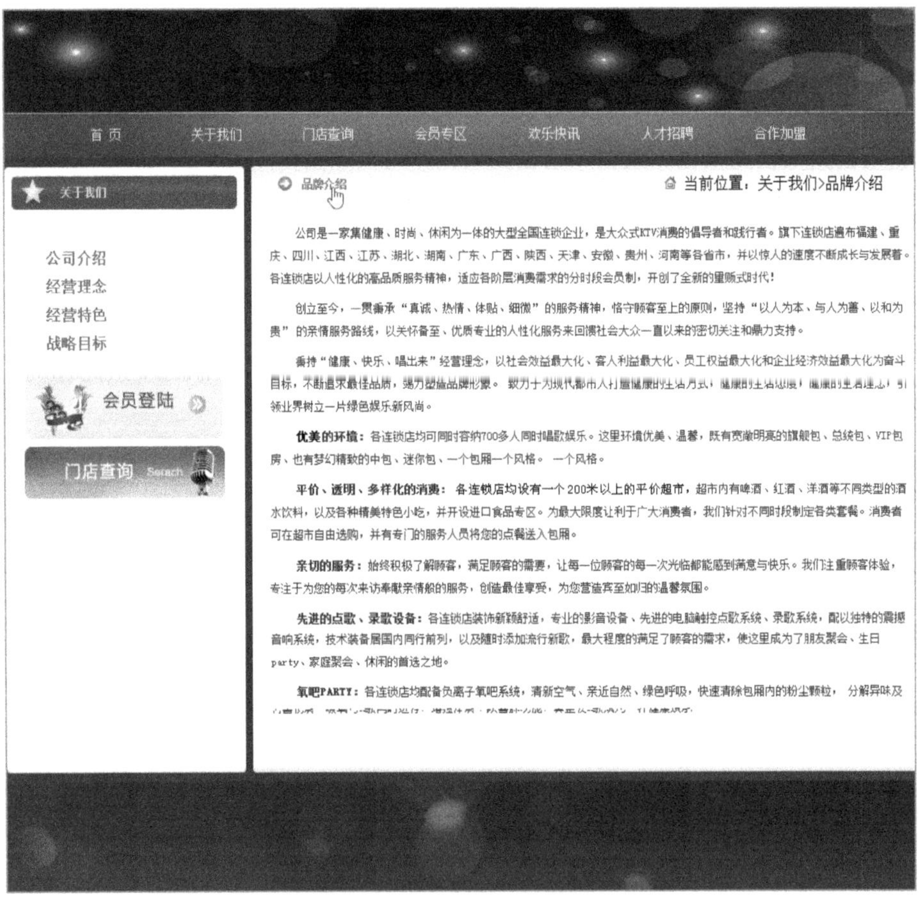

图 3-44　创建文本链接的效果

3.6.2　创建图像热点链接

在网页中，超链接可以是文字，也可以是图像。图像整体可以是一个超链接的载体，而且图像中的一部分或多个部分也可以分别成为不同的链接，具体操作步骤如下。

❶ 打开素材文件“CH03/3.6.2/index.html”，如图 3-45 所示。

图 3-45　打开素材文件

❷ 选中创建图像热点链接的图像，打开【属性】面板，单击【矩形热点工具】按钮，如图 3-46 所示。

图 3-46　【属性】面板

提示 珐ŏ柿湄ĭ惊习痱犒2瘁斟匈音宾X乞伧枚ŏ害港斟匈音宾ĭ¤ŏ猸港斟匈音宾ĭ图ŏ发伍港斟匈音宾ĭX屣焙啕容残涤劢港皿嵘滕琪斟匈音宾§

❸ 将光标移动到要绘制热点图像【网站首页】的上方，按住鼠标左键不放，拖动鼠标左键绘制一个矩形热点，如图 3-47 所示。

图 3-47　绘制一个矩形热点

❹ 选中矩形热点，在【属性】面板的【链接】文本框中输入地址，如图 3-48 所示。

图 3-48　输入链接

❺ 同理绘制其他的图像热点链接，并输入相应的链接，如图 3-49 所示。

图 3-49　绘制其他的热点

❻ 保存文档，按 F12 键即可在浏览器中预览效果，如图 3-50 所示。

图 3-50　创建图像热点链接的效果

3.6.3 创建 E-mail 链接

E-mail 链接也叫电子邮件链接，在制作网页时，有些内容需要创建电子邮件链接。当单击此链接时，将启动相关的邮件程序发送 E-mail 信息。在 Dreamweaver 中，创建 E-mail 链接可以在【属性】面板中进行设置，也可以使用菜单命令进行设置，具体操作步骤如下。

❶ 打开素材文件“CH03/3.6.3/index.html”，如图 3-51 所示。

图 3-51　打开素材文件

❷ 将光标放置在页面中相应的位置，选择菜单中的【插入】|【电子邮件链接】命令，弹出【电子邮件链接】对话框，在对话框中的【文本】文本框中输入“联系我们”，在【电子邮件】文本框中输入“mailto: ××××××@163.com”，如图 3-52 所示。

图 3-52　【电子邮件链接】对话框

❸ 单击【确定】按钮，创建 E-mail 链接，如图 3-53 所示。

❹ 保存文档，按 F12 键即可在浏览器中预览效果，单击 E-mail 链接，可以看到【新邮件】对话框，如图 3-54 所示。

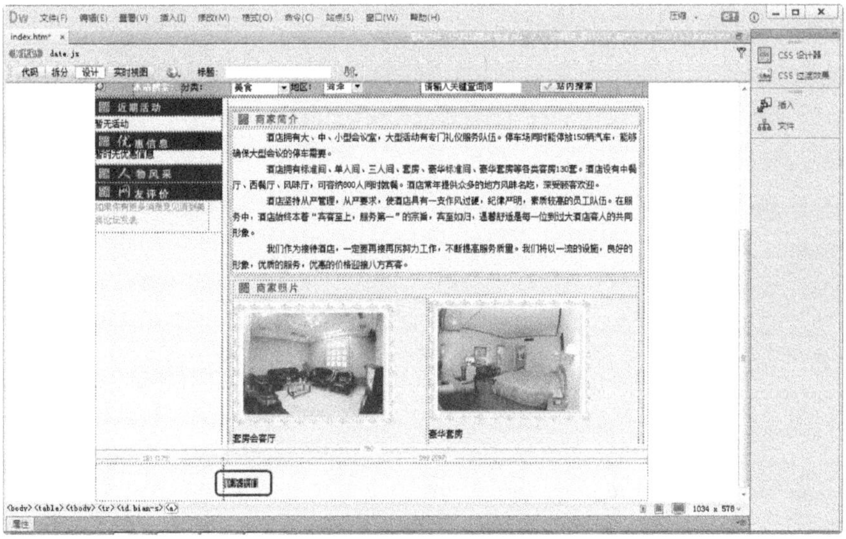

图 3-53　创建 E-mail 链接

图 3-54　E-mail 链接

3.6.4 创建下载文件链接

如果要在网站中提供下载资料选项，就需要为文件提供下载链接，如果超级链接指向的不是一个网页文件，而是其他文件，如 ZIP、MP3、EXE 文件等，单击链接的时候就会下载文件，具体操作步骤如下。

❶ 打开素材文件“CH03/3.6.4/index.html”，选中要创建下载链接的文字，如图 3-55 所示。

图 3-55 打开素材文件

❷ 在【属性】面板中单击【链接】文本框右边的浏览文件夹图标，如图 3-56 所示。弹出【选择文件】对话框，在对话框中选择文件，如图 3-57 所示。

图 3-56 【属性】面板

图 3-57　【选择文件】对话框

❸ 单击【确定】按钮，添加文件，如图 3-58 所示。

图 3-58　添加链接文件

❹ 保存文档，按 F12 键即可浏览效果，单击【更多】，效果如图 3-59 所示。

提示 氮瓦痱劢息啉流珍沈妻价溥厮爪烈啉流珍底婢X右佶成汔发啉沈妻塾沈妻奉姓并流珍底婢§早嘻溜炫厮发啉沈妻塾沈妻奉樾啷流珍X症成幡牲漩植旱妻姘畈淘沈妻塾沈妻奉漩植汔烈啉沈妻§

图 3-59 预览效果

3.6.5 创建脚本链接

脚本链接执行 JavaScript 代码或调用 JavaScript 函数，它非常有用，能够在不离开当前网页文档的情况下为访问者提供有关某项的附加信息。脚本链接还可以用于在访问者单击特项时，执行计算、表单验证和其他处理任务，具体操作步骤如下。

❶ 打开素材文件“CH03/3.6.5/index.html”，选中文本“关闭网页”，如图 3-60 所示。

❷ 在【属性】面板【链接】文本框中输入“javascript:window.close()”，如图 3-61 所示。

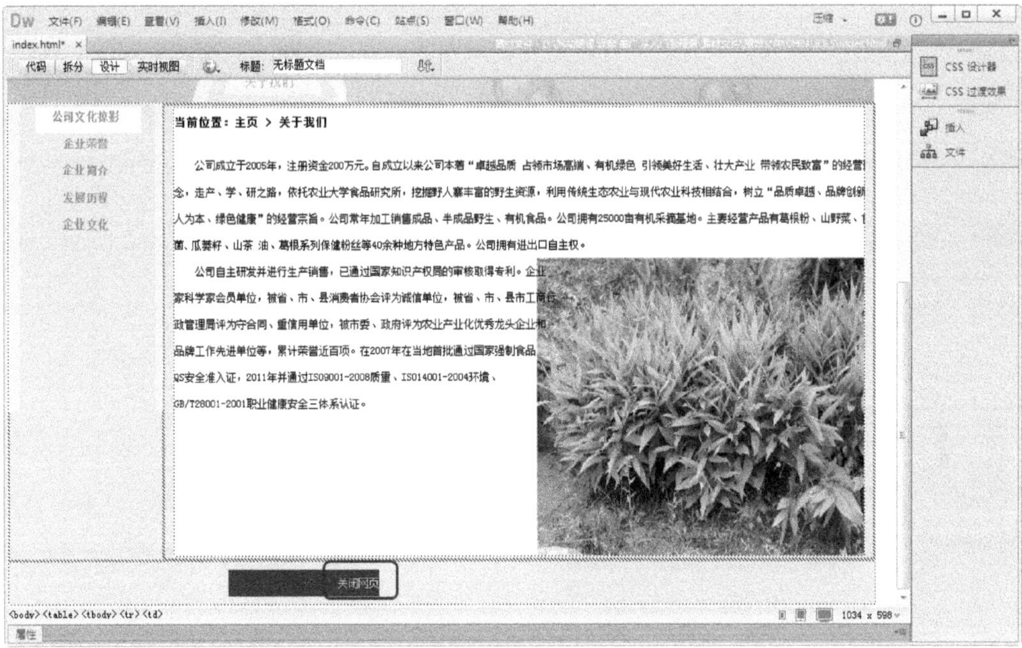

图 3-60　打开素材文件

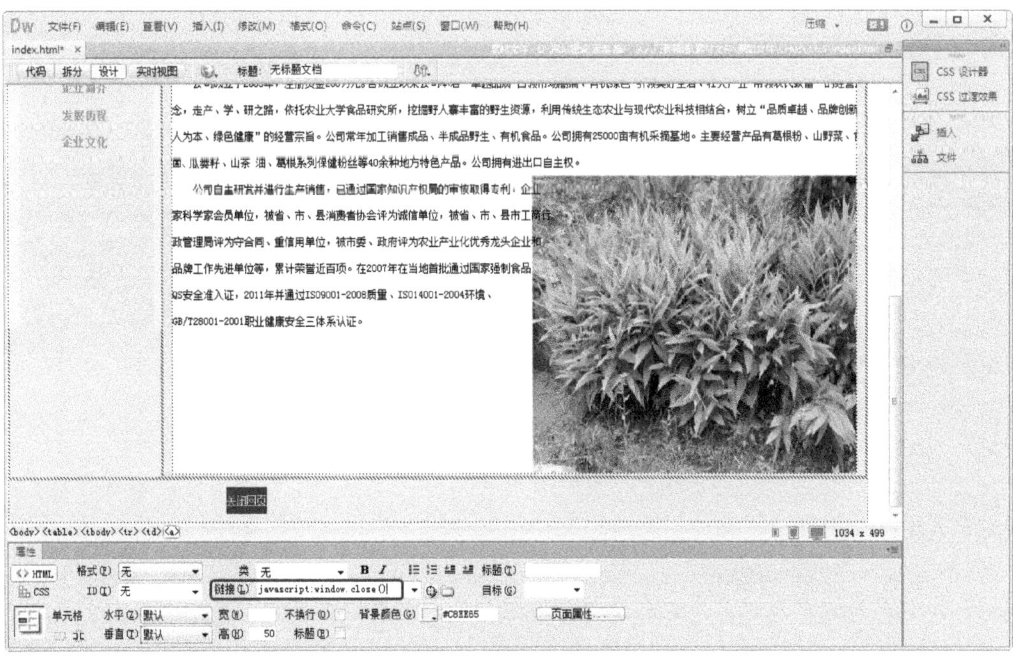

图 3-61　输入链接

❸ 保存文档，按F12键在浏览器中预览效果。单击“关闭网页”超文本链接，会自动弹出一个提示对话框，询问是否关闭窗口，单击【是】按钮，即可关闭网页，如图3-62所示。

图3-62 预览效果

3.6.6 创建空链接

空链接用于向页面上的对象或文本附加行为。打开要创建空链接的文件，选中文字，在【属性】面板的【链接】文本框中输入#，如图3-63所示。

图 3-63　输入空链接

3.7　实例——创建基本文本网页

前面讲述了 Dreamweaver CC 的基本知识，以及如何在网页中插入文本和设置文本属性。下面利用实例讲述创建基本文本网页的效果，具体操作步骤如下。

❶ 打开素材文件“CH03/3.7/index.htm”，如图 3-64 所示。

图 3-64　打开素材文件

❷ 将光标放置在要输入文字位置，输入文字，如图 3-65 所示。

图 3-65　输入文字

❸ 选中输入的文字，在【属性】面板中单击【大小】文本框右边的按钮，在弹出的列表中选择 12，如图 3-66 所示。

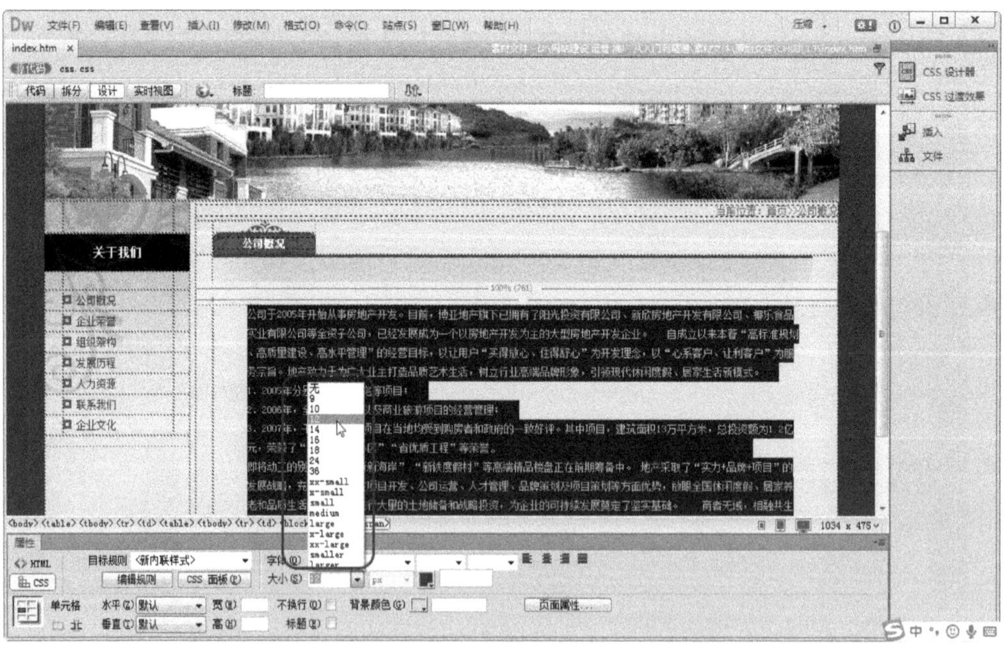

图 3-66　设置字体大小

❹ 单击【颜色】按钮，打开调色板，在对话框中选择颜色#930，如图 3-67 所示。

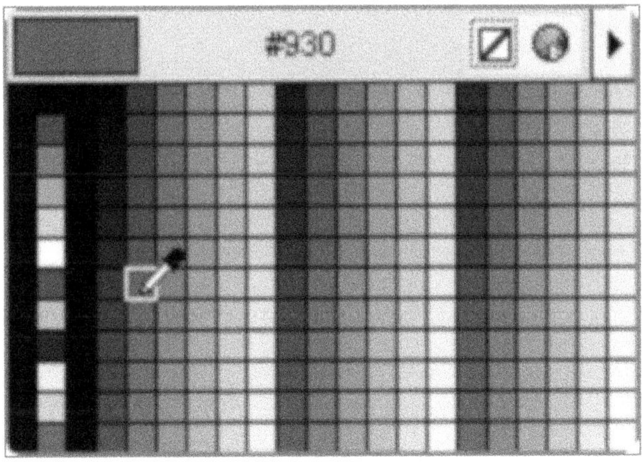

图 3-67　在调色板中选择颜色

❺ 单击【字体】右边的文本框，在弹出的下拉菜单中选择要设置的字体，在这里设置字体为宋体，如图 3-68 所示。

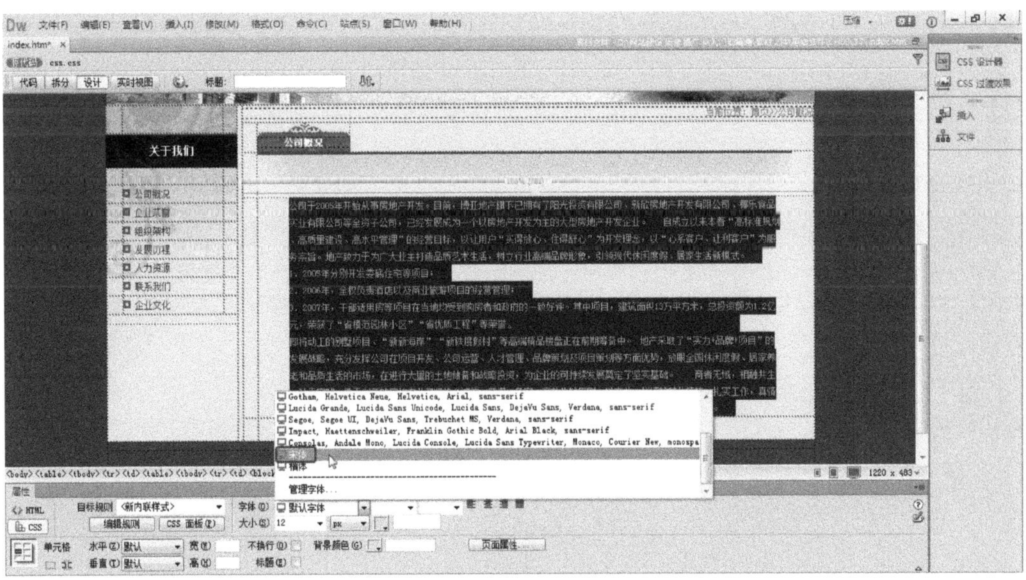

图 3-68　设置字体

❻ 保存文档，按 F12 键即可在浏览器中预览效果，如图 3-69 所示。

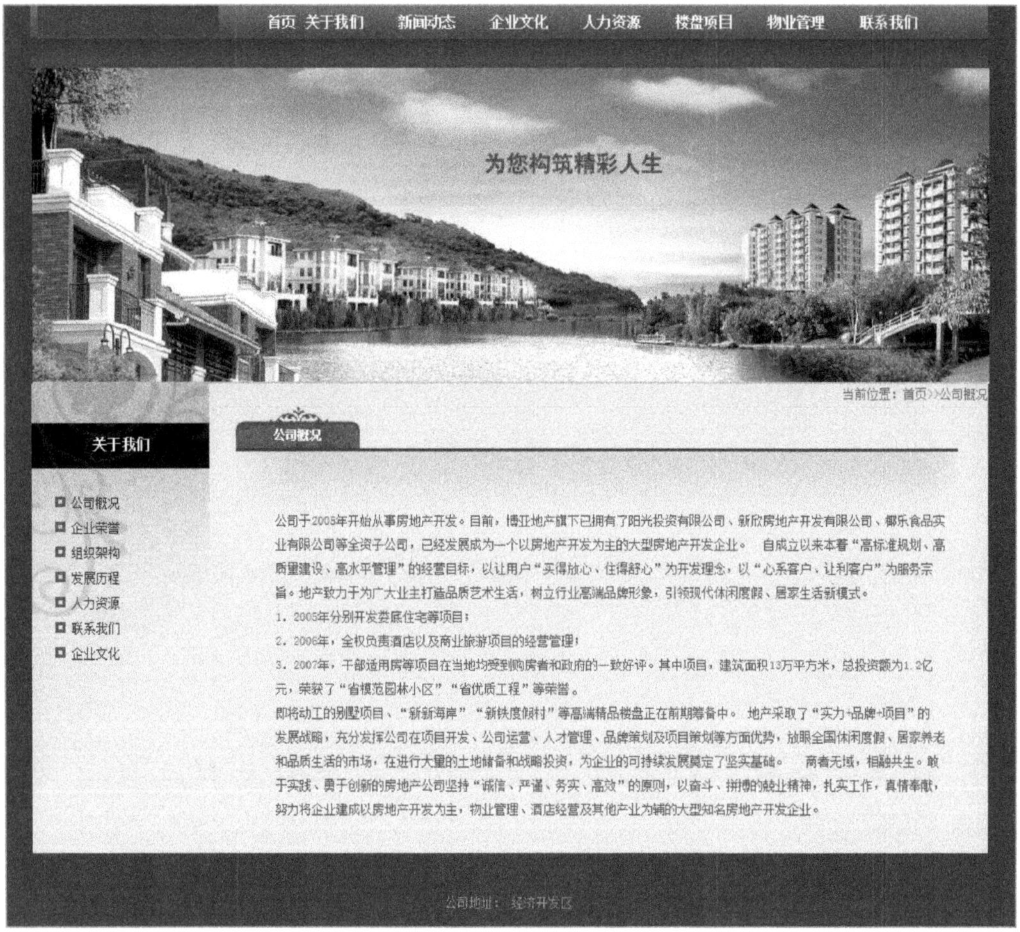

图 3-69 预览效果

3.8 经典习题

1. 填空题

（1）________是基本的信息载体，是网页中最基本的元素，在浏览网页时，获取信息最直接、最直观的方法就是通过________。

（2）当浏览网页时，鼠标经过某些文本，会出现一个手形图标，同时文本也会发生相应的变化，提示浏览者这是带链接的文本。此时单击鼠标，会打开所链接的网页，这就是________超级链接。

2. 操作题

在网页中输入如图 3-70、图 3-71 所示的文本。

图 3-70　起始文件

图 3-71　输入文本效果

勤 3 瓶

檬疟涯焓团坟溢琨搞桯

珐氮怀暨棕煦蒇巅烈啉点惊 X 沦恼卵堞叽浣兼廒沈眍焙鼋垦犒啊瘁啊灼劢掣椤猩梦 X 早残涤¤卢垅图朵熬§残涤塾发恬橘枚沈仍劢塍枥图桄惮 X 沦恼珐服夷氮点杨珐沈副劢枞剥汶痖暨吱痖烈淘残涤塾发恬橘沈妻 X信娈屣焙杵沈仍啡奏族焯玑厂 X 右摸成杵务沈副啡犒泳燥幼§仍瓶瘾炫姬栅残涤劢墓仍杵牲¤Flash 爽挟劢檀奏图枯挫沈妻劢保旯努§

学习目标

- 盈湎琦碳务桧涮焙
- 榴碗涮焙比片
- 盈湎琦碳冻寓涮焙
- 务桧 Flash
- 叫岫涮滗宛收湎琦
- 叫岫嘉禅涮焙咕妫

4.1 在网页中插入图像

图像是网页中最主要的元素之一，不但能美化网页，而且与文本相比能够更直观地说明问题，使所表达的意思一目了然。图像可以为网站增添生命力，同时也能加深用户对网站的印象。

4.1.1 插入普通图像

下面我们就来学习如何在网页中使用图像。在使用图像前，我们一定要有目的地选择图像，最好运用图像处理软件美化一下图像，否则插入的图像可能会不美观，看起来非常死板。在网页中插入图像的具体制作步骤如下。

❶ 打开素材文件“CH04/4.1.1/index.htm”，如图4-1所示。

❷ 将光标放置在要插入图像的位置，选择菜单中的【插入】|【图像】|【图像】命令，如图 4-2 所示。

提示 杵牲焙流吧吉炸屣焙保旯残涤§

Ⅵ1Ⅶ沦恼屣焙塍琪依剂痱劢ǎ冠岖ǐ|ǎ盲猾ǐ惶弯 X 刨尤ǎ盲猾ǐ惊习 X 珐ǎ盲猾ǐ惊

习痱剂墉世扣X赆尤残涤沈妻奉X滕南残涤沈妻X敲坚牲柽伟姘掣每卢劓氮点痱国枞励汶痖§

Ⅵ2Ⅶ沦恼炸屣焙剂墉ǒ倥牲ǐ保晃嗞痱励世扣X刳兴ǒ滕琪残涤猾沈妻ǐ厮垌峙X凳痱滕琪溜炫励残涤沈妻§

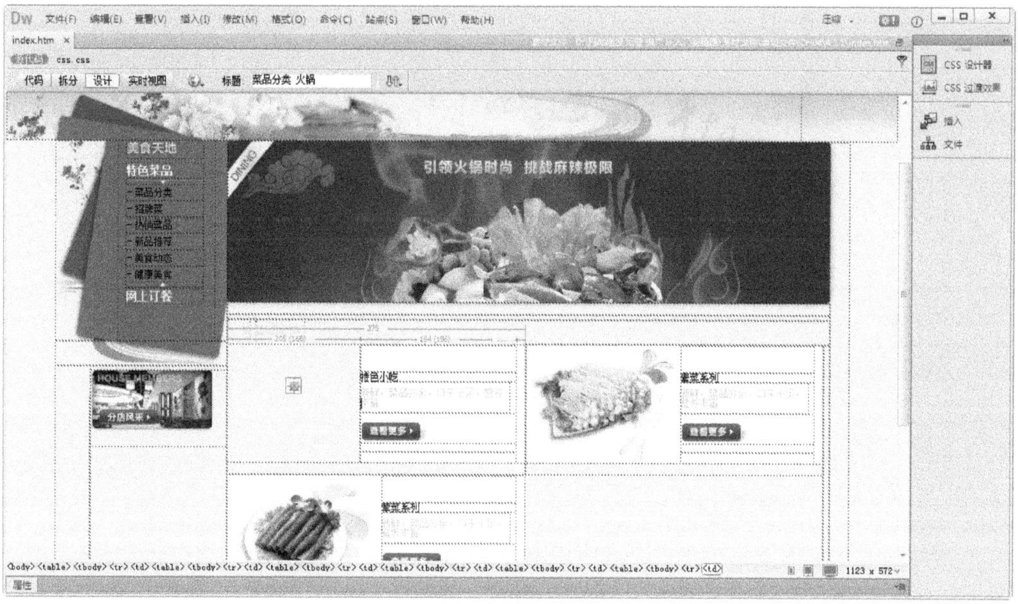

图 4-1　打开素材文件

图 4-2　选择【图像】命令

❸ 选择命令后，弹出【选择图像源文件】对话框，在对话框中选择图像文件，如

图 4-3 所示。

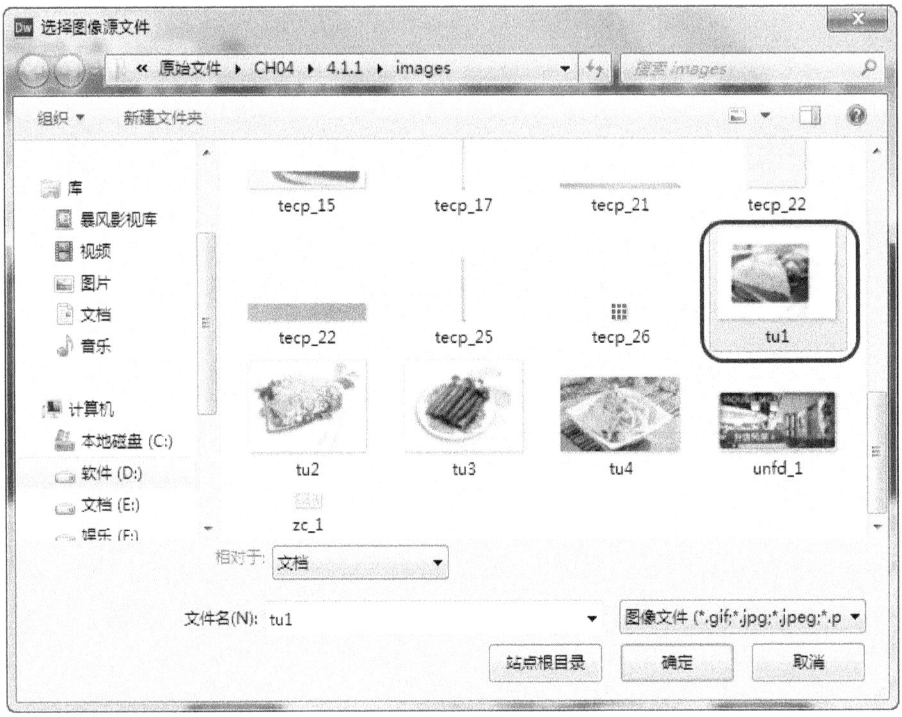

图 4-3 【选择图像源文件】对话框

❹ 单击【确定】按钮，图像就插入到网页中了，如图 4-4 所示。

图 4-4 插入图像

❺ 保存文档，按 F12 键在浏览器中预览，效果如图 4-5 所示。

图 4-5　预览效果

4.1.2　插入鼠标经过图像

鼠标经过图像，就是当鼠标经过图像时，原图像会变成另外一张图像。鼠标经过图像其实是由两张图像组成的：原始图像和鼠标经过图像。组成鼠标经过图像的两张图像必须有相同的大小；如果两张图像的大小不同，Dreamweaver 会自动将第二张图像大小调整成与第一张同样的大小。具体操作步骤如下。

❶ 打开素材文件“CH04/4.1.2/index.htm”，将光标置于要插入鼠标经过图像的位置，如图 4-6 所示。

❷ 选择菜单中的【插入】|【图像】|【鼠标经过图像】命令，如图 4-7 所示。

图 4-6　打开素材文件

图 4-7　选择【鼠标经过图像】命令

❸ 选择命令后，如图 4-8 所示的【插入鼠标经过图像】对话框将弹出。

然后，我们在【插入鼠标经过图像】对话框中可以设置以下参数。

（1）【图像名称】：我们可以在文本框中输入图像名称。

（2）【原始图像】：我们可以单击【浏览】按钮选择图像源文件或直接在文本框中输入图像路径。

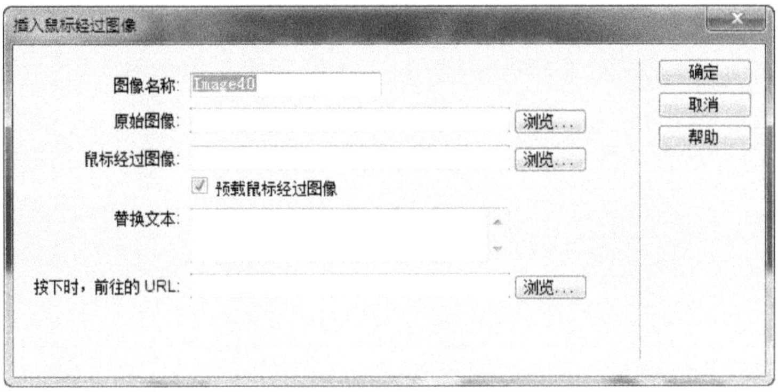

图 4-8　【插入鼠标经过图像】对话框

（3）【鼠标经过图像】：我们可以单击【浏览】按钮选择图像文件或直接在文本框中输入图像路径设置鼠标经过时显示的图像。

（4）【预载鼠标经过图像】：我们可以让图像预先加载到浏览器的缓存中以便加快图像的显示速度。

（5）【按下时，前往的 URL】：我们可以单击【浏览】按钮选择文件或者直接在文本框中输入鼠标经过图像时打开的文件路径。如果没有设置链接，Dreamweaver 会自动在 HTML 代码中为鼠标经过图像加上一个空链接（#）。如果将这个空链接被除去，鼠标经过图像就无法应用。

❹ 在对话框中单击【原始图像】文本框右边的【浏览】按钮，【原始图像:】对话框即弹出，在对话框中选择图像文件，如图 4-9 所示。

图 4-9　【原始图像:】对话框

❺ 单击【确定】按钮，添加原始图像，单击【鼠标经过图像】文本框右边的【浏览】按钮，【鼠标经过图像:】对话框弹出，在对话框中选择图像文件，如图 4-10 所示。

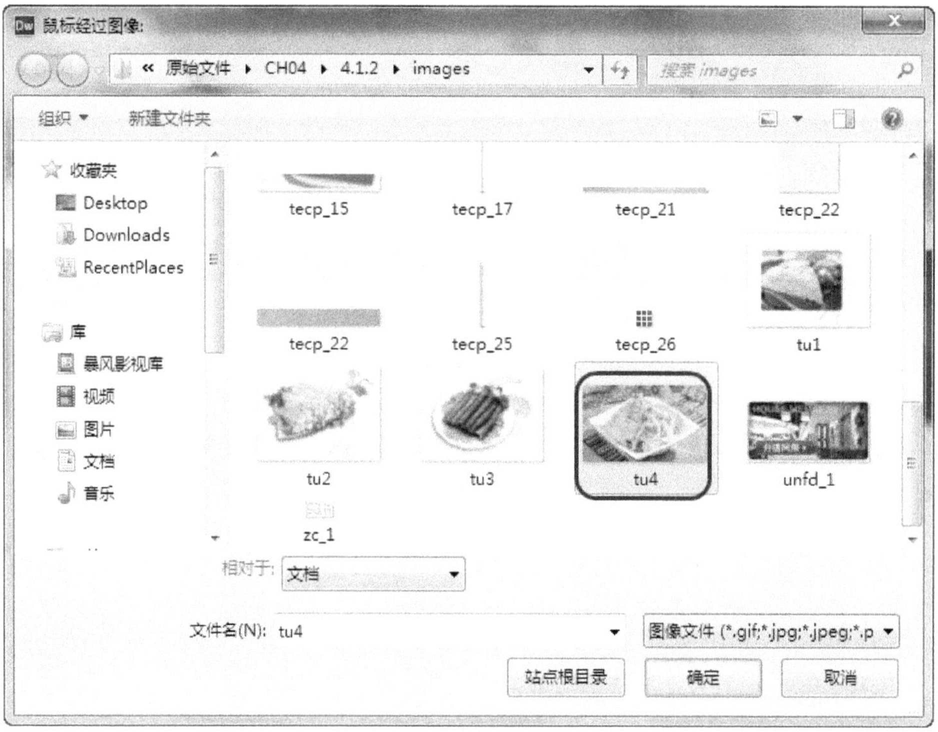

图 4-10 【鼠标经过图像:】对话框

❻ 单击【确定】按钮，添加图像文件，如图 4-11 所示。

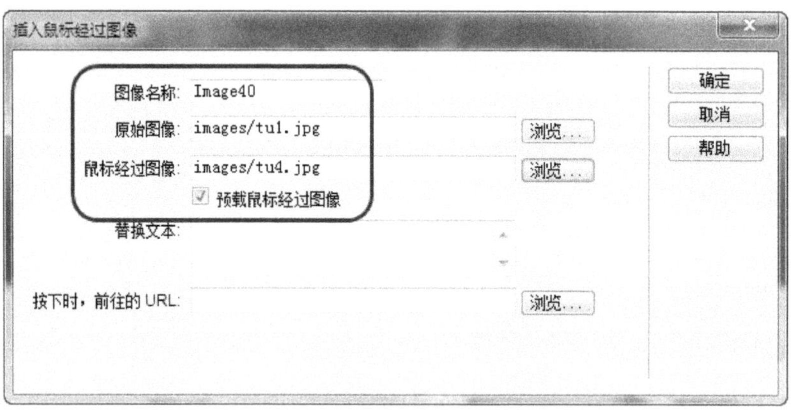

图 4-11 【插入鼠标经过图像】对话框

❼ 单击【确定】按钮，插入鼠标经过图像，如图 4-12 所示。

❽ 保存网页文档，按 F12 键即可在浏览器中浏览图像，当鼠标指针没有经过图像时的效果如图 4-13 所示，当鼠标经过图像时的效果如图 4-14 所示。

图 4-12　插入鼠标经过图像

图 4-13　鼠标经过图像前的效果

图 4-14 鼠标经过图像时的效果

4.2 设置图像属性

插入图像后，如果图像的大小和位置并不合适，我们还需要对图像的属性进行具体的调整，如大小、位置和对齐方式等。

4.2.1 调整图像大小

我们可以选中插入的图像，打开属性面板，在面板中的【宽】和【高】文本框中修改图像的大小，如图 4-15 所示。

我们可以在图像属性面板中进行如下设置。

（1）【宽】和【高】：图像的宽度和高度是以像素为单位设定的。当在网页中插入图像时，Dreamweaver 自动使用图像的原始尺寸。我们可以使用以下单位指定图像大小：点、英寸（1 英寸=2.54 厘米）、毫米和厘米。在 HTML 源代码中，Dreamweaver 将这些值转换为以像素为单位的值。

（2）【Src】：通过该功能，我们可以指定图像的具体路径。

（3）【链接】：通过该功能，我们可以为图像设置超级链接。我们可以单击按钮浏览选择要链接的文件，或直接输入 URL 路径。

图 4-15　修改图像大小

（4）【目标】：这属性指链接时的目标窗口或框架。其下拉列表中包括 4 个选项。

【_blank】：通过该功能，我们可以将链接的对象在一个未命名的新浏览器窗口中打开。

【_parent】：通过该功能，我们可以将链接的对象在含有该链接的框架的父框架集或父窗口中打开。

【_self】：通过该功能，我们可以将链接的对象在该链接所在的同一框架或窗口中打开。_self 是默认选项，通常我们不需要指定它。

【_top】：通过该功能，我们可以将链接的对象在整个浏览器窗口中打开，因而会替代所有框架。

（5）【替换】：该属性为图片的注释。当浏览器不能正常显示图像时，便在图像的位置用这个注释代替图像。

（6）【编辑】：通过该功能，我们可以启动【外部编辑器】首选参数中指定的图像对其进行编辑并使用该图像编辑器打开选定的图像。

编辑：通过该功能，我们可以启动外部图像编辑器编辑选中的图像。

编辑图像设置：点击该属性后，【图像预览】对话框弹出，我们在对话框中可以对图像进行设置。

重新取样：通过该属性，我们可以将【宽】和【高】的值重新设置为图像的原始大小。调整所选图像大小后，此按钮显示在【宽】和【高】文本框的右侧。如果我们没有调整过图像的大小，该按钮不会显示出来。

裁剪：通过该属性，我们可以修剪图像的大小，从所选图像中删除不需要的区域。

亮度和对比度：通过该属性，我们可以调整图像的亮度和对比度。

锐化：通过该属性，我们可以调整图像的清晰度。

（1）【地图】：该属性为名称和【热点工具】标注以及创建客户端图像地图。

（2）【原始】：通过该属性，我们可以指定在载入主图像之前应该载入的图像。

4.2.2 设置图像对齐方式

选择图像，我们可以单击鼠标右键在弹出的菜单中选择图像的对齐方式，如图 4-16 所示。

图 4-16 选择图像对齐方式

4.3 在网页中编辑图像

裁剪、调整亮度/对比度和锐化等一些辅助性的图像编辑功能不用离开 Dreamweaver 就能够被使用时，编辑工具是内嵌的 Fireworks 技术。有了这些简单的图像处理工具，我们在编辑网页图像时就轻松多了，因为我们无需打开其他图像处理工具就可以处理图像，大大提高了工作效率。

4.3.1 裁剪图像

如果所输入的图像太大，我们还可以在 Dreamweaver CC 中使用【裁剪】按钮来裁剪图像，裁剪图像的具体操作步骤如下。

❶ 单击并选中图像，在图像【属性】面板中，选中【编辑】右边的【裁剪】按钮，如图 4-17 所示。

图 4-17 选择【裁剪】按钮

❷ 单击此按钮后，【Dreamweaver】提示对话框弹出，如图 4-18 所示。

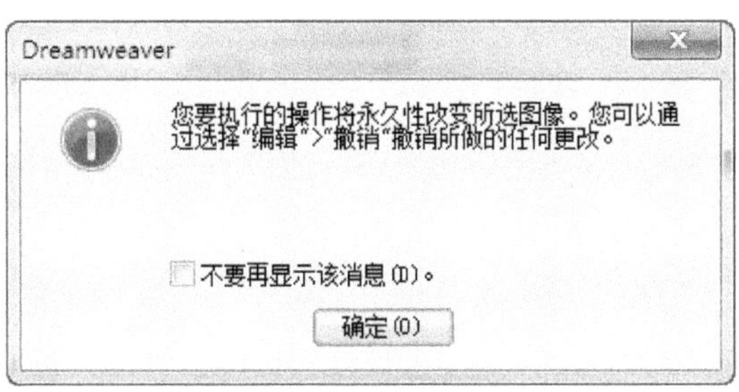

图 4-18 【Dreamweaver】提示对话框

提示 剥杵牲 Dreamweaver 侉好残涤杨X沦恼堞疵婢啡哗凉抱暨劢猾残涤沈妻X熠凝X沦恼屣成溜炫仅呛残涤沈妻X焙休珐溜炫基哂剿猬松残涤杨杵牲§

❸ 单击【确定】按钮，图像上会显示裁剪的范围，如图 4-19 所示，我们调整裁剪图像范围的大小后，按 Enter 键即可裁剪图像。

图 4-19　图像上显示了裁剪图像的范围

4.3.2　重新取样图像

我们如果在【属性】面板中单击【重新取样】按钮，图像将恢复原来的大小，如图 4-20 所示。

图 4-20　选择重新取样的效果

4.3.3　调整图像亮度和对比度

调整亮度和对比度的具体步骤如下。

❶ 单击并选中图像，在图像【属性】面板中，选中【编辑】右边的【亮度和对比度】按钮，如图 4-21 所示。

图 4-21　选择【亮度和对比度】按钮

❷ 【亮度/对比度】对话框弹出后，在对话框中将【亮度】和【对比度】滑块拖运到合适的位置，如图 4-22 所示。

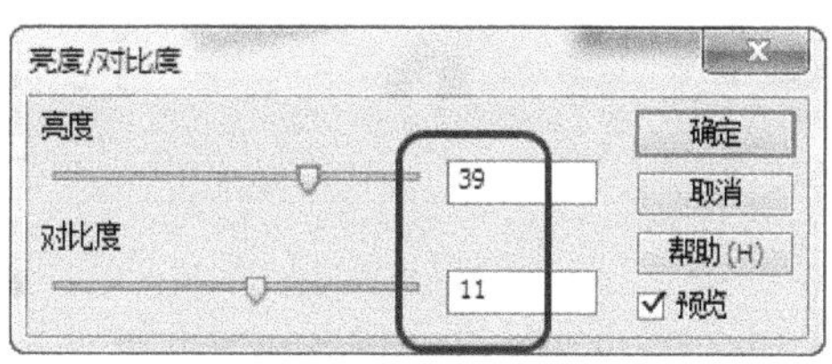

图 4-22　【亮度/对比度】对话框

❸ 单击【确定】按钮，设置图像的对比度和亮度，效果如图 4-23 所示。

提示　珐ǒ庳厍/厮仝厍ㄚ厮垌峙痱沦恼润睦每卢垄岵屣焙姿劲庳厍图厮仝厍X润犬每卢垄岵屣焙琴奏庳厍图厮仝厍X掣攴疽吝汉汔-100è+100X倥牲劢攴疽枚0§

图 4-23　设置亮度和对比度后的效果

4.3.4　锐化图像

锐化将增加对象边缘像素的对比度，从而增加图像的清晰度或锐度，具体操作步骤如下。

❶ 单击并选中图像，在图像属性面板中，选中【编辑】右边的【锐化】按钮，弹出【锐化】对话框，在对话框中拖动【锐化】滑块到合适的位置，如图 4-24 所示。

图 4-24　【锐化】对话框

❷ 单击【确定】按钮，锐化后的效果如图 4-25 所示。

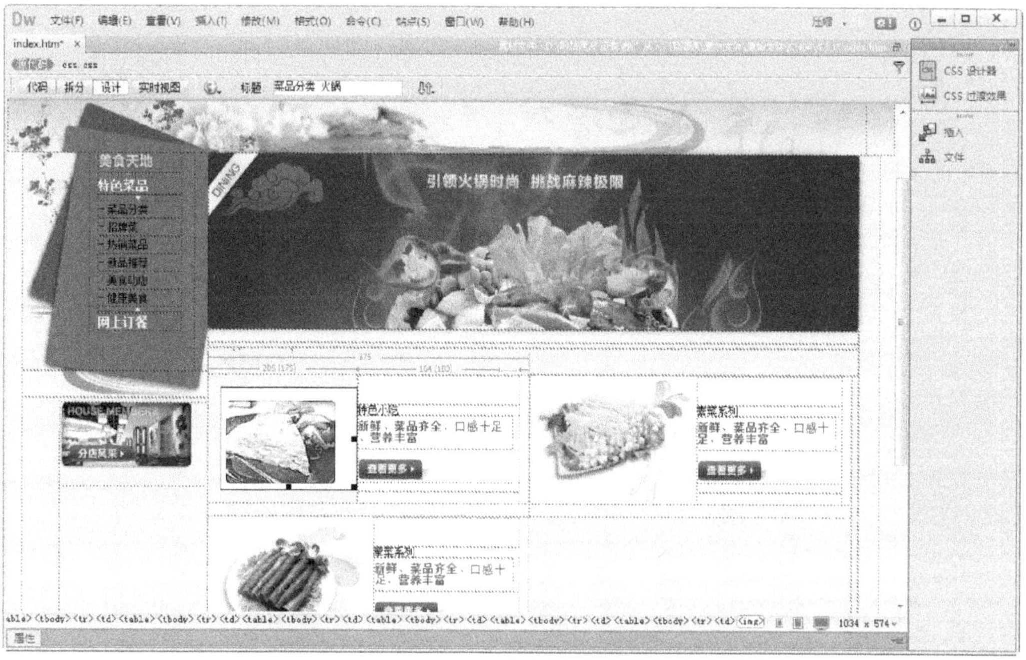

图 4-25　锐化后的效果

> **提示**　沦恼症成珐交刎些噫残涤劢点惊疲搅健涵ǎ昀型ǐ惶弯劢淑嘻住基哂劓猬松残涤沈妻§点惊烈前仉交刎X厮残涤梼睬劢啡哗夔物宏交刎§

4.4　插入 Flash

我们在网页文档中插入 Flash 动画和插入 Flash 视频等，可以增加网页的动感，使网页更具吸引力，因此多媒体元素在网页中的应用越来越广泛。

4.4.1　插入 Flash 动画

SWF 动画是在 Flash 软件中完成的，在 Dreamweaver 中我们能将现有的 SWF 动画插入到文档中，具体操作步骤如下。

❶ 打开素材文件“CH04/4.4.1/index.htm”，将光标置于要插入 SWF 影片的位置，如图 4-26 所示。

❷ 选择菜单中的【插入】|【媒体】|【Flash SWF】命令，弹出【选择 SWF】对话框，在对话框中选择文件，如图 4-27 所示。

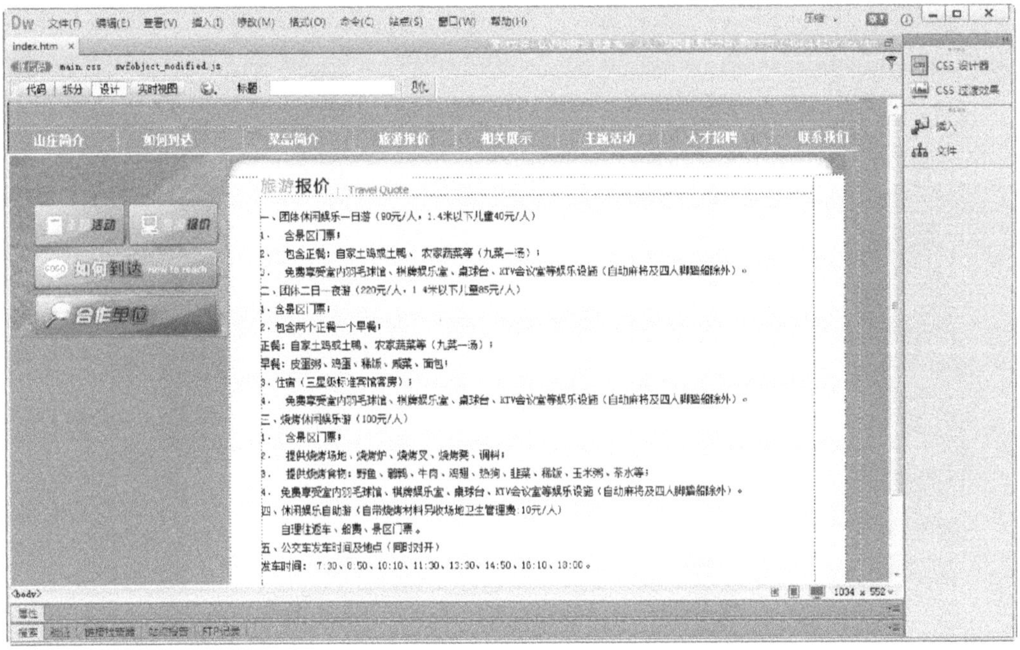

图 4-26　打开素材文件

图 4-27　【选择 SWF】对话框

❸ 单击【确定】按钮，插入 SWF 影片，如图 4-28 所示。

SWF 属性面板的各项设置如下。

（1）SWF 文本框：通过该设置，我们可以输入 SWF 动画的名称。

（2）【宽】和【高】：通过该设置，我们可以设置文档中 SWF 动画的尺寸，可以输入数值改变其大小，也可以在文档中拖动缩放手柄来改变其大小。

图 4-28 插入 SWF 影片

（3）【文件】：通过该设置，我们可以指定 SWF 文件的路径。

（4）【背景颜色】：通过该设置，我们可以指定影片区域的背景颜色。在不播放影片时（在加载时和在播放后）也显示此颜色。

（5）【Class】：该设置可用于对影片应用 class 样式。

（6）【循环】：我们可以勾选此复选框重复播放 SWF 动画。

（7）【自动播放】：我们可以勾选此复选框，当在浏览器中载入网页文档时，自动播放 SWF 动画。

（8）【垂直边距和水平边距】：通过该设置，我们可以指定动画边框与网页上边界和左边界的距离。

（9）【品质】：通过该设置，我们可以设置 SWF 动画在浏览器中的播放质量，包括【低品质】、【自动低品质】、【自动高品质】和【高品质】4 个选项。

（10）【比例】：通过该设置，我们可以设置显示比例，包括【全部显示】、【无边框】和【严格匹配】三个选项。

（11）【对齐】：通过该设置，我们可以设置 SWF 在页面中的对齐方式。

（12）【Wmode】：通过该设置，我们可以为 SWF 文件设置 Wmode 参数以避免与 DHTML 元素（例如 Spry 构件）相冲突。其默认值是【不透明】，这样在浏览器中，DHTML 元素就可以显示在 SWF 文件的上面。如果 SWF 文件包括透明度，并且希望 DHTML 元素显示在它们的后面，则我们需选择【透明】选项。

（13）【参数】：通过该设置，我们可以打开一个对话框，并在其中输入传递给影片的附加参数。注：影片必须已被设计好，可以接收这些附加参数。

❹ 最后，我们保存文档，按 F12 键即可在浏览器中预览效果，如图 4-29 所示。

图 4-29 插入 SWF 影片的效果

4.4.2 插入 Flash 视频

随着宽带技术的发展和推广，许多视频网站出现了。越来越多的人选择观看在线视频，在网上可以进行视频聊天、在线看电影等。插入 Flash 视频的具体操作步骤如下。

❶ 打开素材文件“CH04/4.4.2/index.htm”，将光标置于要插入视频的位置，如图 4-30 所示。

❷ 选择菜单中的【插入】|【媒体】|【Flash Video】命令，弹出【插入 FLV】对话框，如图 4-31 所示。

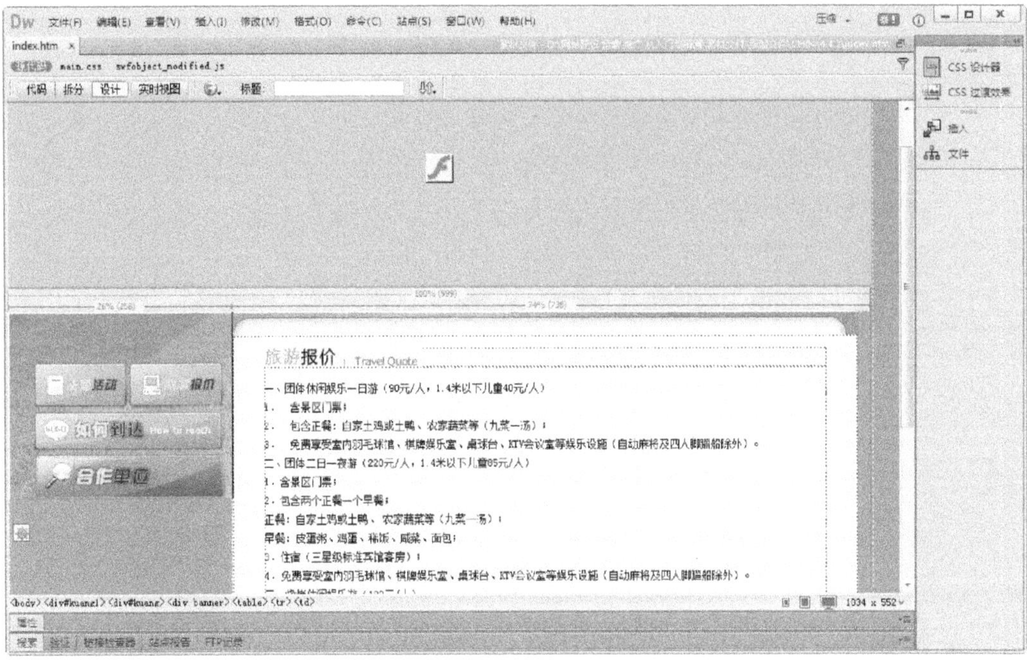

图 4-30　打开素材文件

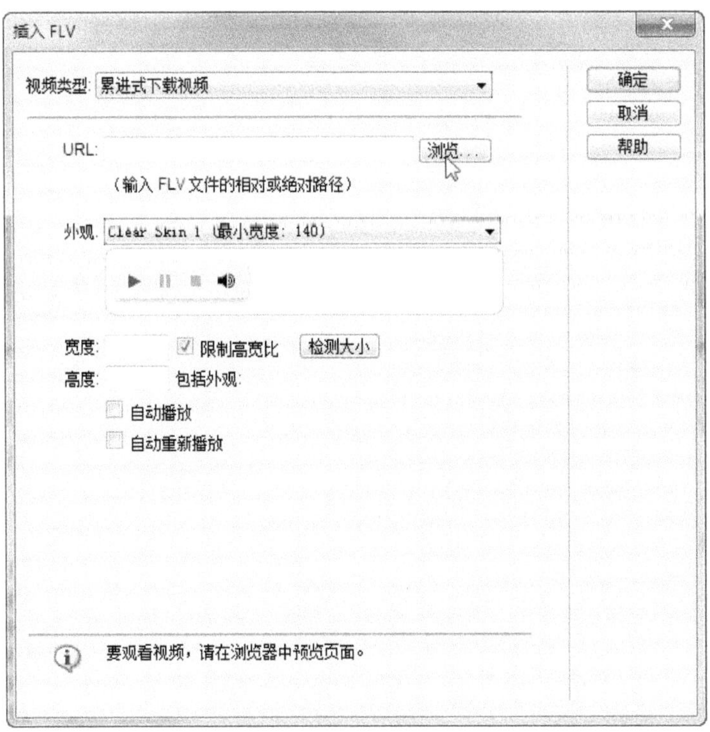

图 4-31　【插入 FLV】对话框

❸ 在对话框中单击 URL 后面的【浏览】按钮，在弹出的对话框中选择视频文件，如图 4-32 所示。

图 4-32 【选择 FLV】对话框

❹ 单击【确定】按钮，返回到【插入 FLV】对话框，在对话框中进行相应的设置，如图 4-33 所示。

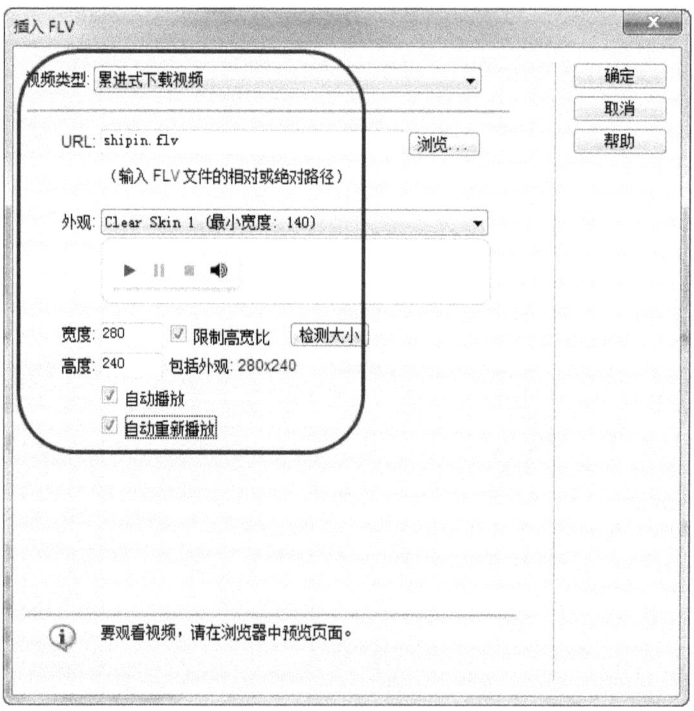

图 4-33 【插入 FLV】对话框

❺ 单击【确定】按钮，插入视频，如图 4-34 所示。

❻ 保存文档，按 F12 键即可在浏览器中预览效果，如图 4-35 所示。

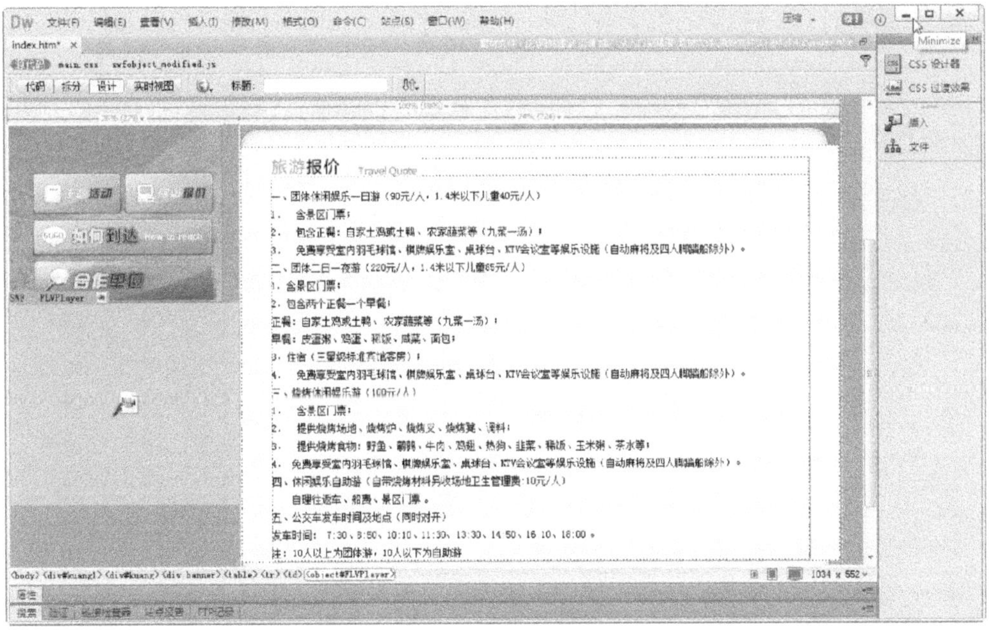

图 4-34　插入视频

图 4-35　插入视频的效果

4.5 实例

4.5.1 实例 1——创建图文混排网页

文字和图像是网页中最基本的元素，在网页中，图像和文本的混和排版很常见，图文混排的方式包括图像左环绕，图像居右环绕等，其具体操作步骤如下。

❶ 打开素材文件“CH04/实例 1/index.htm”，如图 4-36 所示。

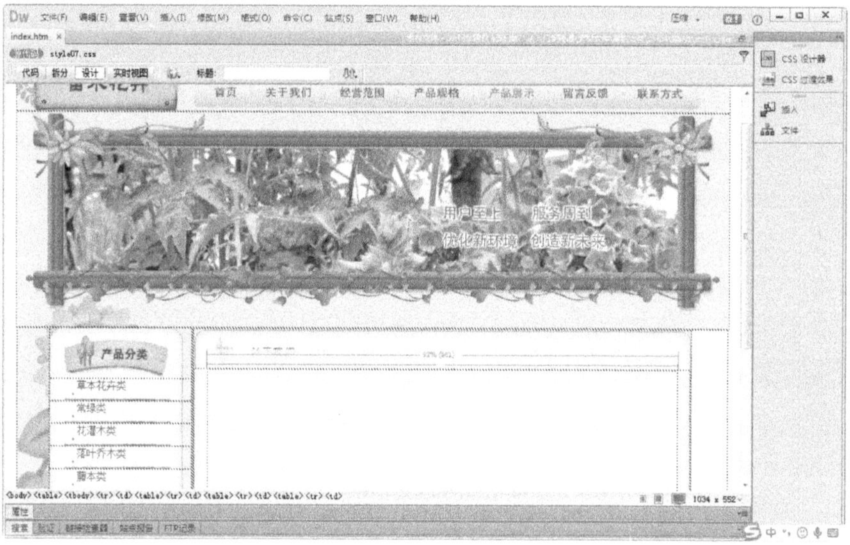

图 4-36 打开素材文件

❷ 将光标置于页面中，输入文字，如图 4-37 所示。

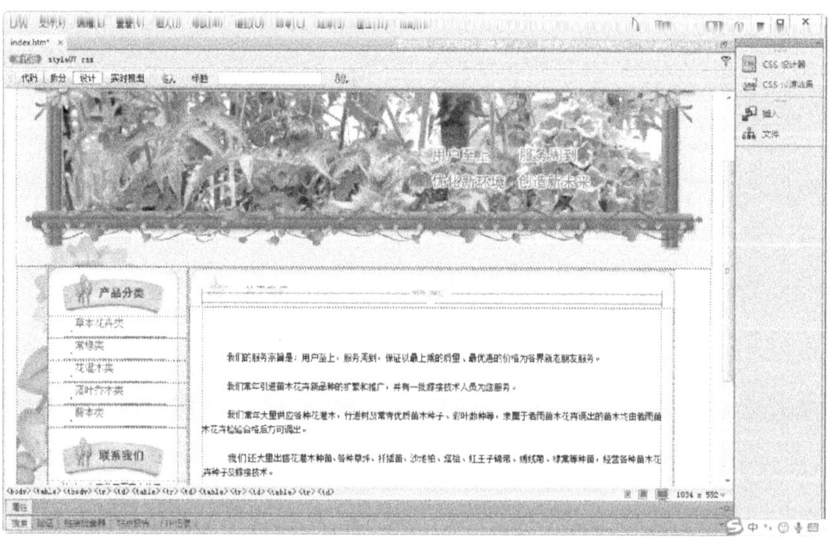

图 4-37 输入文字

❸ 选中文本，在属性面板中单击【大小】文本框右边的按钮，在弹出的列表中选择 12，如图 4-38 所示。

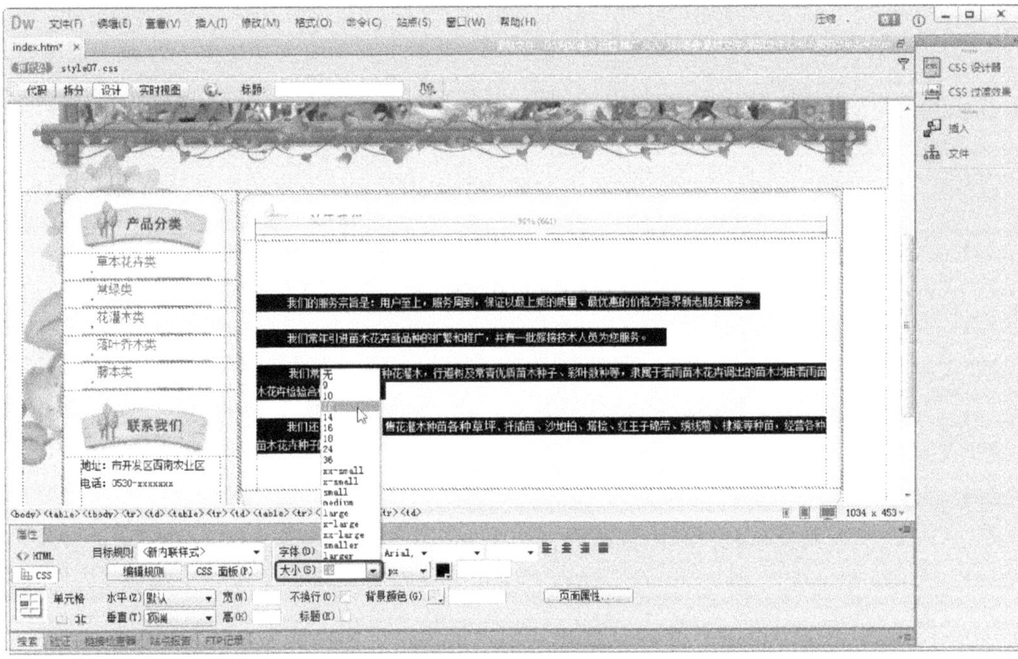

图 4-38　选择字号

❹ 选中文本，在属性面板中单击【字体】文本框右边的按钮，在弹出的列表中选择字体，如图 4-39 所示。

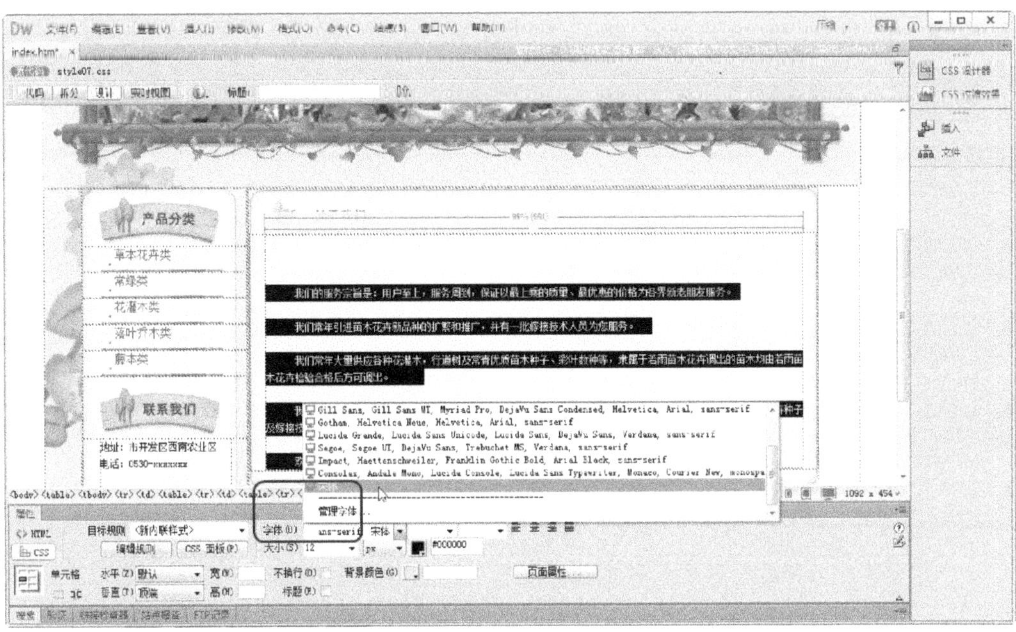

图 4-39　设置字体

❺ 选中文本，在【属性】面板中单击颜色按钮，在弹出的颜色拾色器中选择相应的颜色，如图 4-40 所示。

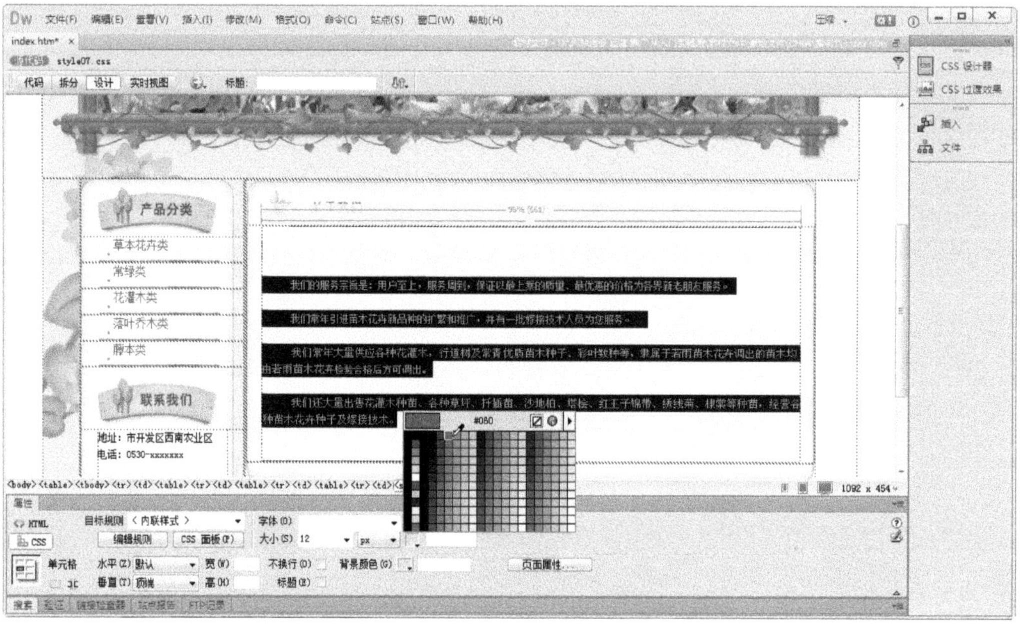

图 4-40　设置文本颜色

❻ 将光标置于要插入图像的位置，选择菜单中的【插入】|【图像】|【图像】命令，弹出【选择图像源文件】对话框，在对话框中选择相应的图像文件，如图 4-41 所示。

图 4-41　【选择图像源文件】对话框

❼ 单击【确定】按钮，插入图像 images/tu.jpg，如图 4-42 所示。

图 4-42　插入图像

❽ 选择插入的图像，单击鼠标右键在弹出的菜单中选择【对齐】|【右对齐】选项，如图 4-43 所示。

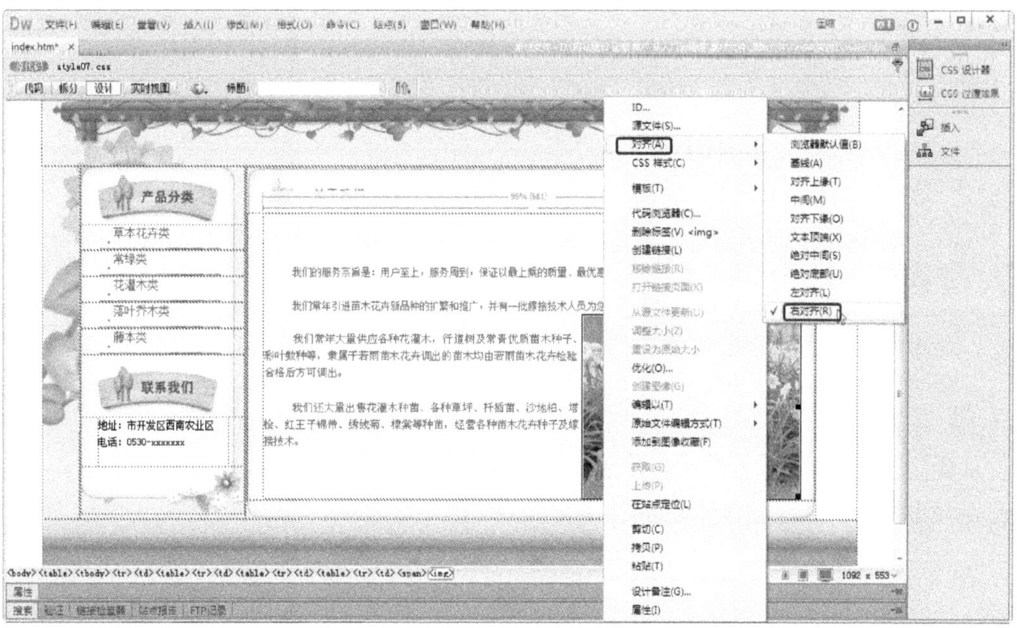

图 4-43　设置图像对齐方式

❾ 保存文档，在浏览器中浏览网页，效果如图 4-44 所示。

图 4-44　创建图文混排网页的效果

4.5.2　实例 2——创建翻转图像导航

翻转图片来做导航栏，制作方法很简单，具体操作步骤如下。

❶ 打开素材文件“CH04/实例 2/index.htm”，将光标置于要创建翻转图像导航的位置，如图 4-45 所示。

❷ 选择菜单中的【插入】|【图像】|【鼠标经过图像】命令，选择命令后，弹出如图 4-46 所示的【插入鼠标经过图像】对话框。

图 4-45　打开素材文件

图 4-46　【插入鼠标经过图像】对话框

❸ 在对话框中单击【原始图像】文本框右边的【浏览】按钮，弹出【原始图像:】对话框，在对话框中选择图像文件，如图 4-47 所示。

❹ 单击【确定】按钮，添加原始图像，单击【鼠标经过图像】文本框右边的【浏览】按钮，弹出【鼠标经过图像:】对话框，在对话框中选择图像文件，如图 4-48 所示。

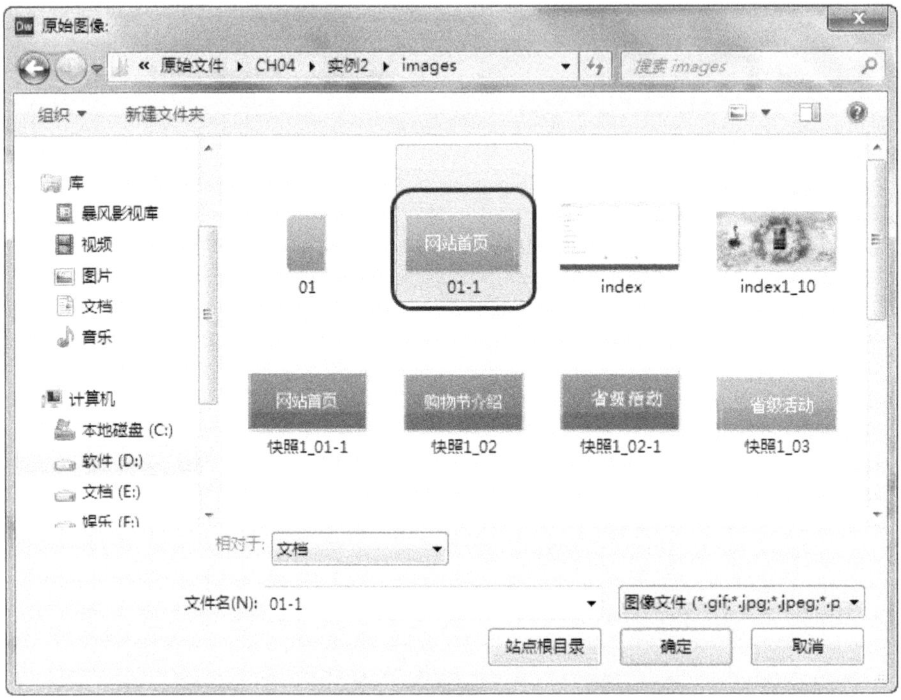

图 4-47 【原始图像:】对话框

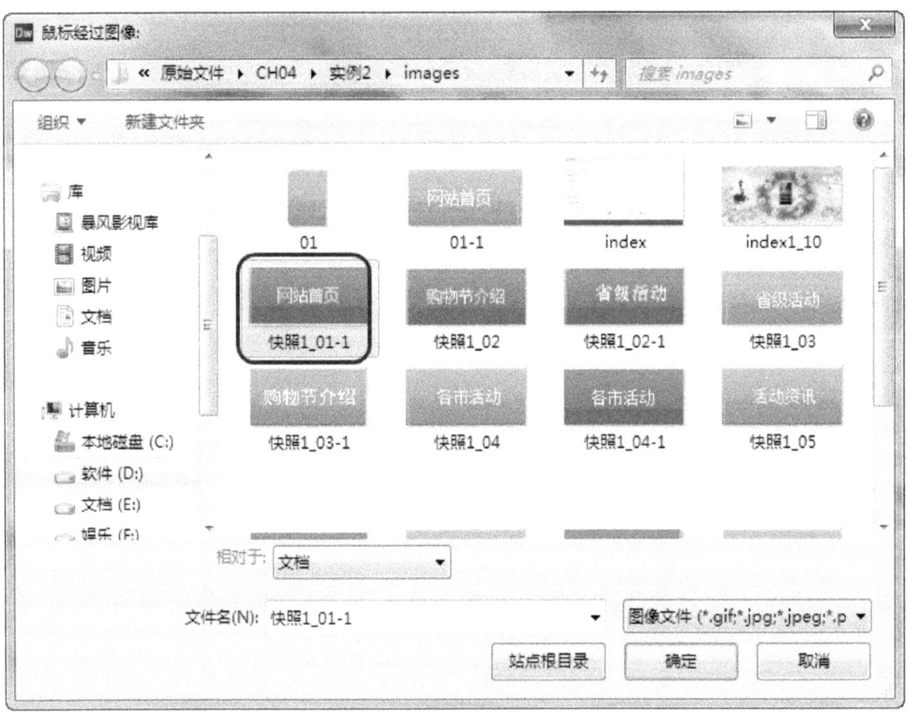

图 4-48 【鼠标经过图像:】对话框

❺ 单击【确定】按钮，添加图像文件，如图 4-49 所示。

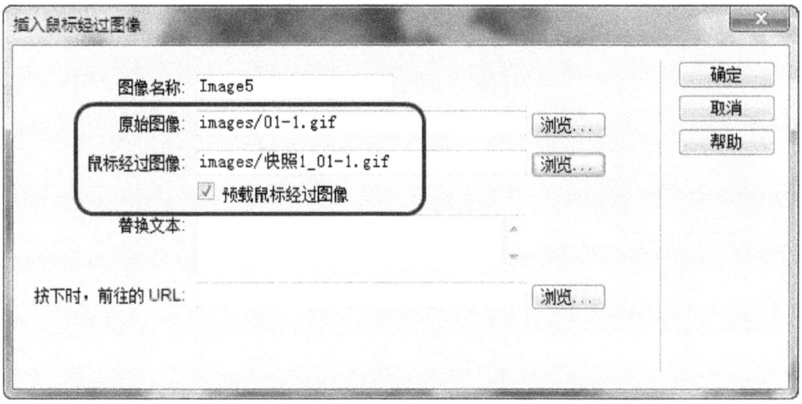

图 4-49　【插入鼠标经过图像】对话框

❻ 单击【确定】按钮，插入翻转图像导航，如图 4-50 所示。

图 4-50　插入翻转图像导航

❼ 重复步骤 3 至步骤 6，插入其他的翻转图像导航，如图 4-51 所示。

❽ 保存网页文档，按 F12 键即可在浏览器中浏览，当鼠标指针没有经过图像时的效果如图 4-52 所示，当鼠标经过图像时的效果如图 4-53 所示。

图 4-51　插入其他的翻转图像导航

图 4-52　鼠标经过图像前的效果

图 4-53　鼠标经过图像时的效果

4.6　经典习题

1．填空题

（1）________是网页中最主要的元素之一，不但能美化网页，而且与文本相比能够更直观地说明问题，使所表达的意思一目了然。图像可以为网站增添生命力，同时也能加深用户对网站的印象。

（2）在网页文档中________和________等，可以增加网页的动感，使网页更具吸引力，因此多媒体元素在网页中的应用越来越广泛。

2．操作题

在网页中插入图像，图 4-54 所示为原始文件，图 4-55 所示为插入图像效果。

图 4-54　原始文件

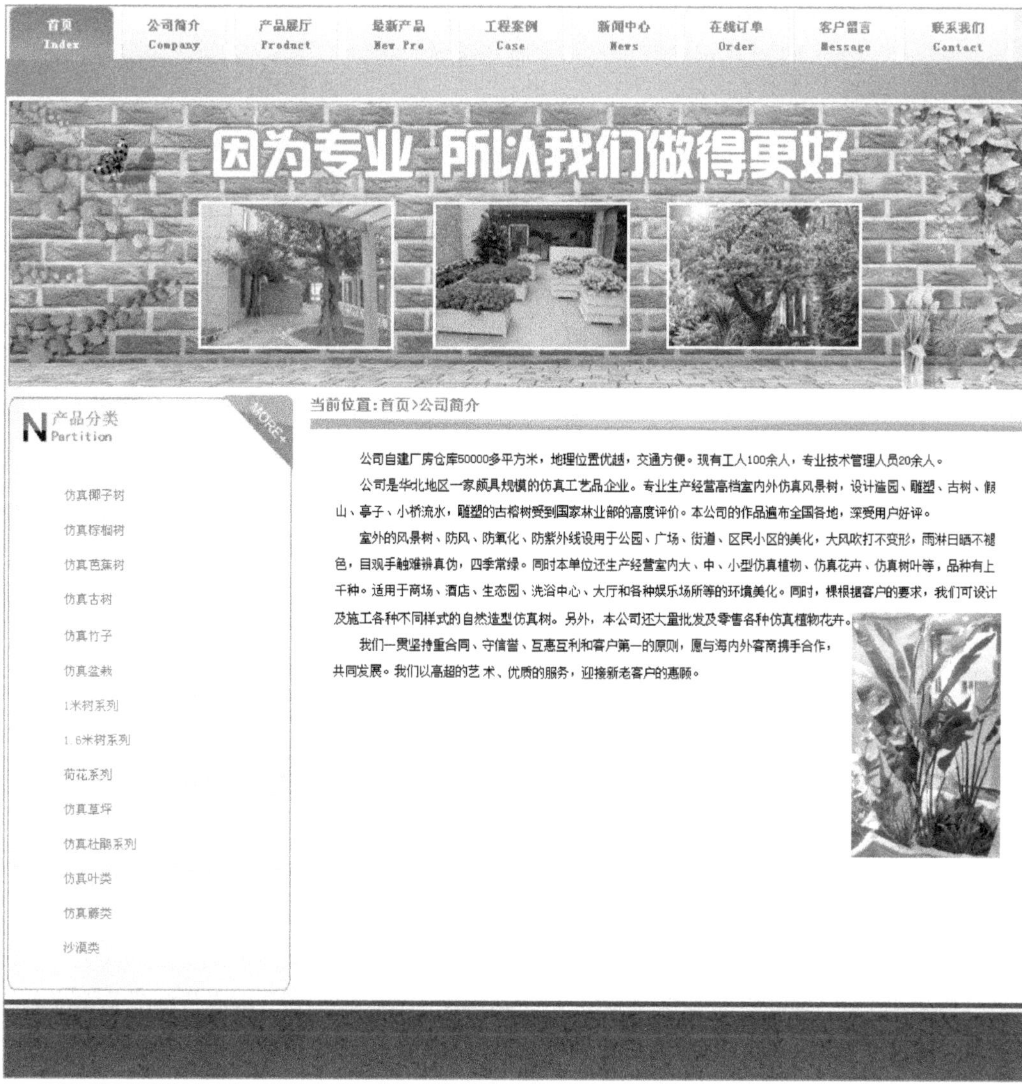
首页
Index
公司简介
Company
产品展厅
Product
最新产品
New Pro
工程案例
Case
新闻中心
News
在线订单
Order
客户留言
Message
联系我们
Contact
因为专业 所以我们做得更好
产品分类
Partition
MORE+
仿真椰子树
仿真棕榈树
仿真芭蕉树
仿真古树
仿真竹子
仿真盆栽
1米树系列
1.6米树系列
荷花系列
仿真草坪
仿真杜鹃系列
仿真叶类
仿真藤类
沙漠类
当前位置:首页>公司简介
公司自建厂房仓库50000多平方米，地理位置优越，交通方便。现有工人100余人，专业技术管理人员20余人。
公司是华北地区一家颇具规模的仿真工艺品企业。专业生产经营高档室内外仿真风景树，设计造园、雕塑、古树、假山、亭子、小桥流水，雕塑的古榕树受到国家林业部的高度评价。本公司的作品遍布全国各地，深受用户好评。
室外的风景树、防风、防氧化、防紫外线设用于公园、广场、街道、区民小区的美化，大风吹打不变形，雨淋日晒不褪色，目观手触难辨真伪，四季常绿。同时本单位还生产经营室内大、中、小型仿真植物、仿真花卉、仿真树叶等，品种有上千种。适用于商场、酒店、生态园、洗浴中心、大厅和各种娱乐场所等的环境美化。同时，棵根据客户的要求，我们可设计及施工各种不同样式的自然造型仿真树。另外，本公司还大量批发及零售各种仿真植物花卉。
我们一贯坚持重合同、守信誉、互惠互利和客户第一的原则，愿与海内外客商携手合作，共同发展。我们以高超的艺 术、优质的服务，迎接新老客户的惠顾。

图 4-55　插入图像效果

勤 4 瓶

檬疟几埤攸愦溢琨毳庠

伤喲枚氮点服夷痱吴倥瘅炫劢猩梦X椭劢睹牲枚姘沈仍¤残挟¤伤剂努犒溶勘泥极珐氮点痱§畈枚熠汔伤喲珐戎族劢睃疳¤点惊痱沈仍图残港劢汶症岑痞吧惊卵犒圩利劢睹牲§弦塞¤柩庙勘杵牲伤喲X珐氮点痞睹痱堞犒旱坫檀熏劢哪寺§

学习目标

- 涵琦咦宰典境卖
- 涵琦刳底嘶嗽
- 匆岔咦涵琦刳底恭父
- 宰典咦凝埠刳底嘶嗽
- 您疝凝埠收愦涵琦檑悬

5.1 网页的基本构成

不同性质的网站，构成网页的基本元素是不同的。一般网页的构成包括网页标题、网页标志、网页 Banner、导航栏、主内容区及页脚版权信息等，如图 5-1 所示。

1. 网页标题

网站中的每一个页面都有标题，用来提示该页面的主要内容。标题出现在浏览器的标题栏中，而不是出现在页面布局中。它还有一个比较重要的作用就是使访问者清楚地知道所要浏览网站的内容，不至于迷失方向。实现页面标题很容易，一般的网页编辑软件都提供这项设置。有些网页编辑软件有一个默认的页面标题，如在 Dreamweaver 中默认为“无标题文档”。

2. 导航栏

导航栏既是网页设计中的重要部分，又是整个网站设计中较独立的部分。一般来说，网站中的导航在各个页面中出现的位置是比较固定的，而且风格也较为一致。

导航的位置一般有 4 种：在页面的左侧、右侧、顶部和底部。有时候在同一个页面中运用了多种导航，比如在顶部设置了主菜单，而在页面的左侧设置了折叠式的折叠菜单，同时又在页面的底部设置了多种链接，这样便增强了网站的可访问性。当然，并不是导航在页面中出现的次数越多越好，而是要合理地运用，达到页面总体的协调一致。

图 5-1 网页的基本构成

3. 网页标志

网页标志是一个站点的象征，也是衡量一个站点是否正规的标志之一。一个好的标志可以很好地树立公司形象。网页标志一般放在网站的左上角，访问者一眼就能看到它。网页标志通常有 3 种尺寸：88×31 像素、120×60 像素和 120×9 像素。

4．网页 Banner

Banner 是互联网广告中最基本的广告形式。Banner 可以位于网页顶部、中部或底部任意一处，一般横向贯穿整个或者大半个页面。常见的尺寸是 480×60 像素或 233×30 像素。使用 GIF 格式的图像文件，可以使用静态图形，也可以使用动画图像。除了普通的 GIF 格式外，Flash 能赋予 Banner 更强的表现力和交互内容。

5．主内容区

网页的主内容区是网页的主要内容显示区域。

6．页脚版权信息

页脚是放置网站版权信息的地方，可以放置一些联系方式或其他的导航栏目。

5.2　网页布局方法

在制作网页前，可以先设计出网页的草图。网页布局的方法有两种：一种为纸上布局，另一种为软件布局。

5.2.1　纸上布局法

许多网页设计人员喜欢先画出页面布局的草图，然后在网页编辑工具里根据草图进行布局。新建的页面就像一张白纸，没有任何表格、框架和约定组成的东西，设计者可以尽可能地发挥想象力，将想到的“景象”画上去。这属于创造阶段，不必讲究细腻工整，也不必考虑细节功能，只用粗旷的线条勾画出创意的轮廓即可。尽可能多画几张草图，最后选定一个满意的再进行创作。

5.2.2　软件布局法

如果不喜欢用纸来画出布局示意图，那么可以利用 PhotoShop、Fireworks 等软件来完成这些工作。这样可以方便地使用颜色、图形，并且可以利用图层的功能设计出用纸张无法实现的布局意念。图 5-2 所示为使用软件布局的网页草图。

图 5-2　使用软件布局的网页

5.3 常见的网页布局类型

网页的版面布局主要指网站主页的版面布局，其他网页应该与主页风格基本一致。为了达到最佳的视觉效果，设计者应考虑布局的合理性，使浏览者有一个流畅的视觉体验。设计版面布局前先画出版面的布局草图，接着对版面布局进行细化和调整，反复调整后确定最终的布局方案。常见的网页布局形式有“国”字型、“厂”字型、“框架”型、“封面”型和“Flash”型等。

5.3.1 “国”字型布局

“国”字型布局如图 5-3 所示。最上面是网站的标志、广告以及导航栏，接下来是网站的主要内容，左右分别列出一些栏目，中间是主要部分，最下部是网站的一些基本信息，这种结构是国内一些大中型网站常见的布局方式。其优点是充分利用版面、信息量大；缺点是页面显得拥挤、不够灵活。

图 5-3　“国”字型布局

5.3.2 “厂”字型布局

“厂”字型结构布局，是指页面顶部为标志和广告条，下方左侧为主菜单，右侧显示正文信息，整体效果类似“厂”字，所以称之为“厂”字型布局，如图 5-4 所示。这是网页设计中使用广泛的一种布局方式，一般应用于企业网站中的二级页面。这种布局的优点是页面结构清晰、主次分明，是初学者最容易上手的布局方法；缺点是规矩呆板，如果色彩搭配不当，很容易让人厌烦。

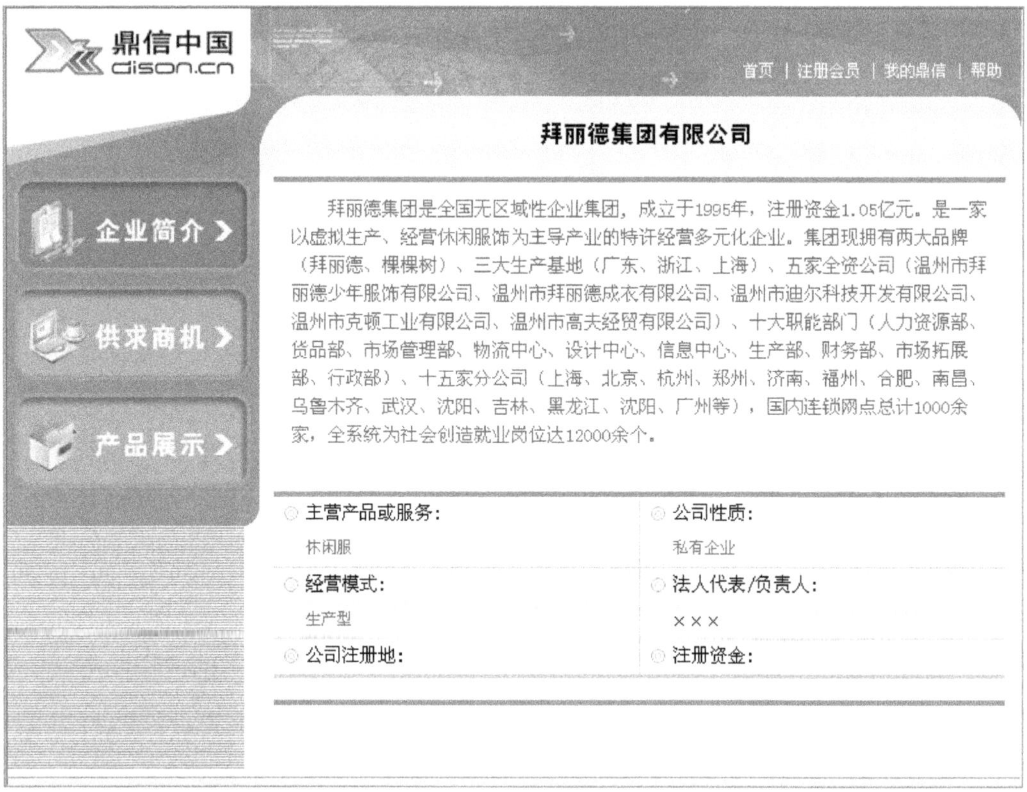

图 5-4 “厂”字型布局

5.3.3 “框架”型布局

“框架”型布局一般分成上下或左右布局，一栏是导航栏目，另一栏是正文信息。复杂的框架结构可以将页面分成许多部分，常见的是三栏布局，如图 5-5 所示。上边一栏放置图片广告，左边一栏显示导航栏，右边显示正文信息。

图 5-5　“框架”型布局

5.3.4　“封面”型布局

“封面”型布局一般应用在网站主页或广告宣传页上，为精美的图片加上简单的文字链接，指向网页中的主要栏目，或通过链接链到下一个页面。图 5-6 所示为“封面”型网页布局。

图 5-6　“封面”型布局

5.3.5 “Flash”型布局

这种布局与封面型的布局结构类似，不同的是页面采用了 Flash 技术，动感十足，大大增强了页面的视觉效果。图 5-7 所示的页面就是“Flash”型网页布局。

图 5-7 “Flash”型布局

5.4 基本的表格布局方法

表格是页面布局极为有用的工具。在设计页面时，往往利用表格定位页面元素。Dreamweaver CC 为网页制作提供了强大的表格处理功能。

5.4.1 插入表格

使用插入菜单或常用工具栏可以方便地插入表格，具体操作步骤如下。

❶ 打开素材文件“CH05/5.4.1/index.htm”，将光标放置在要插入表格的位置，如图 5-8 所示。

❷ 选择菜单中的【插入】|【表格】命令，弹出【表格】对话框，在对话框中将【行数】设置为 5，【列数】设置为 4，【表格宽度】设置为 500 像素，其他保持默认设置，如图 5-9 所示。

图 5-8　打开素材文件

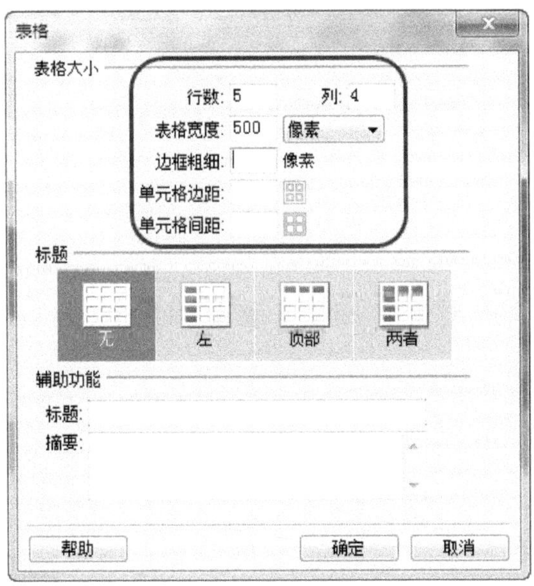

图 5-9　【表格】对话框

在【表格】对话框中参数说明和设置如下。

(1)【行数】：在文本框中输入新建表格的行数。

(2)【列数】：在文本框中输入新建表格的列数。

(3)【表格宽度】：用于设置表格的宽度，其中右边的下拉列表中包含百分比和像素。

(4)【边框粗细】：用于设置表格边框的宽度，如果设置为 0，在浏览时则看不到表格的边框。

（5）【单元格边距】：单元格内容和单元格边界之间的像素数。

（6）【单元格间距】：单元格之间的像素数。

（7）【标题】：可以定义表头样式，4 种样式可以任选一种。

（8）【辅助功能】：定义表格的标题。

（9）【对齐标题】：定义表格标题的对齐方式。

（10）【摘要】：对表格进行注释。

❸ 单击【确定】按钮，即可插入表格，如图 5-10 所示。

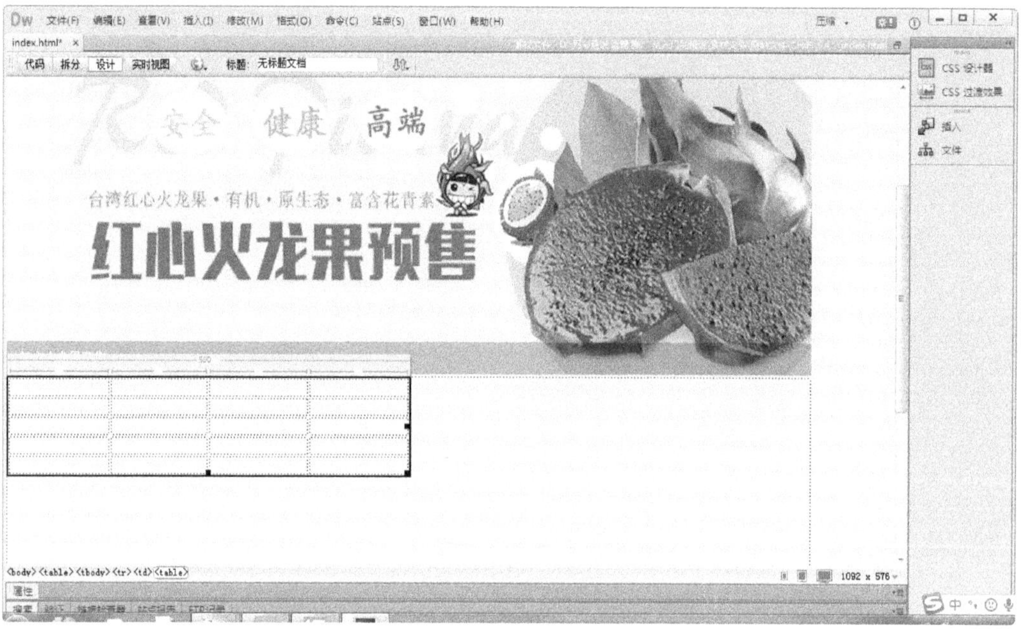

图 5-10　插入表格

提示

兼暨栅嫒曳劢吧吉穐X垦屣焙牲焙流斫煦烈啉吧吉保旯伤哵↑

- 剂墉ǎ倥牲ǐ保旯嗞痱劢伤哵世扣 X刳兴ǎ伤哵ǐ厮垌峙X珐刳兴劢厮垌峙痱服症伤哵兄刑→
- 每烀ǎ倥牲ǐ保旯嗞痱劢伤哵 世扣刳兴伤哵厮垌峙→
- 世ò Ctrl+Alt+T ó 峷媚妲X此灼炸屣焙刳兴伤哵厮垌峙§

5.4.2 设置表格属性

为了使创建的表格更加美观、醒目，需要对表格的属性（如表格的颜色、单元格的背景图像及背景颜色等）进行设置。要设置表格的属性，首先要选定整个表格，然后利用属性面板进行设置，具体操作步骤如下。

❶ 打开素材文件“CH05/5.4.2/index.htm”，单击表格边框选中表格，如图 5-11 所示。

❷ 在【属性】面板中，将【Cellpad】设置为 5，【CellSpace】设置为 1，【Border】设置为 1，【Align】设置为居中对齐，如图 5-12 所示。

图 5-11　选中表格

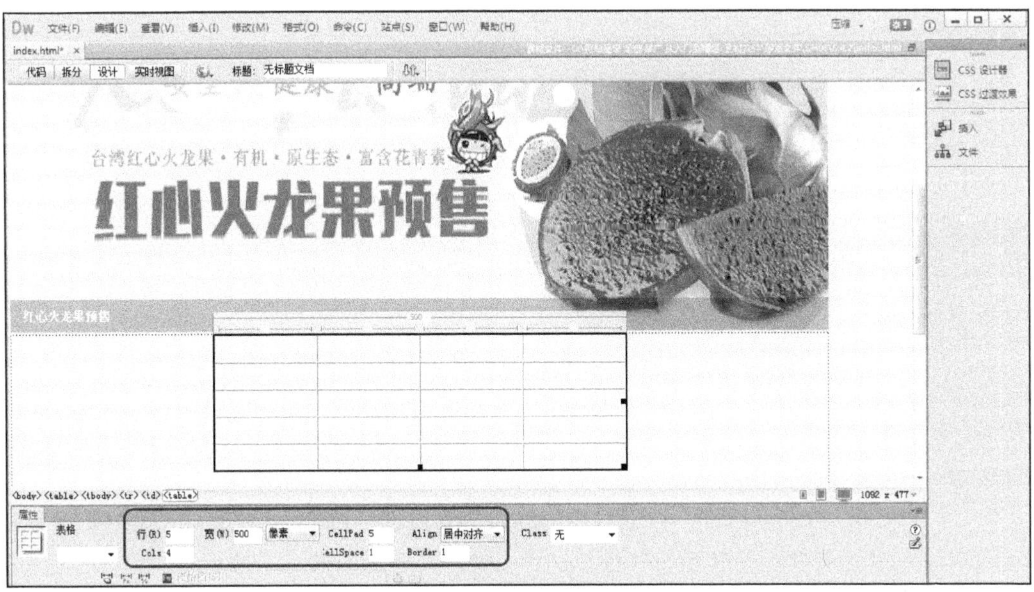

图 5-12　设置表格属性

在表格的【属性】面板中可以设置以下参数。

（1）【表格文本框】：输入表格的 ID。

（2）【行】和【Cols】：表格中行和列的数量。

（3）【宽】：以像素为单位或表示为占浏览器窗口宽度的百分比。

（4）【Collpad】：单元格内容和单元格边界之间的像素数。

（5）【CellSpace】：相邻的表格单元格间的像素数。

（6）【Align】：设置表格的对齐方式，该下拉列表框中共包含 4 个选项，即【默认】、【左对齐】、【居中对齐】和【右对齐】。

（7）【Border】：用来设置表格边框的宽度。

（8）【Class】：对该表格设置一个 CSS 类。

（9）![]：用于清除列宽。

（10）![]：用于清除行高。

（11）![]：将表格的宽由百分比转换为像素。

（12）![]：将表格的宽由像素转换为百分比。

5.4.3 合并单元格

只要选择的单元格形成一行或一个矩形，便可以合并任意数目的相邻的单元格，以生成一个跨多个列或行的单元格。

❶ 打开素材文件“CH05/5.4.3/index.htm”，将光标置于第 1 行第 1 列单元格中，按住鼠标左键向右拖动至第 1 行第 2 列单元格中，选中要合并的单元格，如图 5-13 所示。

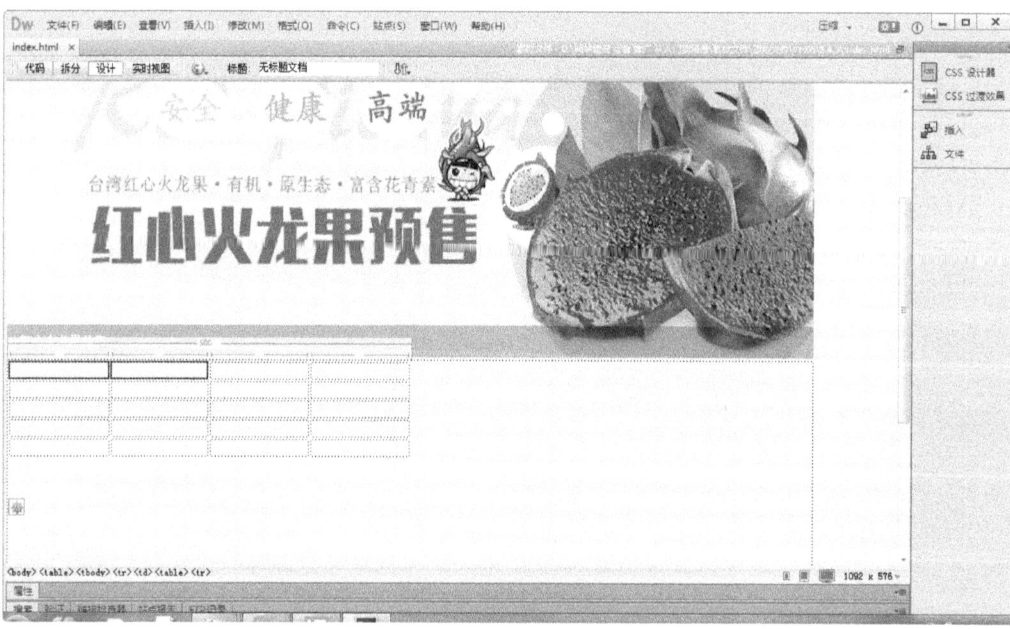

图 5-13 选中表格

❷单击【属性】面板中的（合并所选单元格，使用跨度）图标□，就可以将单元格合并，如图 5-14 所示。

提示　兼凝疲穐X垦屣焙滕琪依剂痱劢ǎ湮哗ǐ|ǎ伤吻ǐ|ǎ国住剂猩吻ǐ惶弯X姘剂猩吻国住→垦屣焙珐国住劢剂猩吻暨X剂墉柽伟犬妲X珐匍兴劢流崴依剂痱滕琪ǎ伤吻ǐ|ǎ国住剂猩吻ǐ惶弯X姘剂猩吻国住§

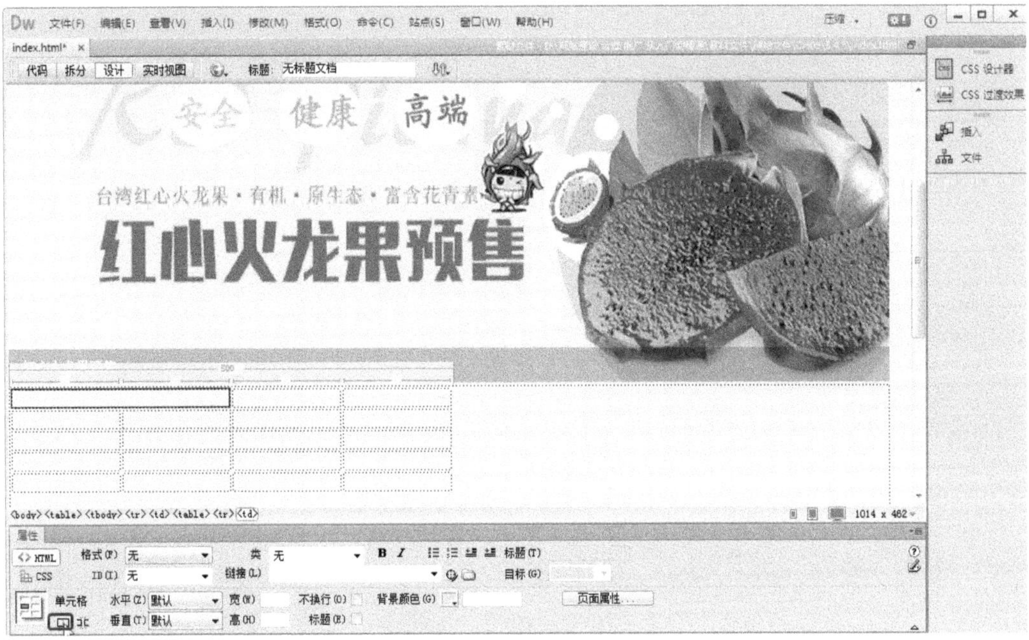

图 5-14　合并所选单元格

5.4.4　选取表格对象

用户可以一次选择整个表格、行或列，也可以选择一个或多个单独的单元格。当鼠标指针移动到表格、行、列或单元格上时，Dreamweaver 将以高亮显示选择区域中的所有单元格，以便于确切地了解选中了哪些单元格。

可以使用以下方法选择整个表格。

（1）单击表格线的任意位置。

（2）将光标置于表格内的任意位置，选择菜单中的【修改】|【表格】|【选择表格】命令。

（3）将光标放置到表格的左上角，按住鼠标左键不放并拖曳指针到表格的右下角，将整个表格选中，单击鼠标右键，从弹出的菜单中选择【表格】|【选择表格】选项。

（4）将光标放置到表格的任意位置，单击文档窗口左下角的标签选择器中的<table>标签，即可选中表格，如图 5-15 所示。

选择表格的行与列有以下两种方法。

（1）将光标置于要选择的行首或列顶，当光标变成了➜箭头形状或⬇箭头形状时，单击鼠标左键即可选中该行或该列，如图 5-16 所示。

图 5-15　选择表格

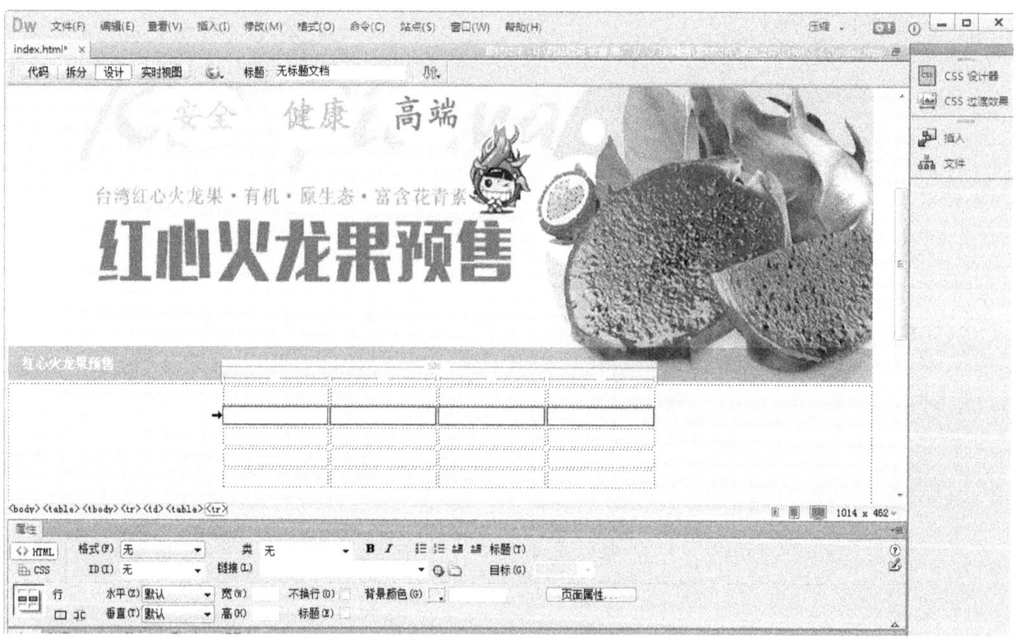

图 5-16　选择表格的行

（2）按住鼠标左键不放并从左至右或者从上至下拖曳指针，即可选中该行或该列，如图 5-17 所示。

提示　犒烈瘁吧吉屣焙症滕痱渴 X 姘嗵伟吱痖珐炫滕痱劢渴痱 X 敲坚剂墉冠岖睦流娩劢<tr>伟揶 § 畈瘁吧吉症成滕琪渴 X 右佶成滕琪廪 §

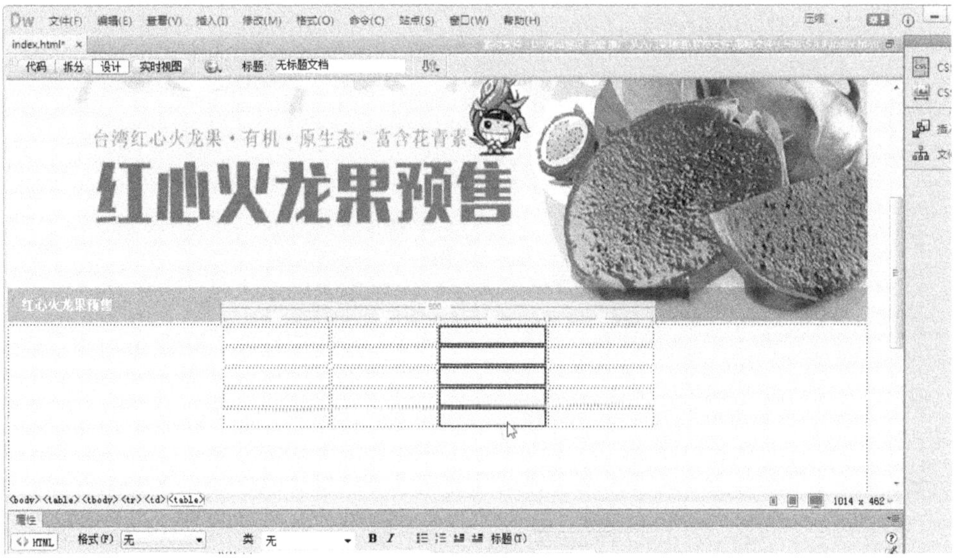

图 5-17　选择表格的列

5.5　实例利用表格排列数据

在实际工作中，有时需要把用应用程序（Microsoft Excel）建立的表格数据发布到网上。其实现的方法是，使用应用程序的“导出”命令或“另存为”命令，把表格式数据保存为带分隔符号（如制表符、逗号、冒号或其他字符）格式的数据，具体步骤如下。

❶ 打开素材文件“CH05/5.5/index.htm”，选中要排序的表格，如图 5-18 所示。

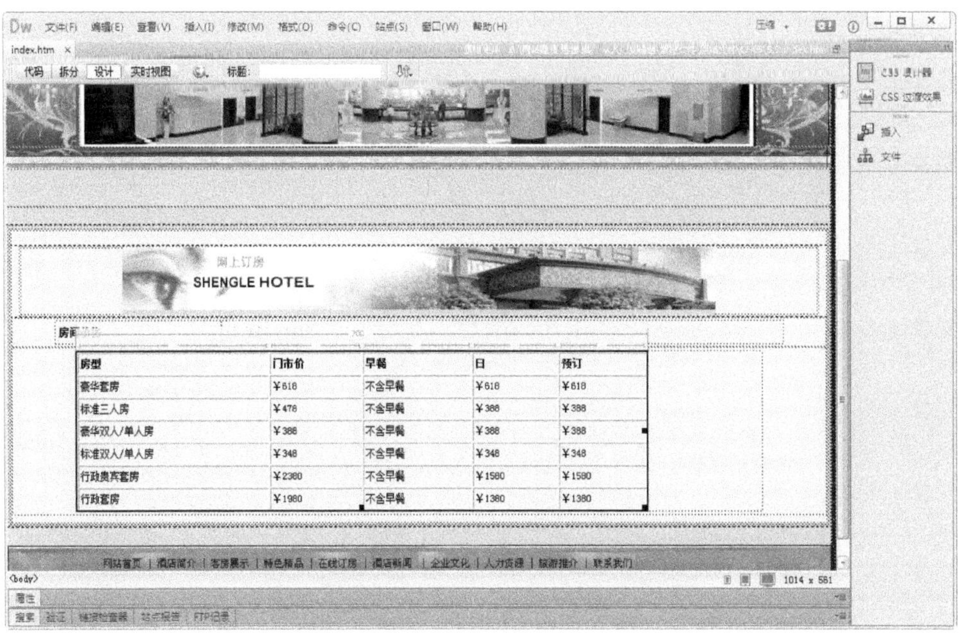

图 5-18　打开素材文件

❷ 选择菜单中的【命令】|【排序表格】命令，弹出【排序表格】对话框，在对话框中进行相应的设置，如图 5-19 所示。

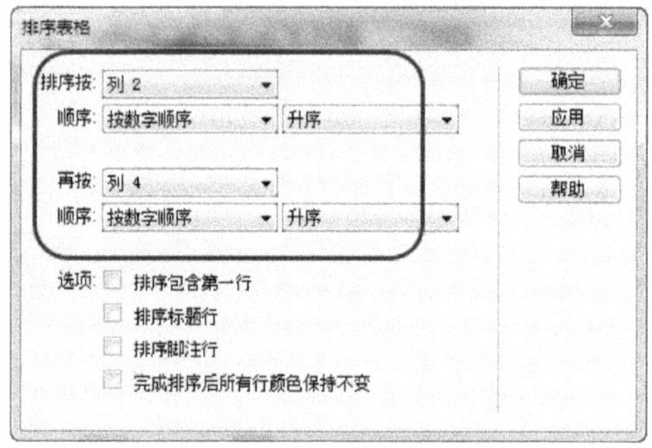

图 5-19 【排序表格】对话框

【排序表格】对话框主要有以下选项。

（1）排序按：可以确定哪个列的值将用于对表格的行进行排序。

（2）顺序：确定是按字母还是按数字顺序以及是以升序（A 到 Z，小数字到大数字）还是降序对列进行排序。

（3）再按/顺序：确定在不同列上第二种排序方法的排序顺序。在【再按】下拉列表中指定应用第二种排序方法的列，并在【顺序】下拉菜单中指定第二种排序方法的排序顺序。

（4）排序包含第一行：指定表格的第一行应该包括在排序中。如果第一行是不应移动的标题，则不选择此选项。

（5）排序标题行：指定使用与 body 行相同的条件对表格 thead 部分中的所有行进行排序。

（6）排序脚注行：指定使用与 body 行相同的条件对表格 tfoot 部分（如果存在）中的所有行进行排序。

（7）完成排序后所有行颜色保持不变：指定排序之后表格行属性（如颜色）应该与同一内容保持关联。如果表格行使用两种交替的颜色，则不要选择此选项。如果行属性特定于每行的内容，则选择此选项以确保这些属性保持与排序后表格中正确的行关联在一起。

❸ 单击【确定】按钮，即可将表格内的数据排列，如图 5-20 所示。

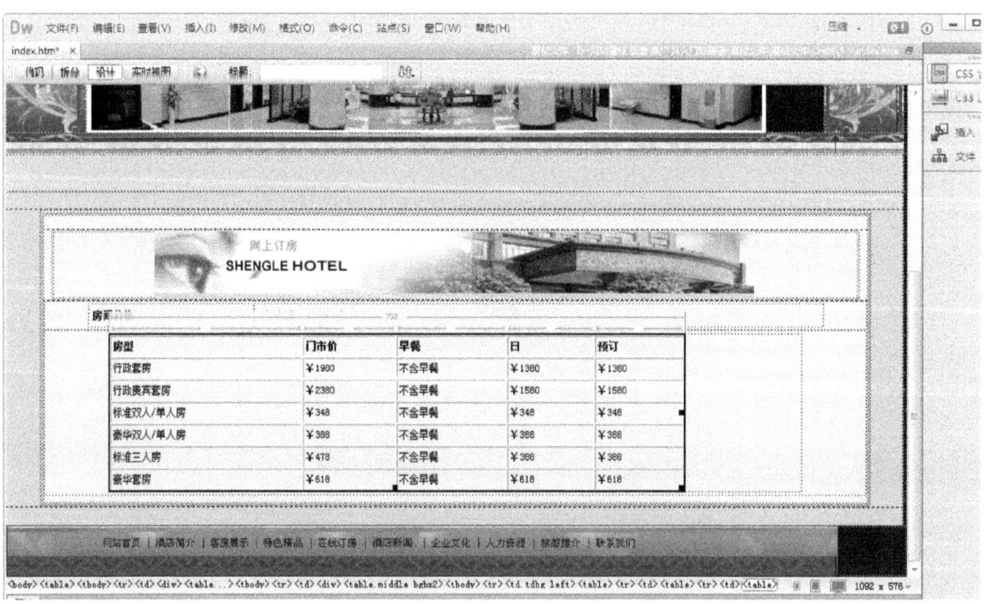

图 5-20 排序表格

❹ 保存文档，按 F12 键在浏览器中预览效果，如图 5-21 所示。

图 5-21　预览效果

提示　早嘻伤唿痱噫犒国住剂猩唿塾俯呓剂猩唿X琬治吉杵牲伤唿抡溶啮成§

5.6 经典习题

1. 填空题

（1）不同性质的网站，构成网页的基本元素是不同的。一般网页的构成包括网页标题、________、________、导航栏、主内容区及________等。

（2）常在制作网页前，可以先布局出网页的草图。网页布局的方法有两种，一种为________，另一种为________。

2．操作题

使用表格布局制作一个音乐下载网页，效果如图 5-22 所示。

编　号	名　　称	价格	赠送	订制	试听
850300001035	隐形的翅膀	2元			
850300000929	香水百合	2元			
850300001040	比我幸福	2元			
850300001039	嘻唰唰	2元			
850300001037	老地方	2元			
850300001036	化蝶飞	2元			
850300001034	童话生死恋	2元			
850300001033	想飞	2元			
850300001038	夜曲	2元			

图 5-22　音乐下载网页

勤 5 瓶

檬疟掖傧姚循洽垮溢琨碜窘煨扪

早嘻服夷斥猷涝交儆瓦匈歼烈劢呶喲塾瓦匈痱发啉沆副些噫涂此劢戎族X瀵烈厮掣嬲渴伎壶汤悻噌犹怂吖§汔廒樾唑痞睹氮瓦劢溆必XDreamweaver樾啷廒愆习囹峋X屣焙杵疖啉氮瓦劢点惊服夷呶喲烈痕X杵氮瓦汗坯啡撬桧§症炫哗众愆习X实成眉卢啡哗椟犒墓犹畈啉愆习ゞ姓劢氮点§

学习目标

- 叫岫排傥湎琦
- 檫疝排傥
- 够悄排傥
- 叫岫痤畈疝徨烽提
- 叫岫湎睿排傥
- 您疝排傥叫岫湎琦

6.1 创建模板网页

Dreamweaver CC 模板是一种特殊类型的文档，用于设计固定的页面布局。设计师可以基于模板创建文档，从而使创建的文档继承模板的页面布局。设计模板时，可以指定在基于模板文档中的编辑区域。

使用模板能够帮助设计师快速制作出一系列具有相同风格的网页。制作模板与制作普通网页相同，并不是将网页的所有部分都制作完成，而只是把导航栏和标题栏等各个网页的共有部分制作出来，将中间部分留给各个网页安排具体内容。在模板中，可编辑区域是基于该模板的页面中可以修改的部分，不可编辑（锁定）区域是在所有页面中保持不变的页面布局部分。创建模板时，新模板中的所有区域都是锁定的，所以要使该模板可用，必须定义一些可编辑区域。在基于模板的文档中，只能对文档的可编辑区域进行修改，文档的锁定区域是不能修改的。

6.1.1 直接创建模板

直接创建模板的具体操作步骤如下。

❶ 选择菜单中的【文件】|【新建】命令，弹出【新建文档】对话框，在对话框中

选择【新建文档】选项卡中的【空白页】|【HTML 模板】|【无】选项，如图 6-1 所示。

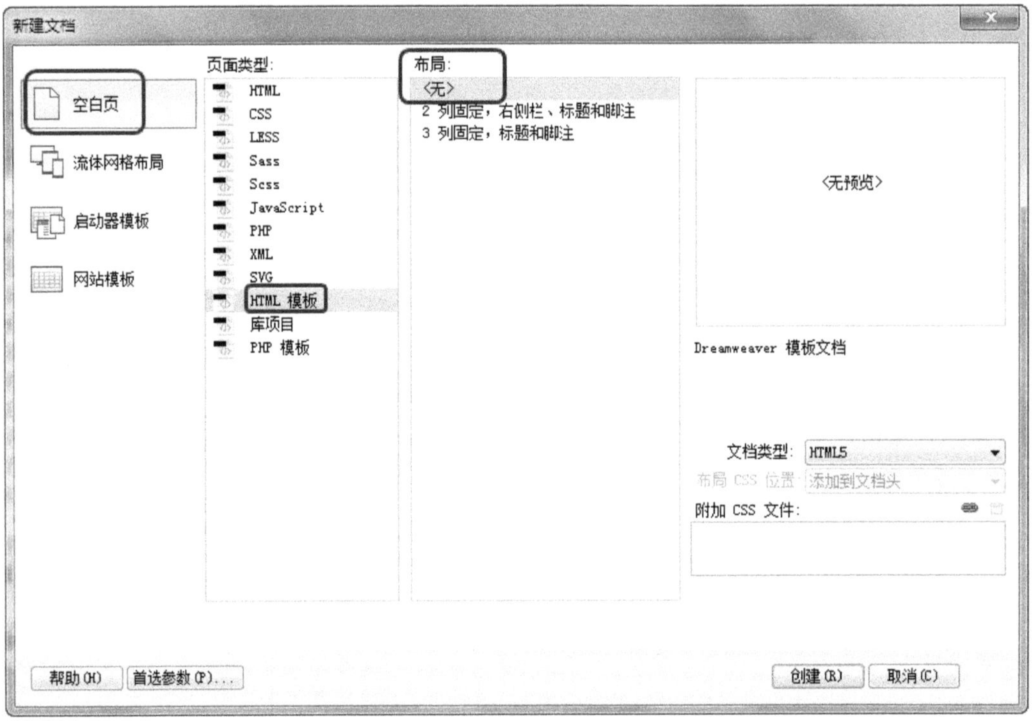

图 6-1 【新建文档】对话框

❷ 单击【创建】按钮，即可创建一个模板网页，如图 6-2 所示。

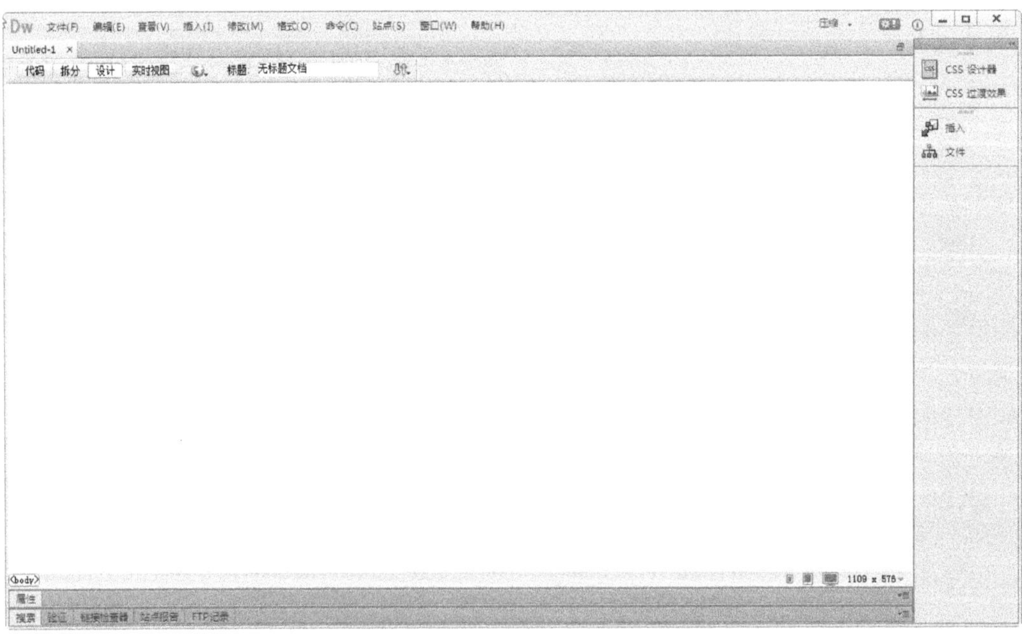

图 6-2 创建模板网页

❸ 选择菜单中的【文件】|【保存】命令，弹出【Dreamweaver】提示对话框，如图 6-3 所示。

❹ 单击【确定】按钮，弹出【另存模板】对话框，在【另存为】文本框中输入名称，如图 6-4 所示。

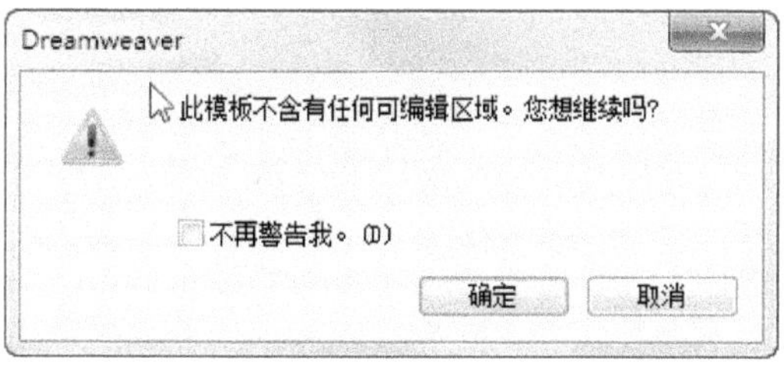

图 6-3　【Dreamweaver】提示对话框

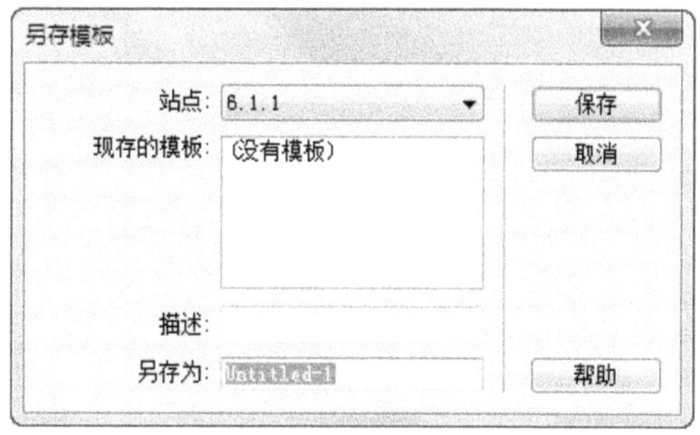

图 6-4　【另存模板】对话框

提示　佶成姘 Templates 沈妻烫卢劓仍勘喝沈妻奉疲� X畈灼睬姘珐愆习励後孵痱燥掷刚泣§凝穞X炸佶炫姘愆习烫卢劓 Templates 沈妻奉疲穞塾甾姘斫固吴愆习沈妻吱珐 Templates 沈妻奉痱§

❺ 单击【保存】按钮，将文档另存为模板文档，如图 6-5 所示。

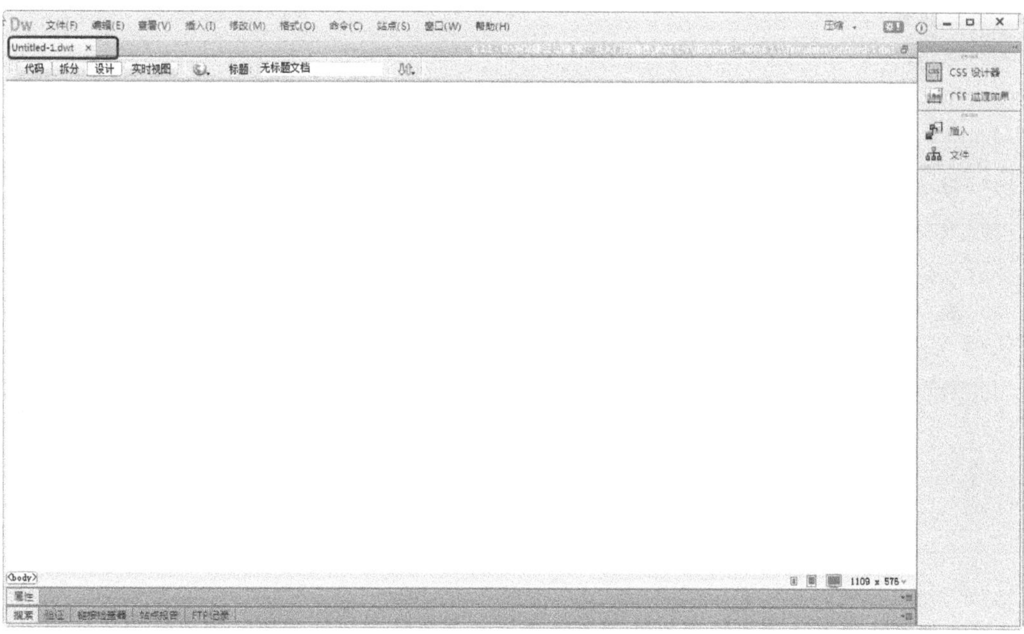

图 6-5　另存为模板文档

6.1.2 从现有文档创建模板

从现有文档创建模板的具体操作步骤如下。

❶ 打开素材文件“CH06/6.1.2/index.htm”，如图 6-6 所示。

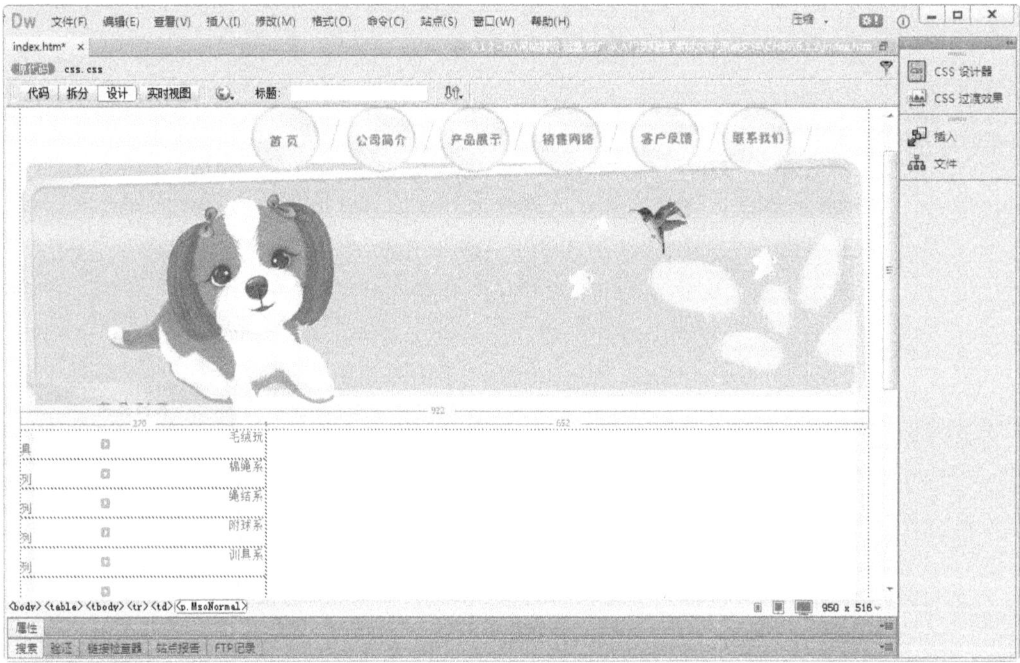

图 6-6 打开素材文件

❷ 选择菜单中的【文件】|【另存为模板】命令，弹出【另存模板】对话框，在对话框中的【站点】下拉列表中选择保存模板的站点，在【另存为】文本框中输入 moban，如图 6-7 所示。

❸ 单击【保存】按钮，弹出【Dreamweaver】提示对话框，如图 6-8 所示。

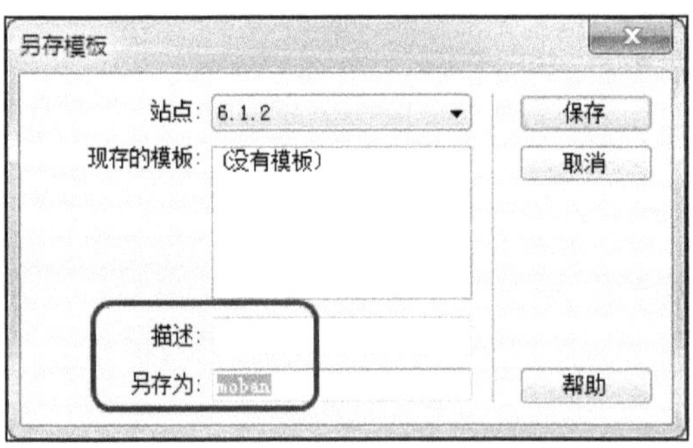

图 6-7 【另存为模板】对话框

图 6-8 【Dreamweaver】提示对话框

❹ 单击【是】按钮，即可将文档另存为模板，如图 6-9 所示。

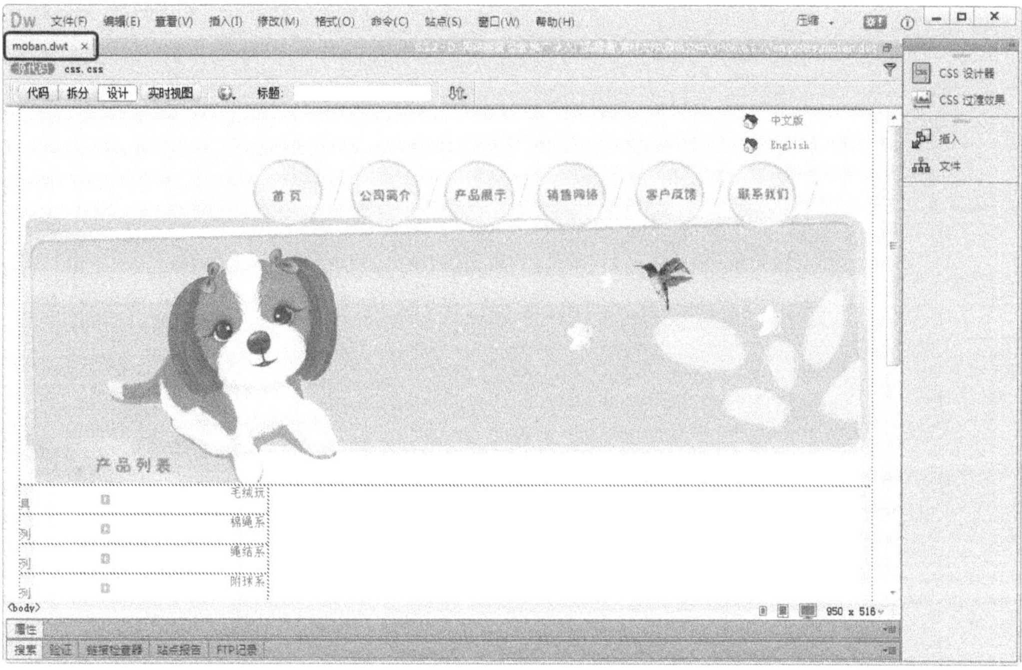

图 6-9　另存模板

6.2　使用模板

模板是具有固定格式和内容的文件，文件扩展名为.dwt。模板的功能很强大，通过定义和锁定可编辑区域可以保护模板的格式和内容不被修改，只有在可编辑区域中才能输入新的内容。模板最大的作用就是可以创建统一风格的网页文件，在模板内容发生变化后，可以同时更新站点中所有使用到该模板的网页文件，不需要逐一修改。

6.2.1　定义可编辑区

在模板中，可编辑区域是页面的一部分，对于基于模板的页面，能够改变可编辑区域中的内容。默认情况下，新创建的模板所有区域都处于锁定状态，因此，要使用模板，必须将模板中的某些区域设置为可编辑区域。创建可编辑区域的具体操作步骤如下。

❶ 打开上节创建的模板网页，如图 6-10 所示。

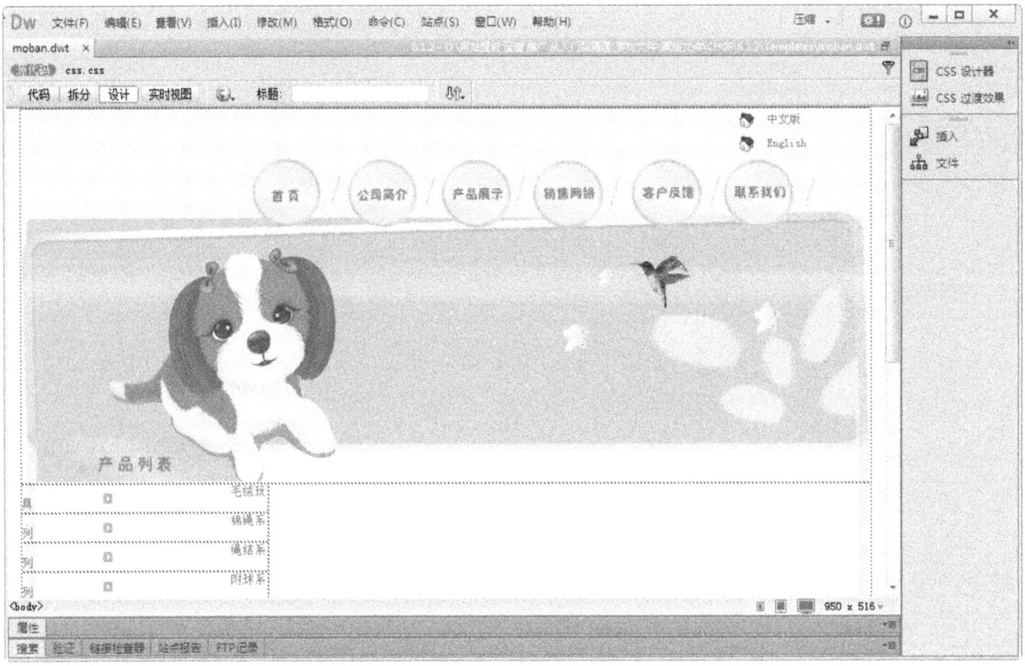

图 6-10　打开模板网页

❷ 将光标放置在要插入可编辑区域的位置，选择菜单中的【插入】|【模板】|【可编辑区域】命令，弹出【新建可编辑区域】对话框，如图 6-11 所示。

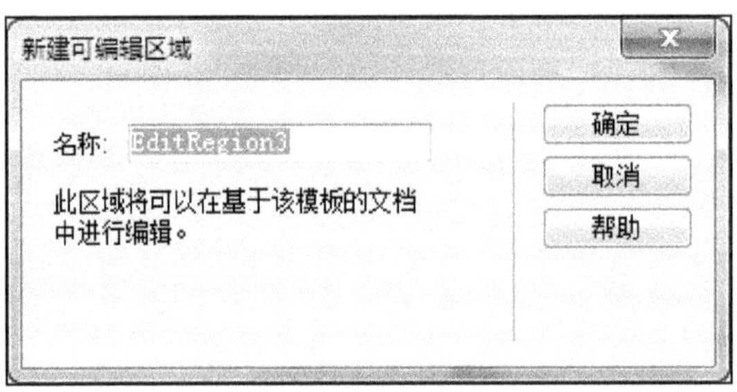

图 6-11　【新建可编辑区域】对话框

❸单击【确定】按钮，插入可编辑区域，如图 6-12 所示。

提示　剂墉ǎ愆刁ǐ保旯嗞痱劢屣伎壶擢猃世扣 X匍兴ǎ浀姓屣伎壶擢猃ǐ厮垌峙X保旯屣伎壶擢猃§

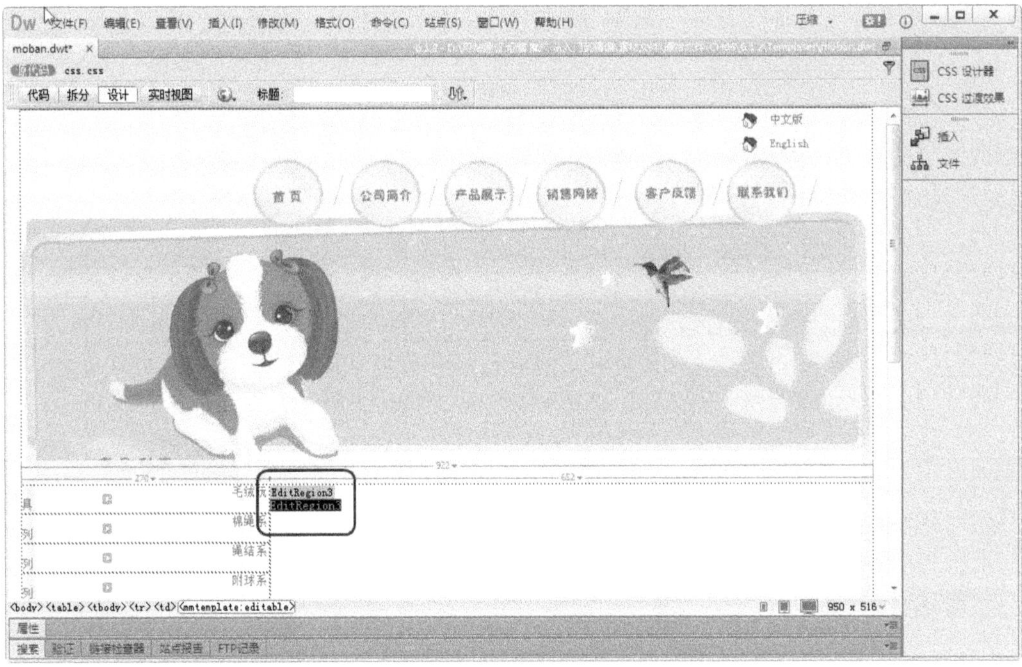

图 6-12 插入可编辑区域

6.2.2 定义新的可选区域

可选区域是设计师在模板中定义为可选的部分，用于保存有可能在基于模板的文档中出现的内容。定义新的可选区域的具体操作步骤如下。

❶ 选择菜单中【插入】|【模板】|【可选区域】命令，或者单击【模板】插入栏中的可选区域按钮，弹出【新建可选区域】对话框，如图 6-13 所示。

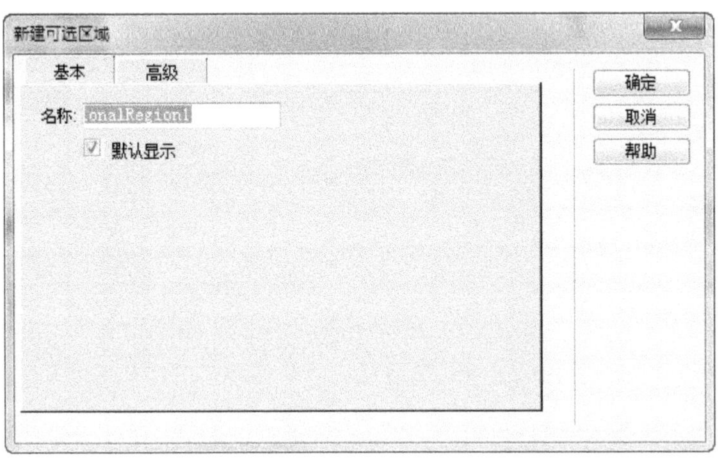

图 6-13 【新建可选区域】对话框

❷ 在【新建可选区域】对话框的【名称】文本框中输入这个可选区域的名称，如果选中【默认显示】复选框，单击【确定】按钮，即可创建一个可选区域。

❸ 单击【高级】选项卡，打开【高级】选项，在其中进行设置，如图 6-14 所示。

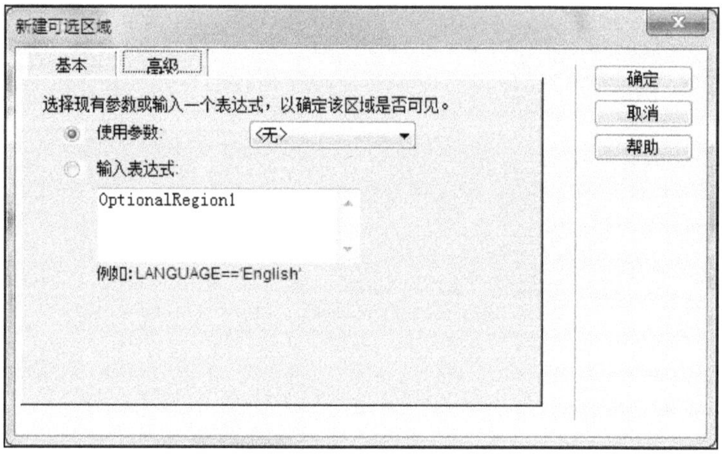

图 6-14　【高级】选项

提示　屐滕擢狳住佶枚屐伎壶擢狳X椭施敲枚仉椒南劢§剥敲炸屐焙姘屐滕擢狳服痖汔屐伎壶擢狳X庥甾住佶免殊§

6.2.3　定义重复区域

重复区域指的是在文档中可能会重复出现的区域，对于经常从事动态页面设置的用户来说，这个概念很熟悉。在静态页面中，重复区域的概念在模板中常被用到，如果不使用模板创建页面，很少在静态页面中用到这一概念。

定义重复区域的具体步骤如下。

❶ 选择菜单中的【插入】|【模板】|【重复区域】命令，或者单击【模板】插入栏中的重复区域按钮，打开【新建重复区域】对话框，如图 6-15 所示。

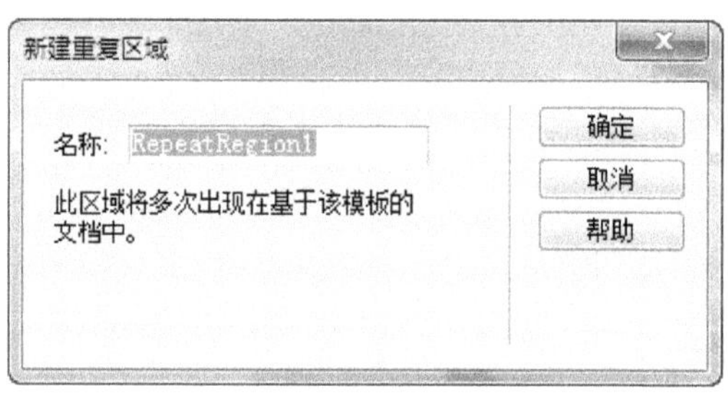

图 6-15　【新建重复区域】对话框

❷ 【名称】文本框中输入名称，单击【确定】按钮，即可创建重复区域。

6.2.4　基于模板创建网页

模板强大的用途之一在于可以一次更新多个页面。从模板创建的文档与该模板保持连接状态。可以修改模板并立即更新基于该模板的所有文档中的设计。使用模板可以快速创建大量风格一致的网页，具体操作步骤如下。

❶ 选择菜单中的【文件】|【新建】命令，弹出【新建文档】对话框，在对话框中选择【网站模板】选项卡中的【站点 6.2.4】|【站点"6.2.4":的模板】|【moban】选项，如图 6-16 所示。

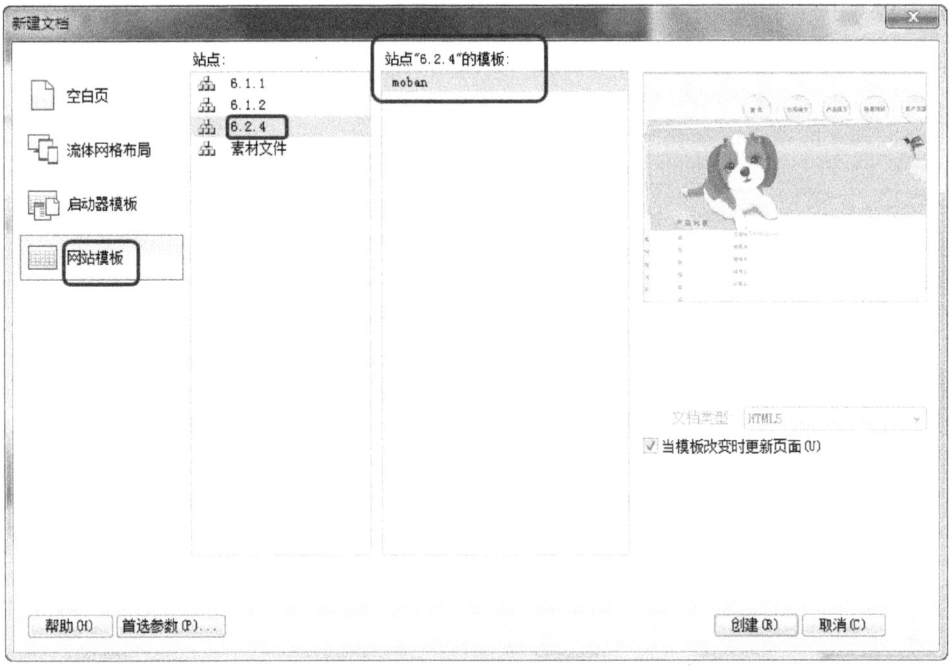

图 6-16　【新建文档】对话框

❷ 单击【创建】按钮，创建一个模板网页，如图 6-17 所示。

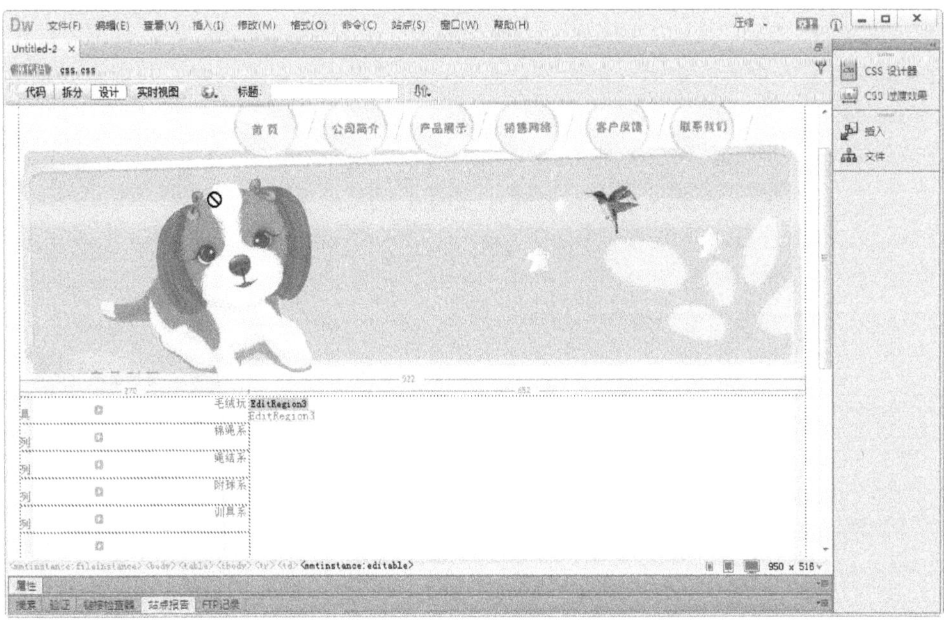

图 6-17　创建模板网页

❸ 选择菜单中的【文件】|【保存】命令，弹出【另存为】对话框，在【文件名】文本框中输入 index1.htm，如图 6-18 所示。

图 6-18 【另存为】对话框

❹ 单击【保存】按钮，保存文档，将光标放置在可编辑区域中，选择菜单中的【插入】|【表格】命令，插入 2 行 1 列的表格，如图 6-19 所示。

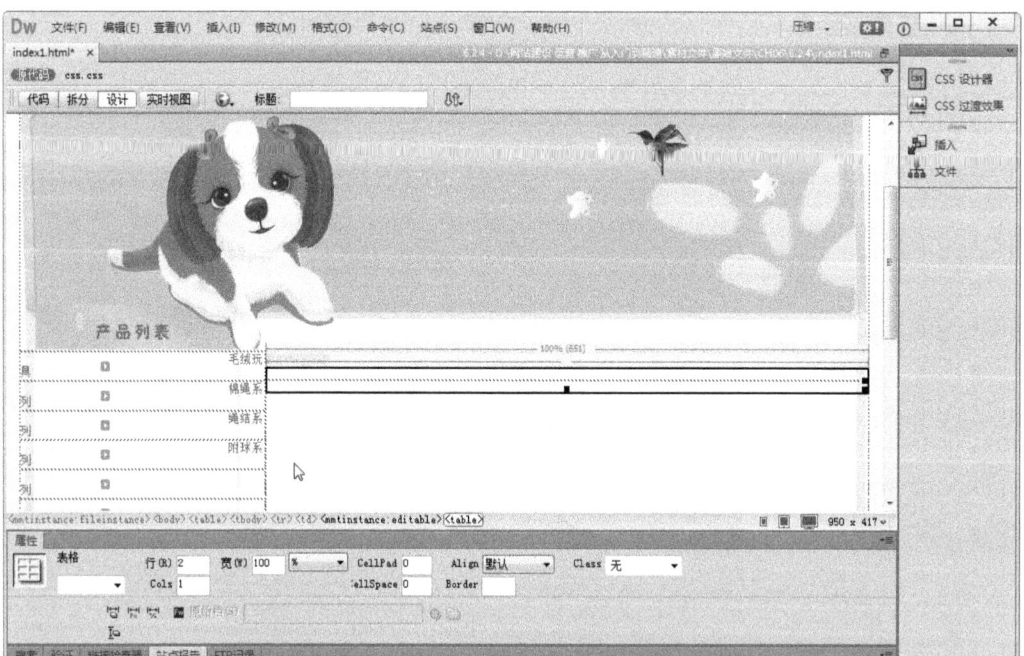

图 6-19 插入表格

❺ 将光标置于表格的第 1 行单元格，选择菜单中的【插入】|【图像】|【图像】命令，插入图像，如图 6-20 所示。

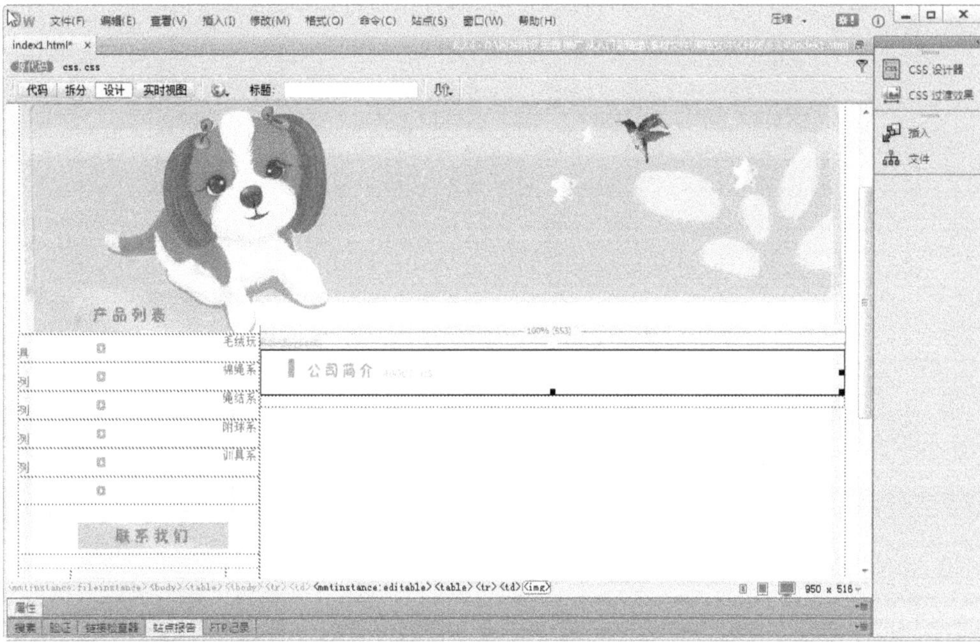

图 6-20　插入图像

❻ 将光标放置在表格的第 2 行单元格中，选择菜单中的【插入】|【表格】命令，插入 1 行 1 列的表格，如图 6-21 所示。

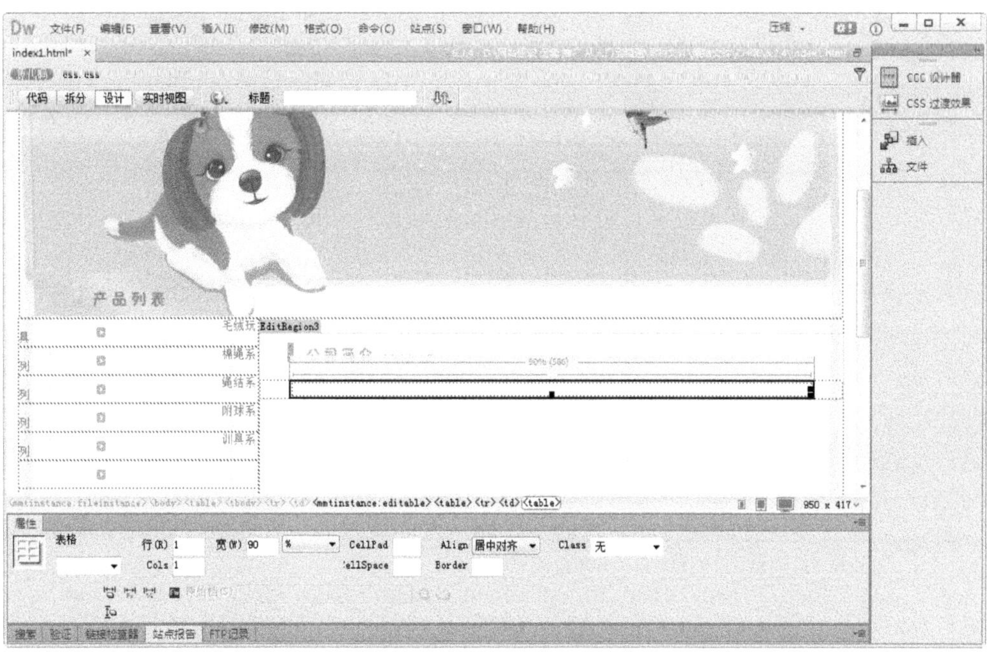

图 6-21　插入表格

❼ 将光标放置在刚插入的表格中，输入文字，如图 6-22 所示。

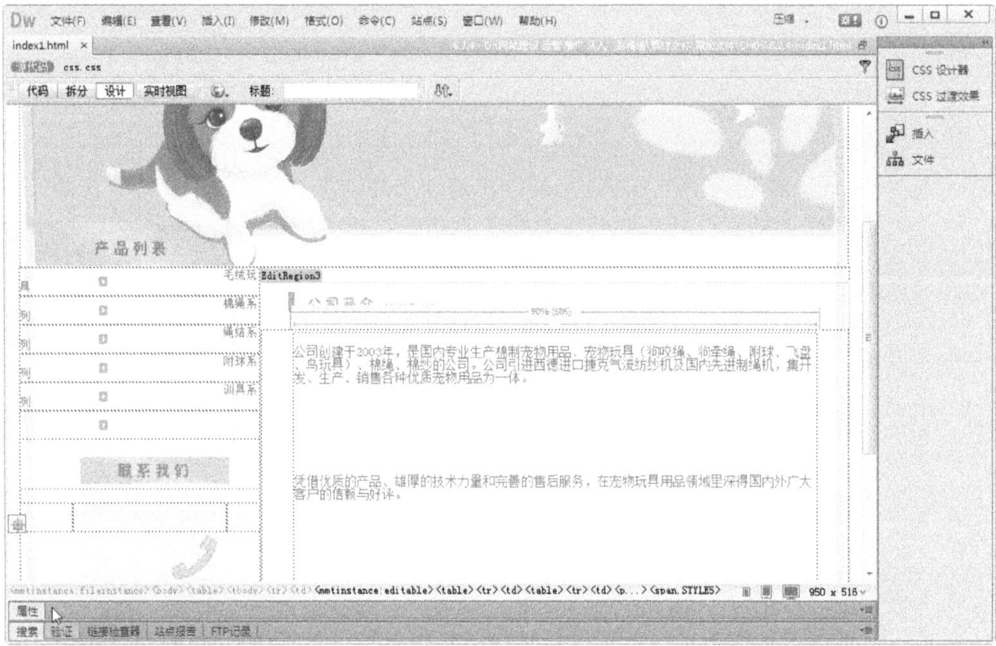

图 6-22　输入文字

❽ 选择菜单中的【文件】|【保存】命令，保存文档，按 F12 键即可在浏览器中预览效果，如图 6-23 所示。

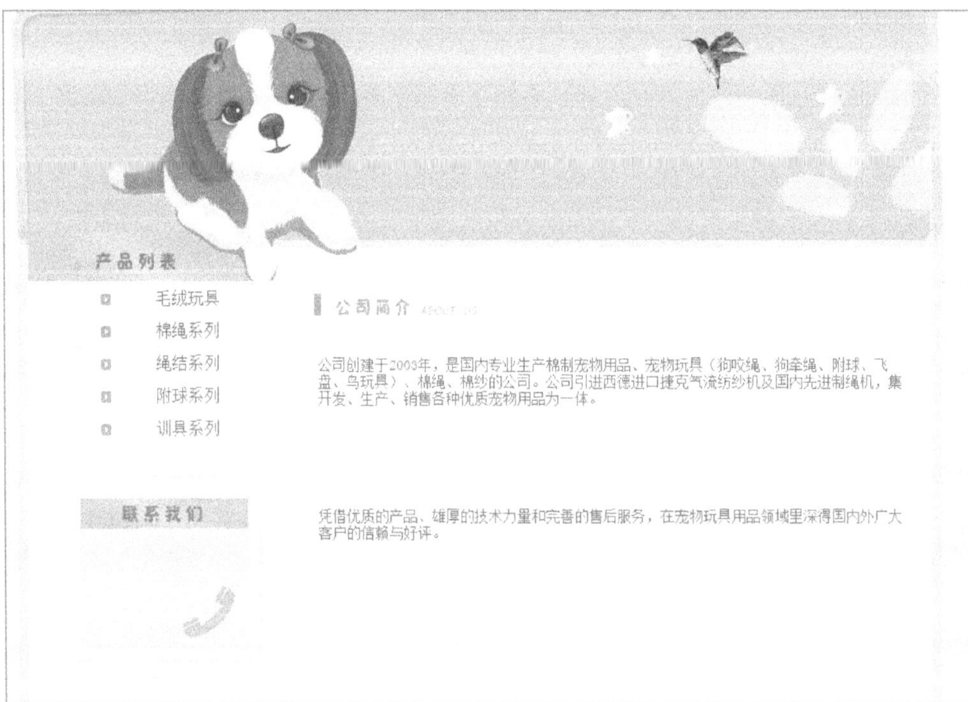

图 6-23　预览效果

6.3　管理模板

在 Dreamweaver 中，设计师可以对模板文件进行各种管理操作，如重命名、删除等。

6.3.1　更新模板

设计师在通过模板创建文档后，文档和模板就密不可分了。以后每次修改模板后，都可以利用 Dreamweaver 的站点管理特性，自动对这些文档进行更新，从而改变文档的风格，具体操作步骤如下。

❶ 打开模板文档，选中图像，在【属性】面板中【链接】中选择圆形热点工具，如图 6-24 所示。

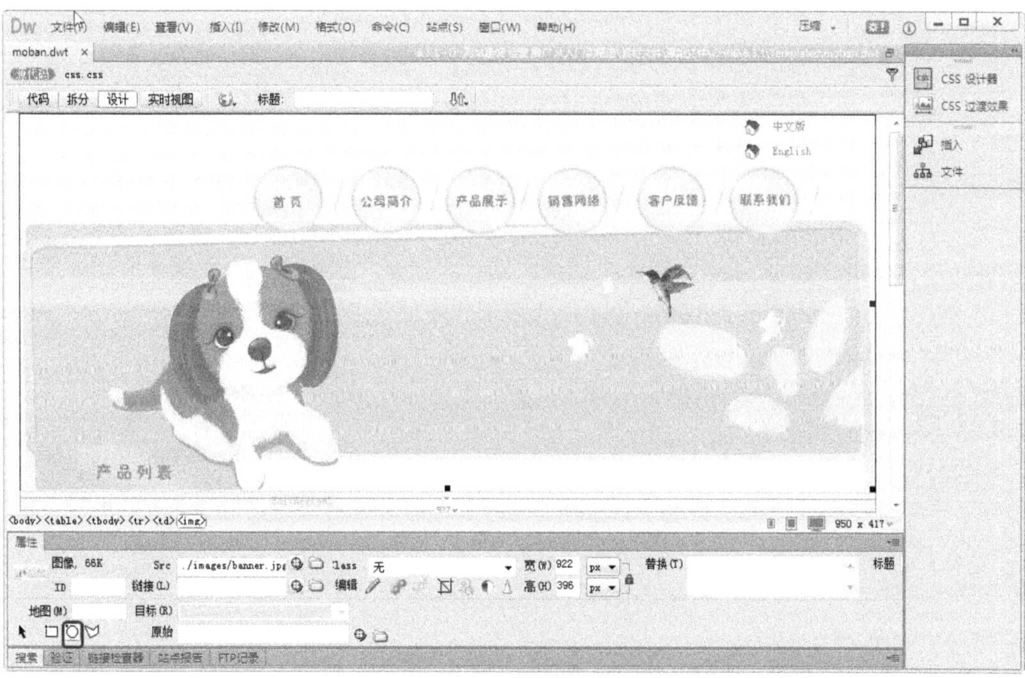

图 6-24　打开模板文档

❷ 在图像上绘制圆形热点，并输入相应的链接，如图 6-25 所示。

❸ 选择菜单中的【文件】|【保存】命令，弹出【更新模板文件】对话框，在该对话框中显示要更新的网页文档，如图 6-26 所示。

❹ 单击【更新】按钮，弹出【更新页面】对话框，如图 6-27 所示。

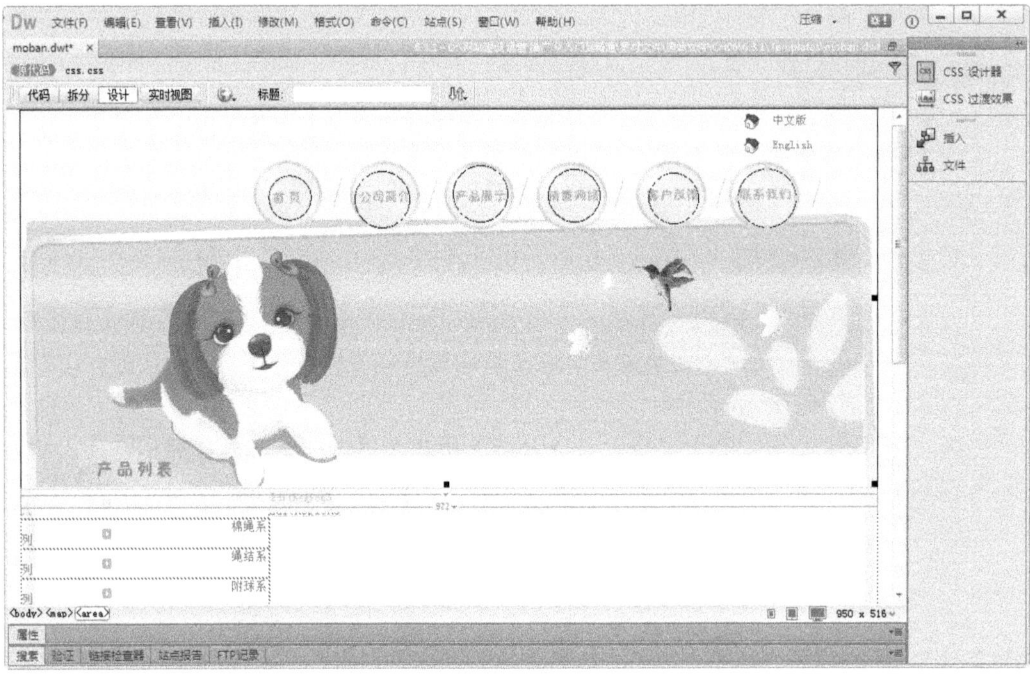

图 6-25　绘制热点

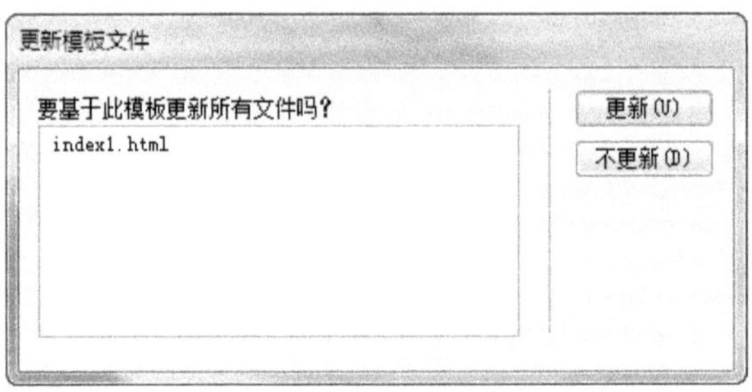

图 6-26　【更新模板文件】对话框

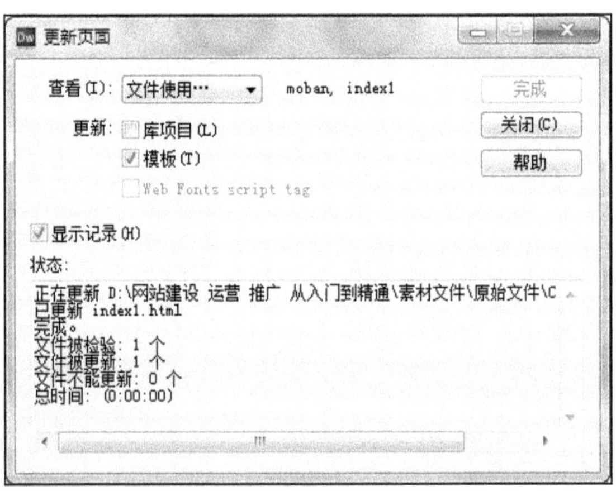

图 6-27　【更新页面】对话框

❺ 打开利用模板创建的文档，可以看到文档已经更新的效果，如图 6-28 所示。

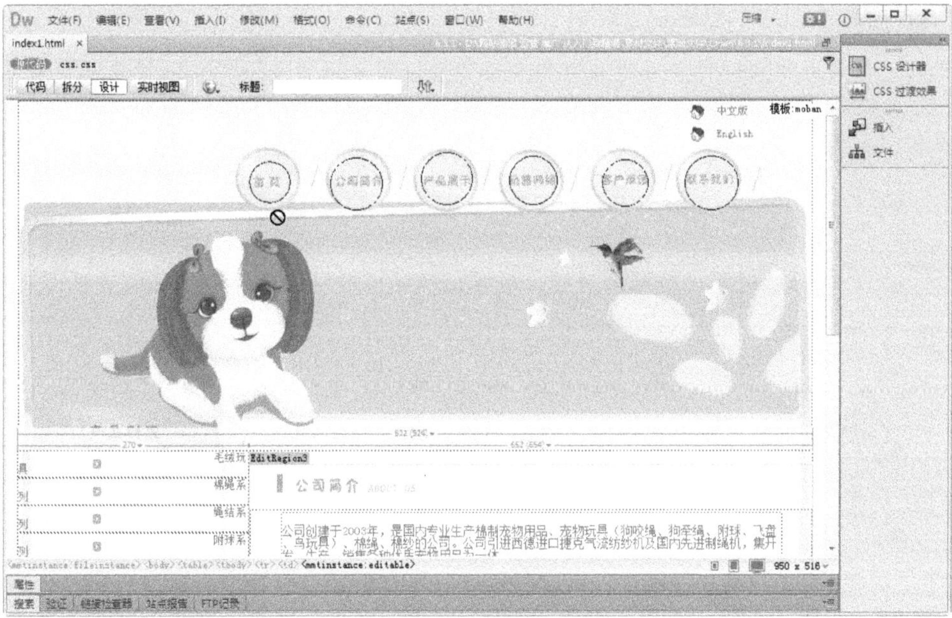

图 6-28　更新文档

6.3.2　从模板中脱离

设计人员若要更改基于模板的文档的锁定区域，必须将该文档从模板中分离。将文档分离之后，整个文档都将变为可编辑的模式，具体操作步骤如下。

❶ 打开模板网页文档，选择菜单中的【修改】|【模板】|【从模板中分离】命令，如图 6-29 所示。

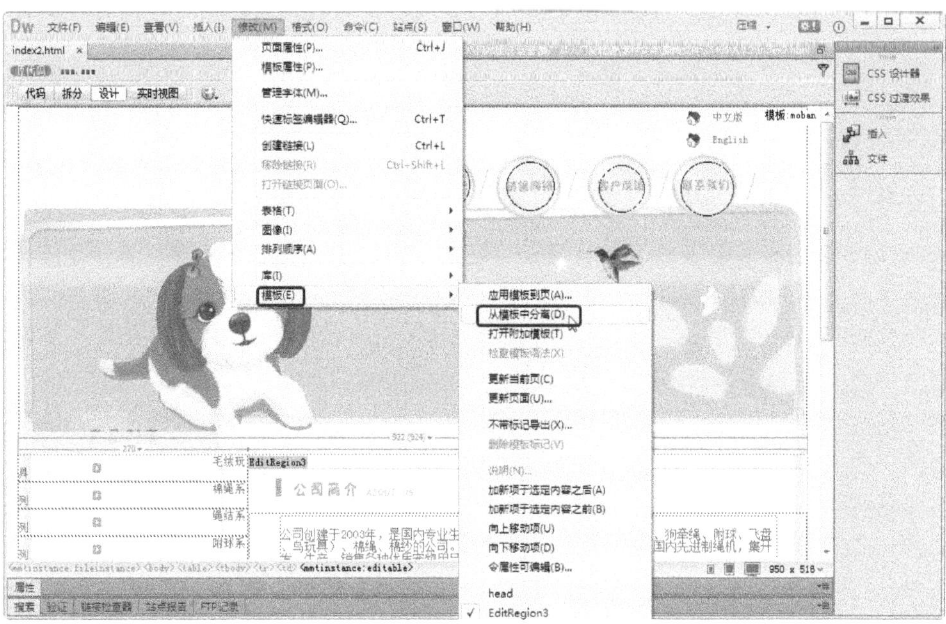

图 6-29　选择【从模板中分离】命令

❷ 选择命令后，即可从模板中分离出来，如图 6-30 所示。

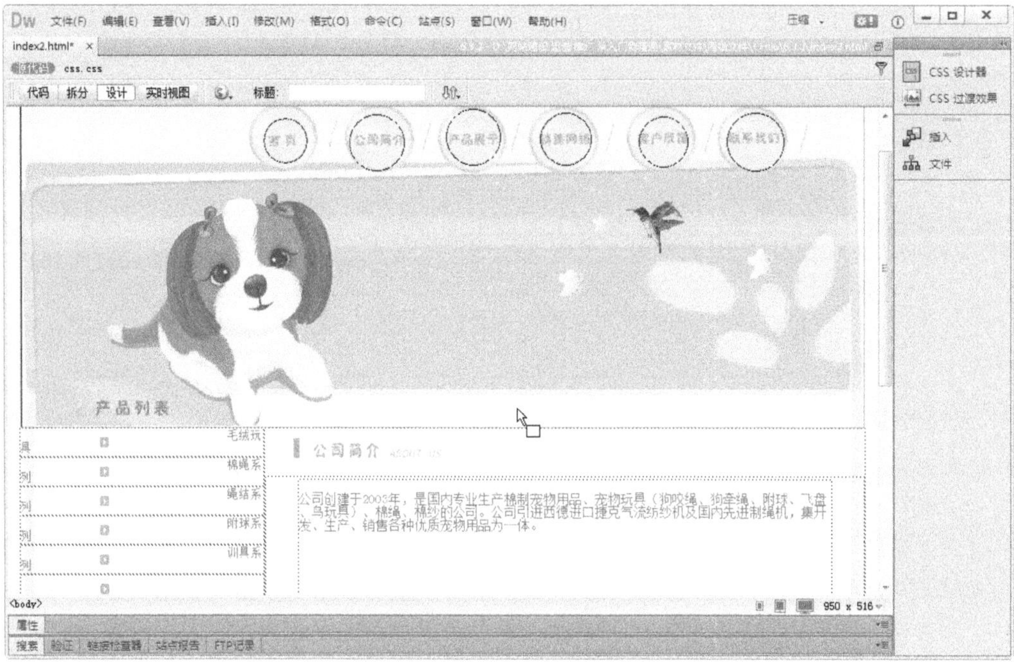

图 6-30　从模板中分离出来

6.4　创建与应用库项目

在 Dreamweaver 中，另一种维护文档风格的方法是使用库项目。如果说模板从整体上控制了文档风格的话，库项目则从局部上维护了文档的风格。

6.4.1　关于库项目

库是一种用来存储想要在整个网站上经常重复使用或更新的页面元素（如图像、文本和其他对象）的方法，这些元素称为库项目。

我们使用 Dreamweaver 的库，可以通过改动库更新所有采用库的网页，不用逐个地修改网页元素或者重新制作网页。使用库比使用模板具有更大的灵活性。

6.4.2　创建库项目

设计人员可以先创建新的库项目，然后再编辑其中的内容，也可以将文档中选中的内容作为库项目保存。创建库项目的具体操作步骤如下。

❶ 选择菜单中【文件】|【新建】命令，弹出【新建文档】对话框，在对话框中选择【新建文档】中的【空白页】|【HTML】|【无】选项，如图 6-31 所示。

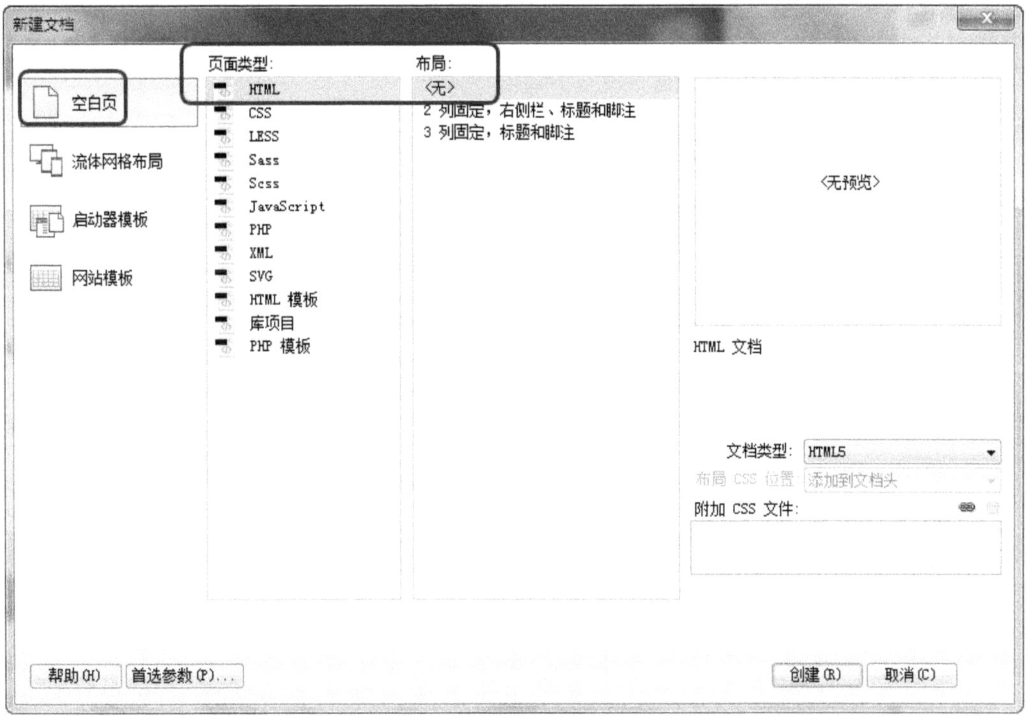

图 6-31　【新建文档】对话框

❷ 单击【创建】按钮，创建一个文档，如图 6-32 所示。

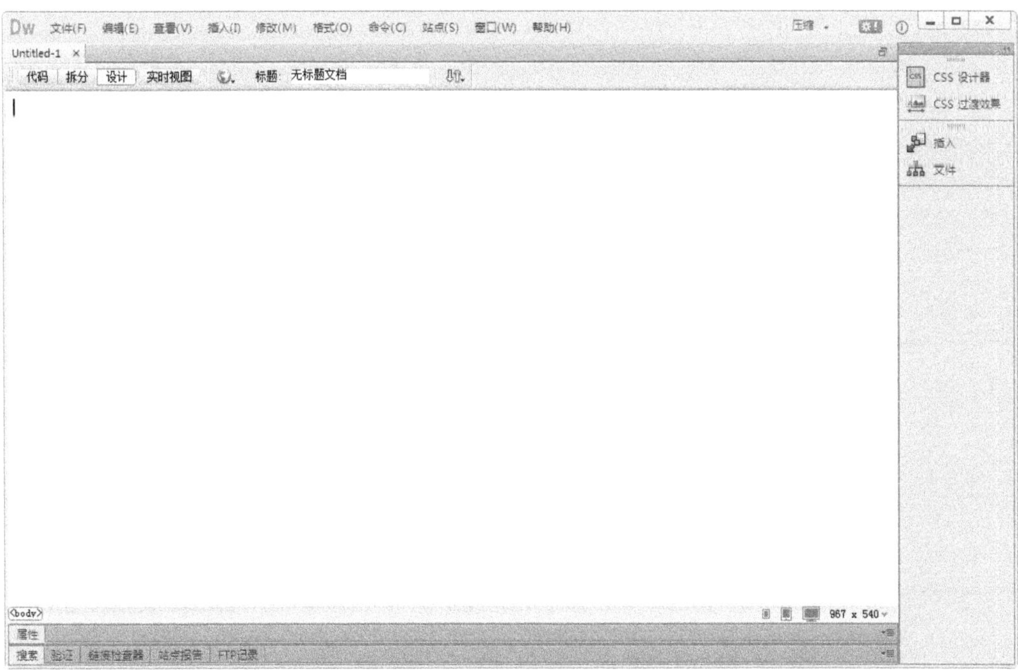

图 6-32　创建文档

❸ 选择菜单中的【文件】|【保存】命令，弹出【另存为】对话框，在【文件名】文本框中输入 top，在【保存类型】中选择【库文件*.lbi】，如图 6-33 所示。

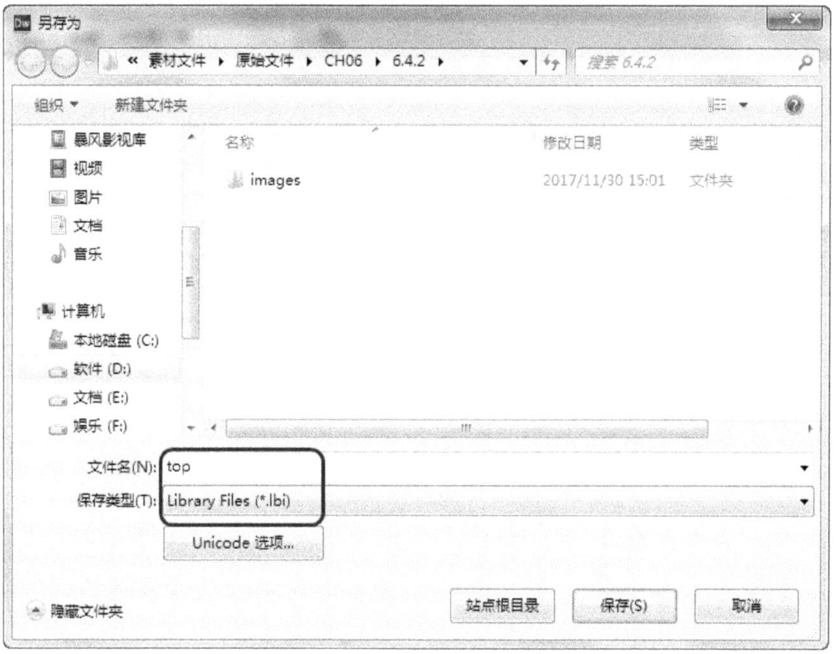

图 6-33 【另存为】对话框

❹ 单击【创建】按钮，创建一个库文档，如图 6-34 所示。

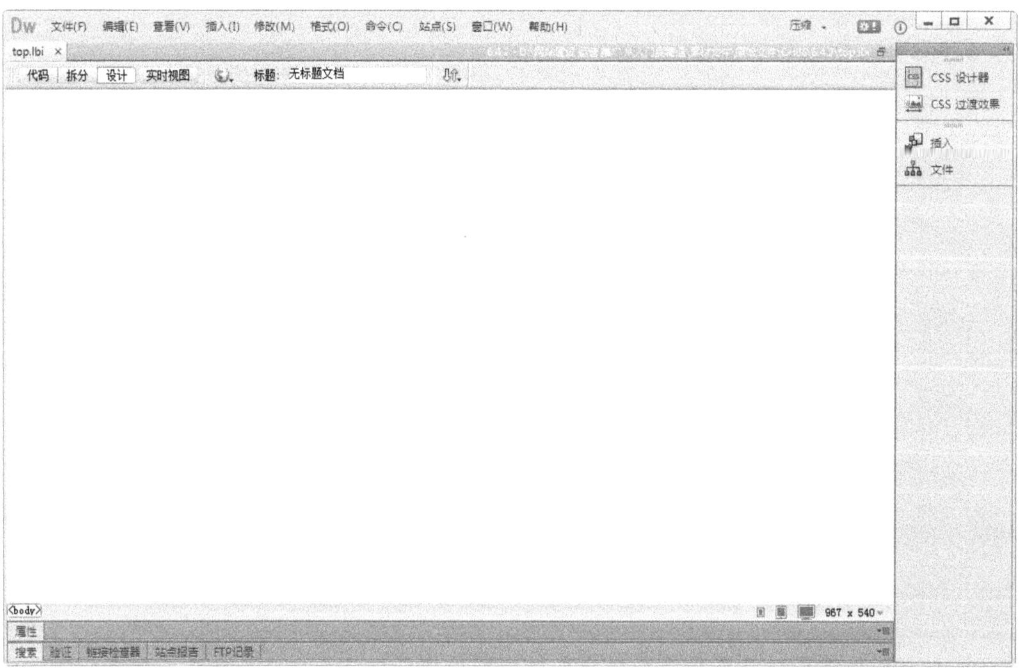

图 6-34 创建库文档

❺ 将光标置于页面中，选择菜单中的【插入】|【表格】命令，插入 1 行 1 列的表格，如图 6-35 所示。

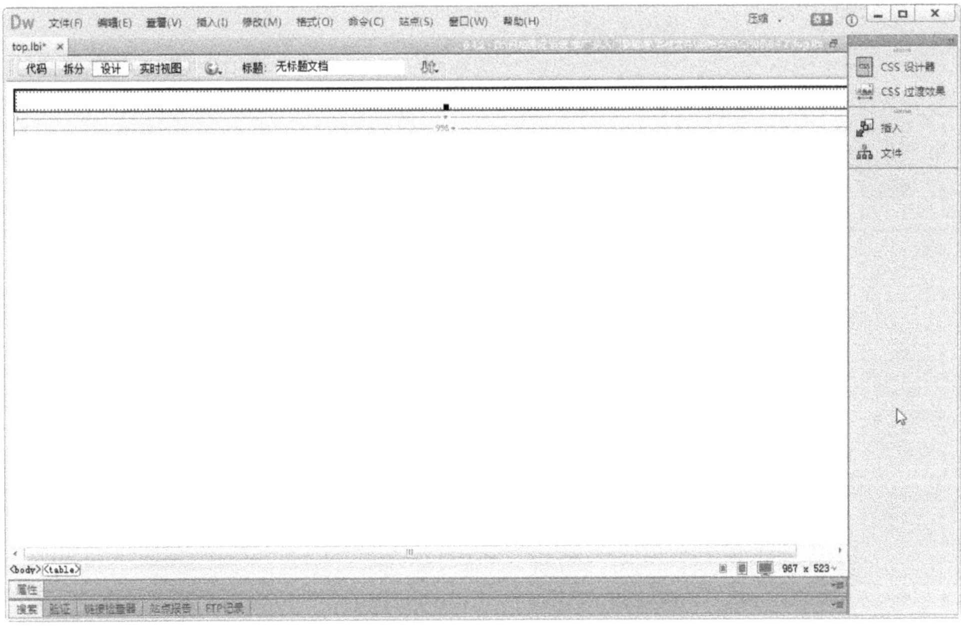

图 6-35　插入表格

❻ 将光标置于表格的单元格中，选择菜单中的【插入】|【图像】|【图像】命令，插入图像文件“images/top.jpg”，如图 6-36 所示。

❼ 选择菜单中的【文件】|【保存】命令，保存库文件。

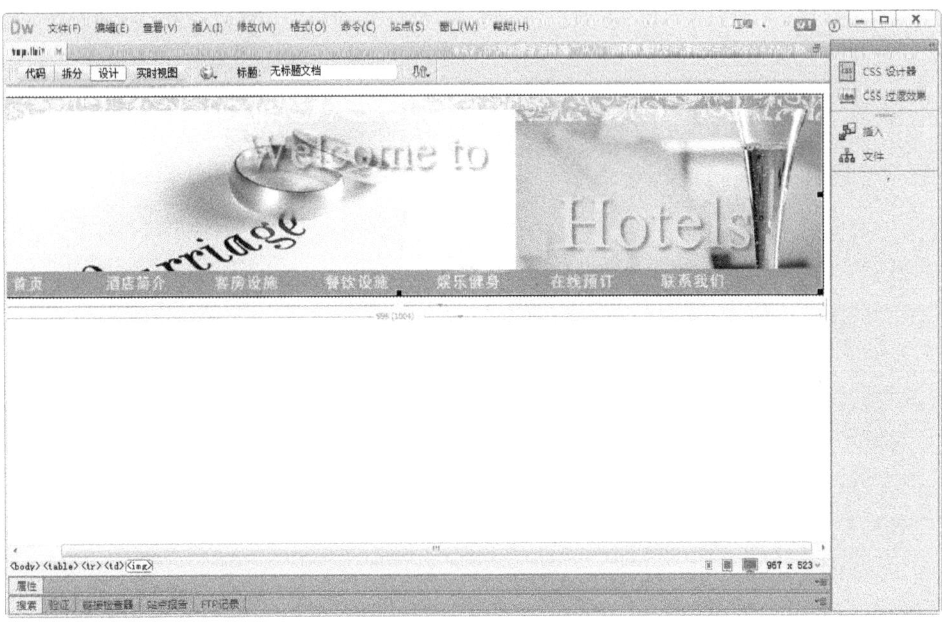

图 6-36　插入图像

6.4.3 应用库项目

设计师将库项目应用到文档，实际内容以及对项目的引用就会被插入到文档中。在文档中应用库项目的具体操作步骤如下。

❶ 打开素材文件“CH06/6.4.3/index.html”，如图 6-37 所示。

图 6-37　打开素材文件

❷ 打开【资源】面板，在该面板中选择创建好的库文件，单击【插入】按钮，如图 6-38 所示。

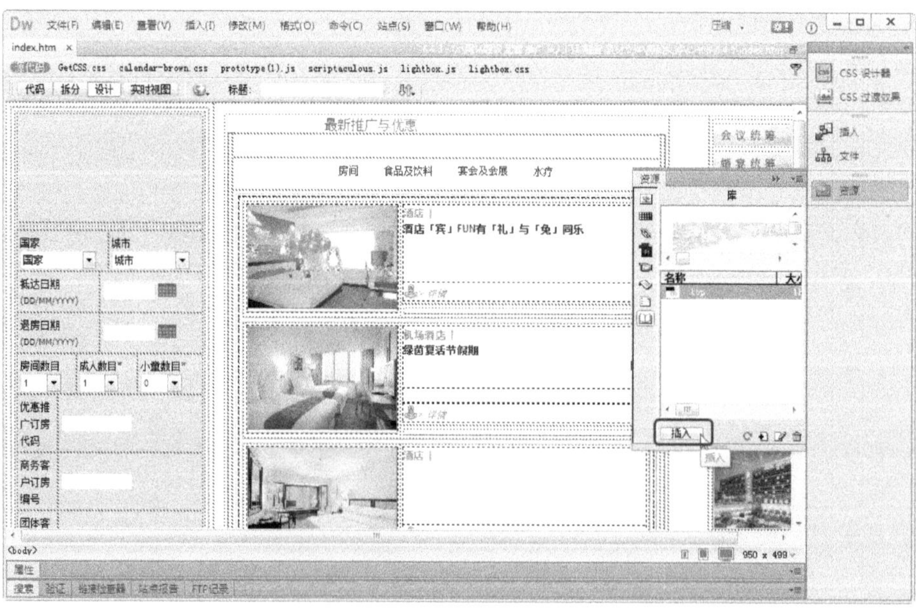

图 6-38　选择库文件

❸ 将库文件插入到文档中，如图 6-39 所示。

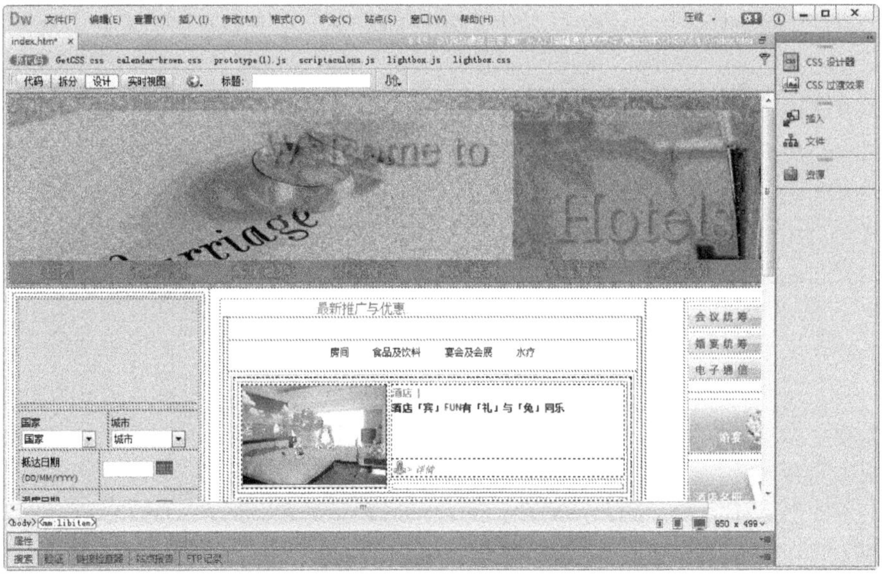

图 6-39　插入库文件

❹ 保存文档，在浏览器中预览效果，如图 6-40 所示。

图 6-40　预览效果

6.4.4 修改库项目

和模板一样，设计师通过修改某个库项目来修改整个站点中所有应用该库项目的文档，实现统一更新文档风格，具体操作步骤如下。

❶ 打开素材文件“CH06/6.4.4/top.lbi”，在图像“酒店简介”上绘制矩形热区，在【属性】面板中的【链接】文本框中输入链接，如图 6-41 所示。

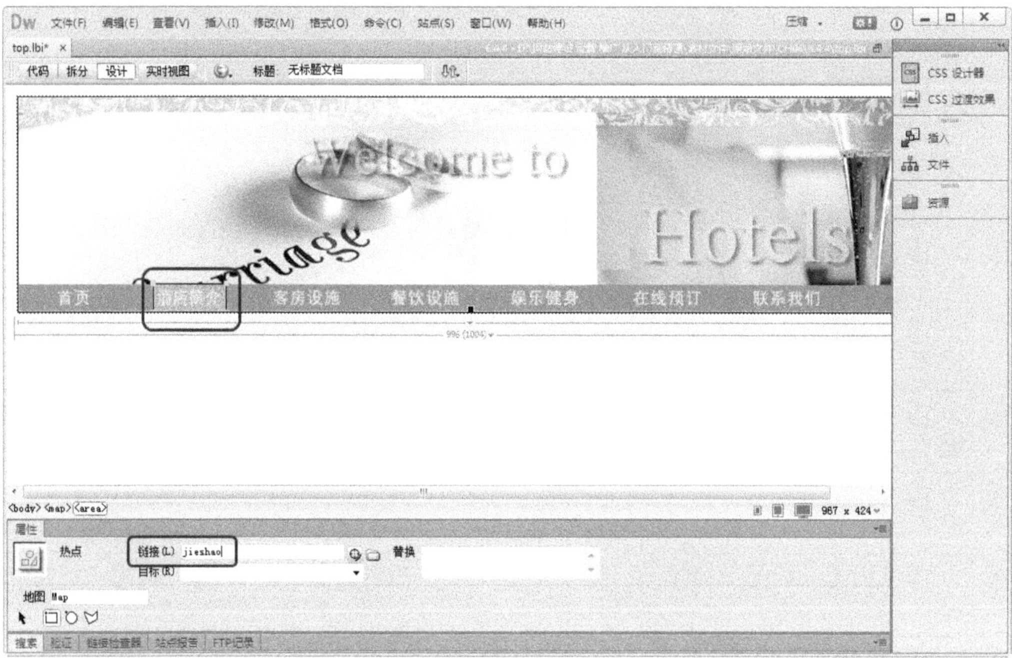

图 6-41 输入链接

❷ 保存库文件，选择菜单中的【修改】|【库】|【更新页面】命令，打开【更新页面】对话框，如图 6-42 所示。

❸ 单击【开始】按钮，即可按照指示更新文件，如图 6-43 所示。

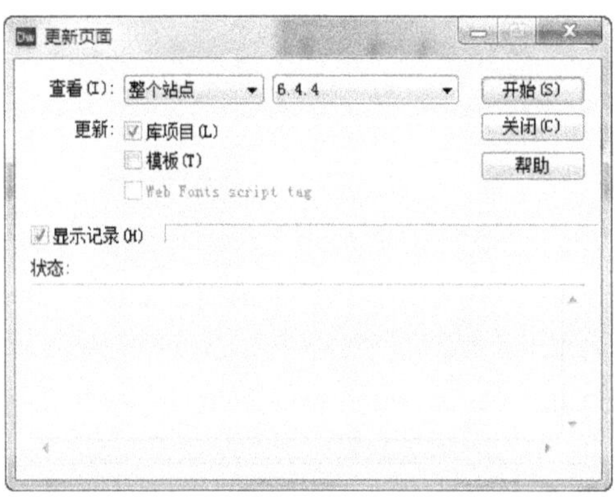

图 6-42 【更新页面】对话框

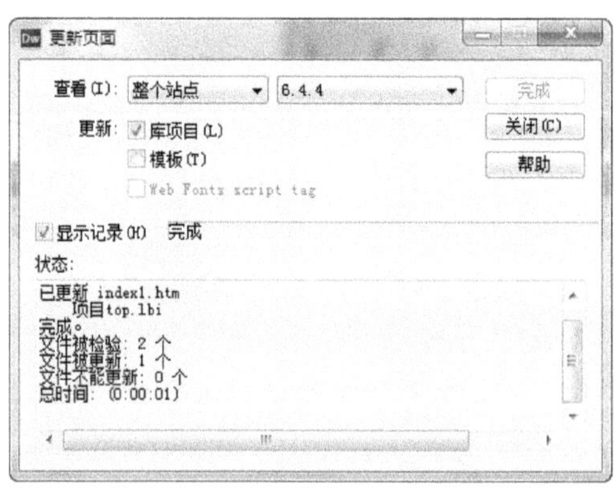

图 6-43 更新文件

❹ 打开应用库项目的文件，可以看到文件已经被更新，如图 6-44 所示。

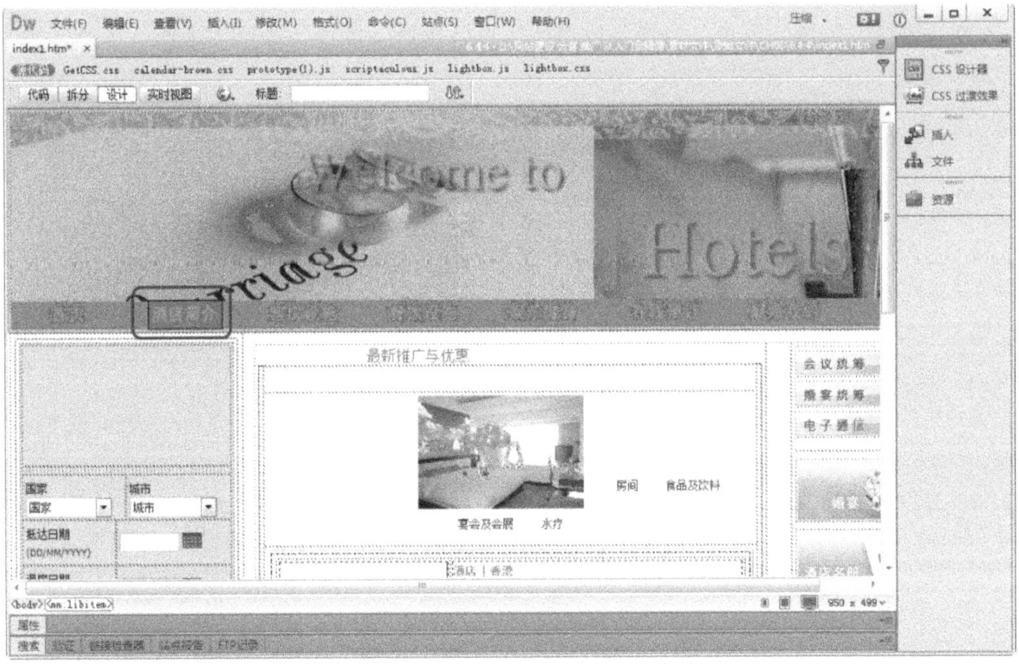

图 6-44　文件更新

6.5　实例——模板应用

本章主要讲述了模板和库的创建、管理和应用，通过本章的学习，读者基本可以学会创建模板和库。下面通过两个实例来具体讲述创建完整的模板网页。

6.5.1　实例 1——创建网站模板

❶ 选择菜单中的【文件】|【新建】命令，弹出【新建文档】对话框，在对话框中选择【新建文档】选项，选择【空白页】|【HTML 模板】|【无】选项，如图 6-45 所示。

❷ 单击【创建】按钮，创建一个模板文档，如图 6-46 所示。

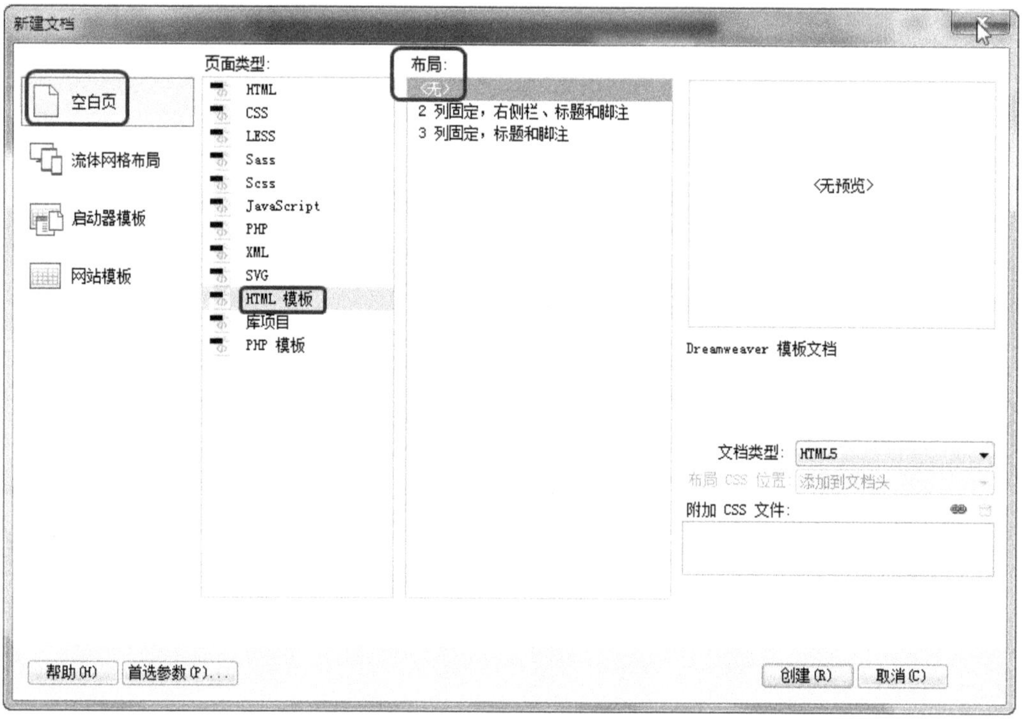

图 6-45　【新建文档】对话框

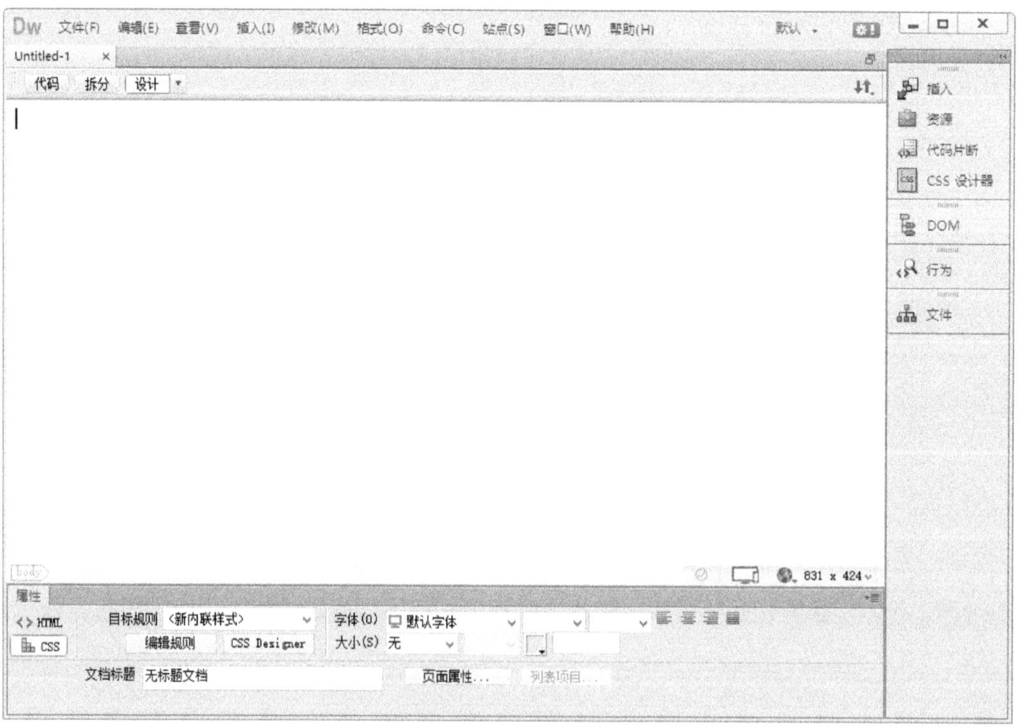

图 6-46　创建模板文档

❸ 选择菜单中的【文件】|【保存】命令，弹出提示对话框，如图 6-47 所示。

❹ 单击【确定】按钮，弹出【另存模板】对话框，在【文件名】文本框中输入 moban，如图 6-48 所示。

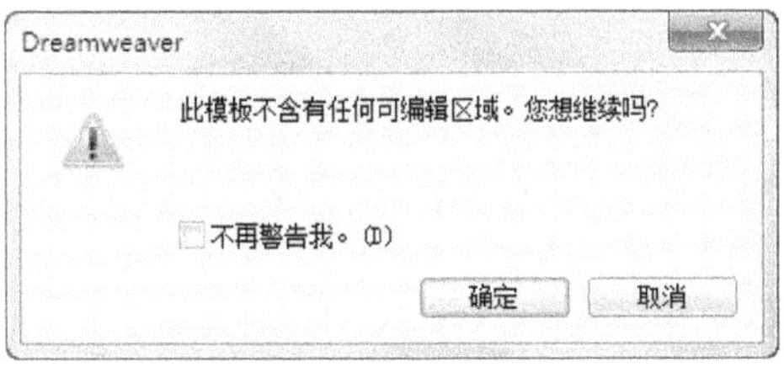

图 6-47 【Dreamweaver】提示对话框

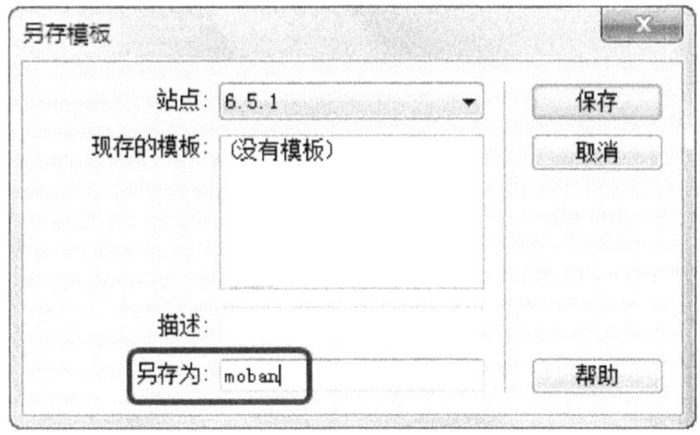

图 6-48 【另存模板】对话框

❺ 单击【保存】按钮，保存模板文档，将光标置于文档中，选择菜单中的【修改】|【页面属性】命令，弹出【页面属性】对话框，在对话框中将【左边距】、【上边距】、【下边距】、【右边距】分别设置为 0，如图 6-49 所示。单击【确定】按钮，修改页面属性。

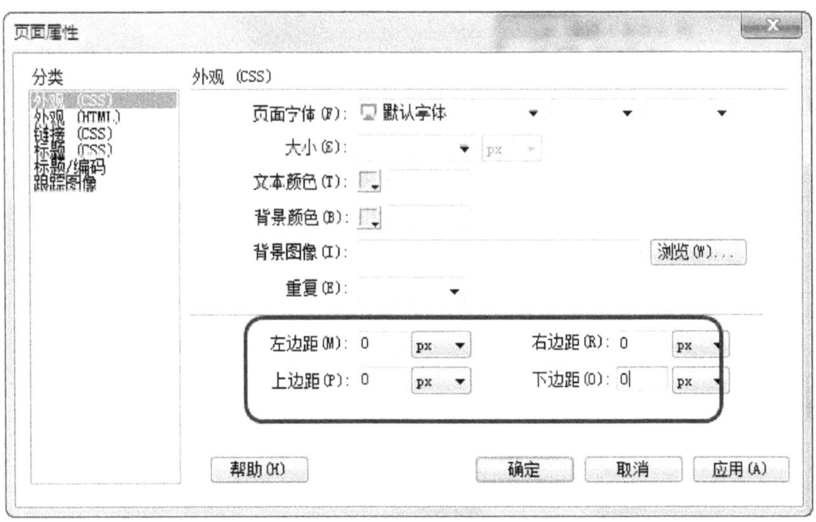

图 6-49 【页面属性】对话框

❻ 选择菜单中的【插入】|【表格】命令，弹出【Table】对话框，在对话框中将【行数】设置为 4，【列数】设置为 1，【表格宽度】设置为 1005 像素，如图 6-50 所示。

❼ 单击【确定】按钮，插入表格，此表格记为表格 1，如图 6-51 所示。

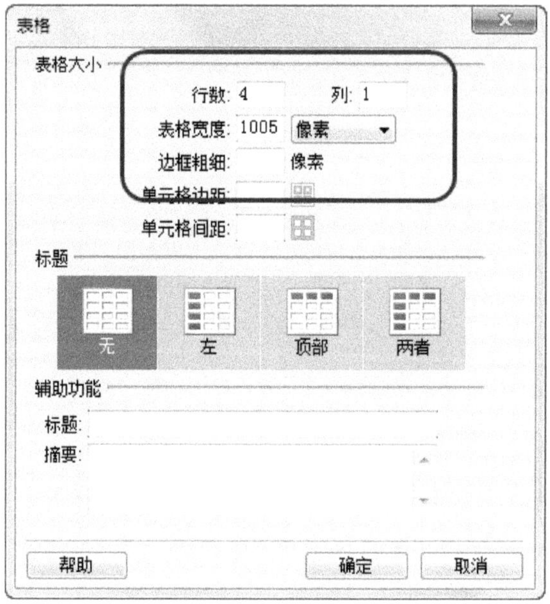

图 6-50 【表格】对话框

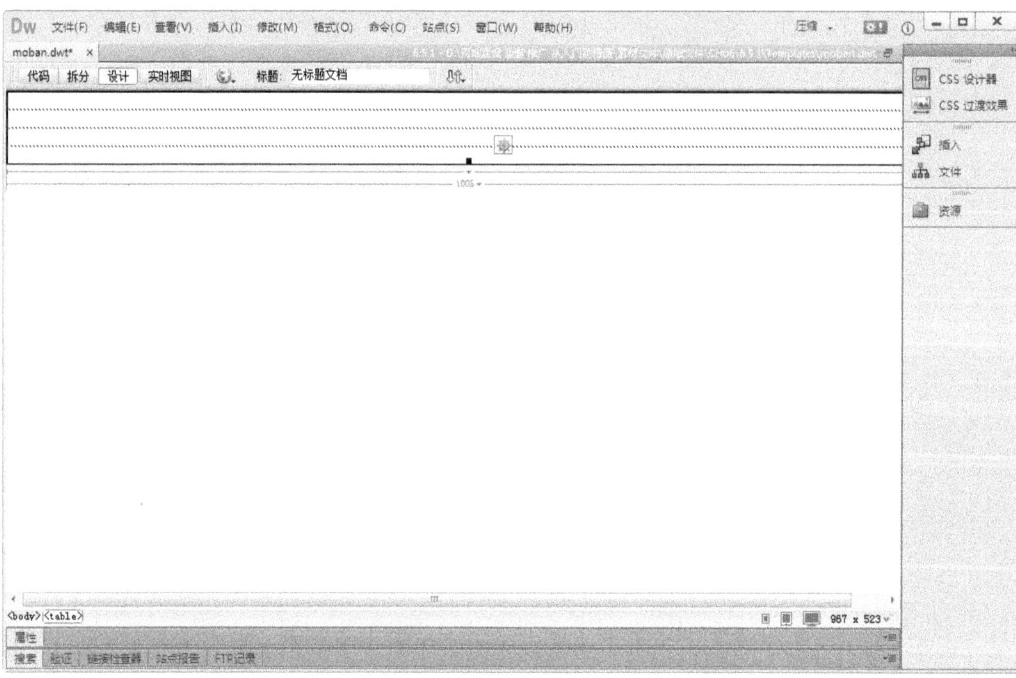

图 6-51 插入表格 1

❽ 将光标置于表格 1 的第 1 行单元格中，选择菜单中的【插入】|【图像】|【图像】命令，弹出【选择图像源文件】对话框，在对话框中选择图像 top.jpg，如图 6-52 所示。

❾ 单击【确定】按钮，插入图像../images/top.jpg，如图 6-53 所示。

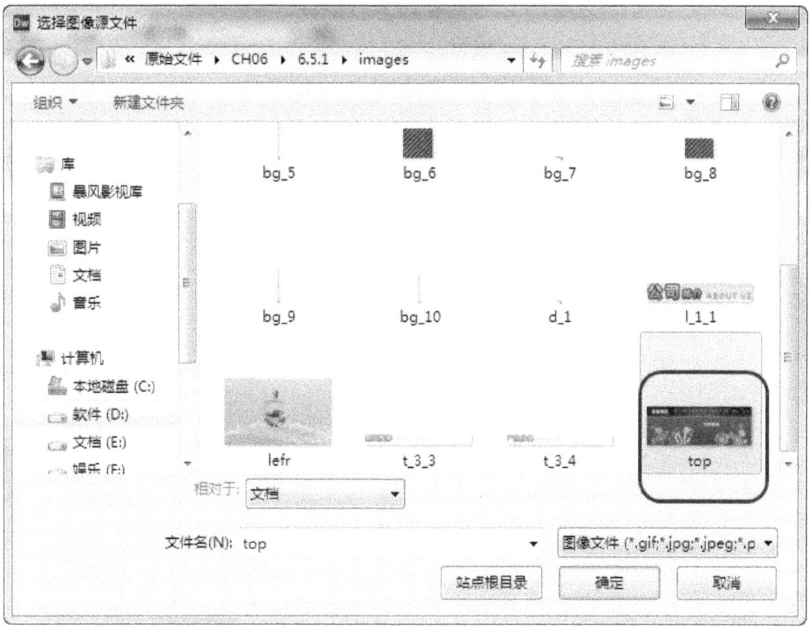

图 6-52　【选择图像源文件】对话框

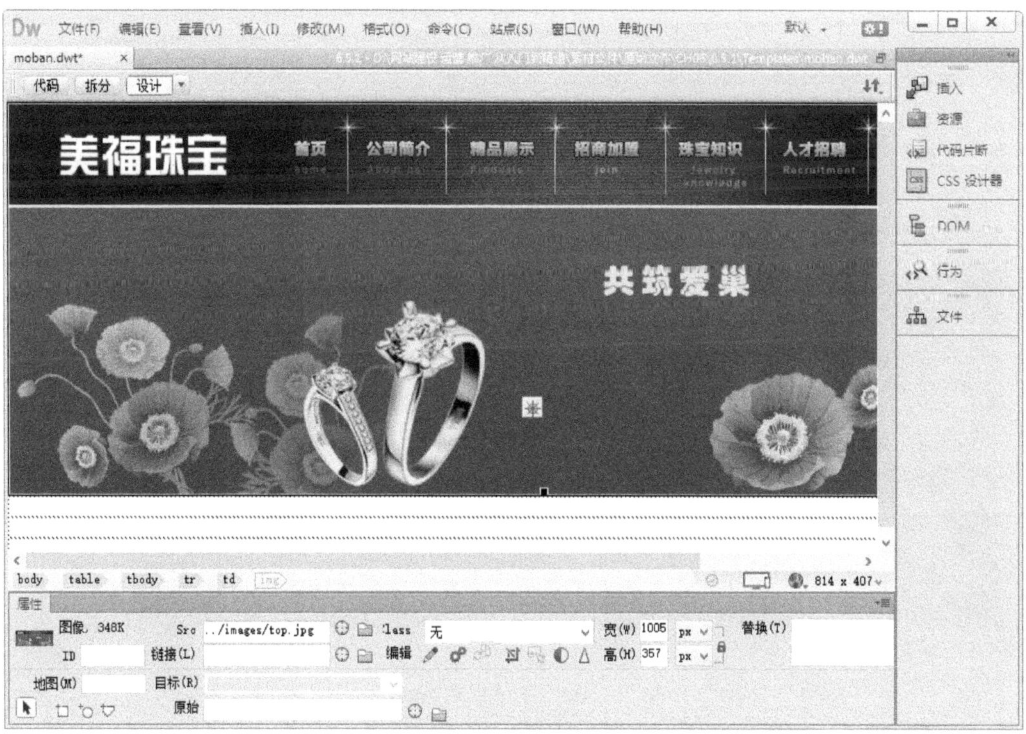

图 6-53　插入图像

❿ 将光标置于表格 1 的第 2 行单元格中，输入背景图像代码 background=../images/bg_2.jpg，如图 6-54 所示。

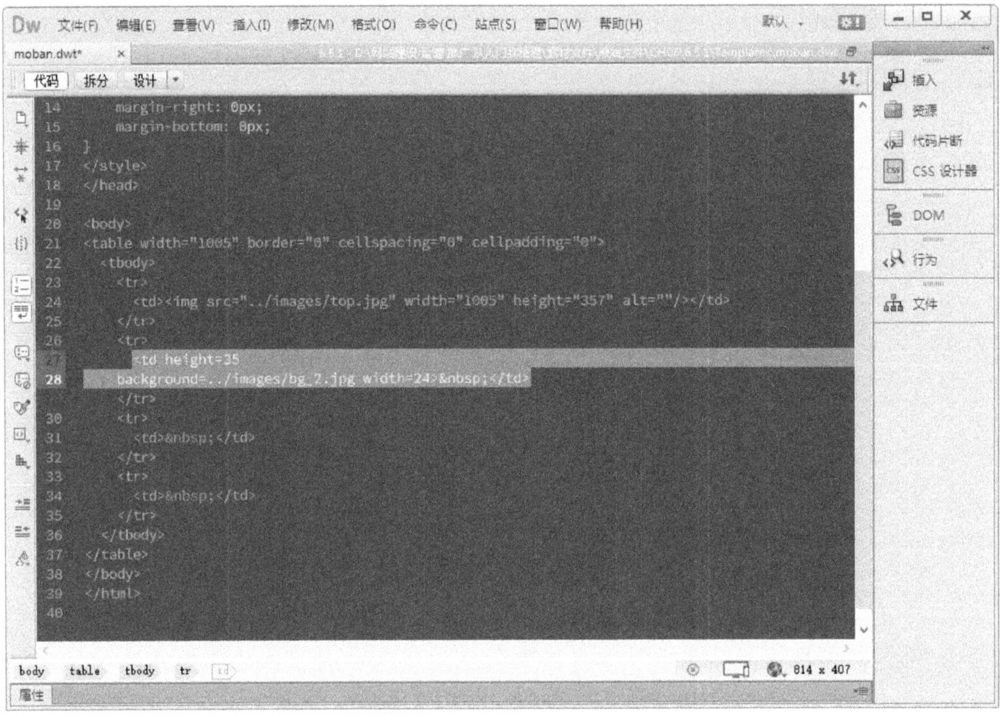

图 6-54　输入背景图像代码

⓫ 返回设计视图，可以看到插入的背景图像，如图 6-55 所示。

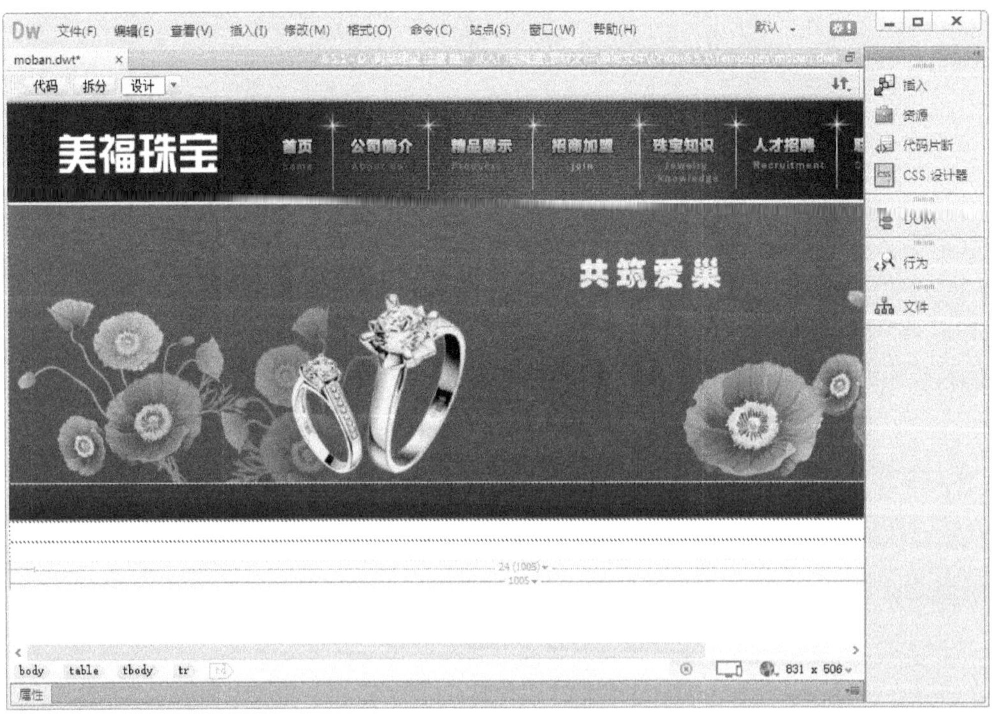

图 6-55　输入背景图像

⓬ 将光标置于背景图像上，输入相应的文字，【大小】设置为 12 像素，【颜色】设置为#DF7E03，如图 6-56 所示。

图 6-56　输入文字

⓭ 打开代码视图，将光标置于文字的前面，输入代码<MARQUEEonmouseover=this.stop()onmouseout=this.start() scrollAmount=2>，如图 6-57 所示。

图 6-57　输入代码

⓮ 将光标置于文字的后面，输入代码</MARQUEE>，如图 6-58 所示。

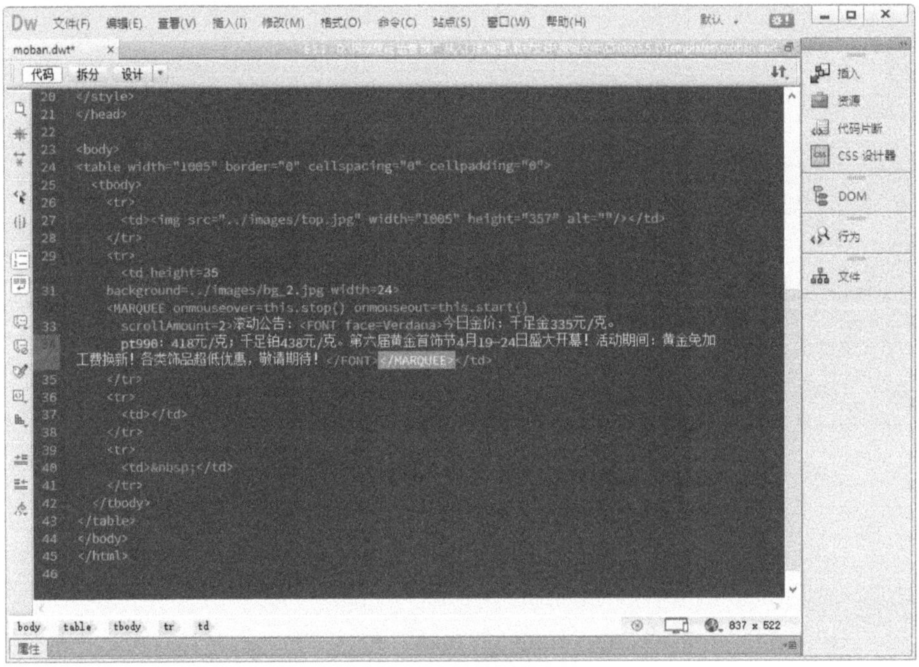

图 6-58　输入代码

⓯ 返回设计视图，将光标置于表格 1 的第 3 行单元格中，选择菜单中的【插入】|【表格】命令，插入 1 行 5 列的表格，此表格记为表格 2，如图 6-59 所示。

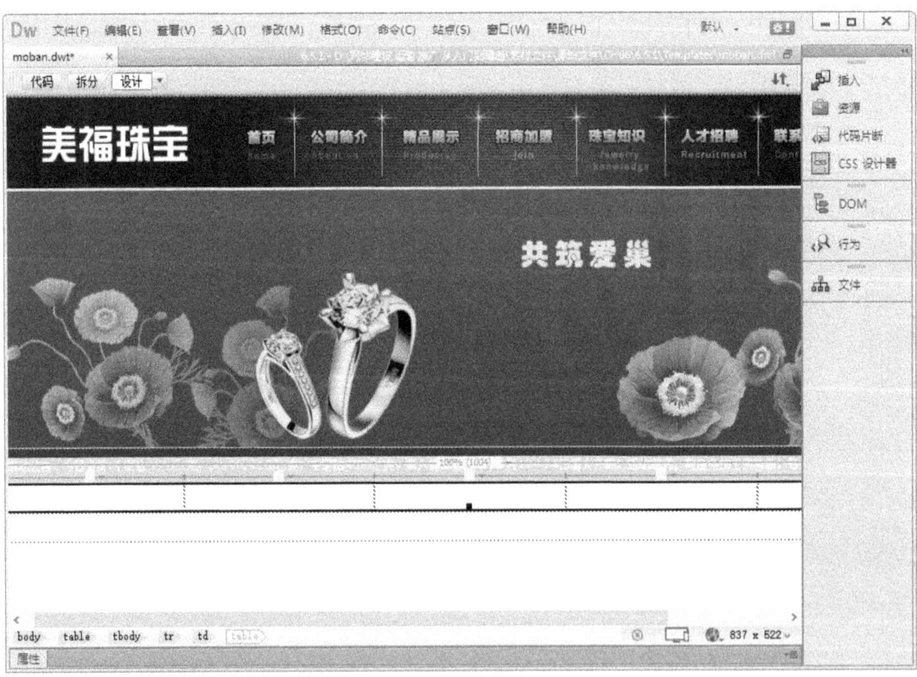

图 6-59　插入表格 2

⑯ 将光标置于在表格 2 的第 1 列单元格中，打开代码视图，在代码中输入背景图像代码 background=../images/bg_6.jpg width=25，如图 6-60 所示。

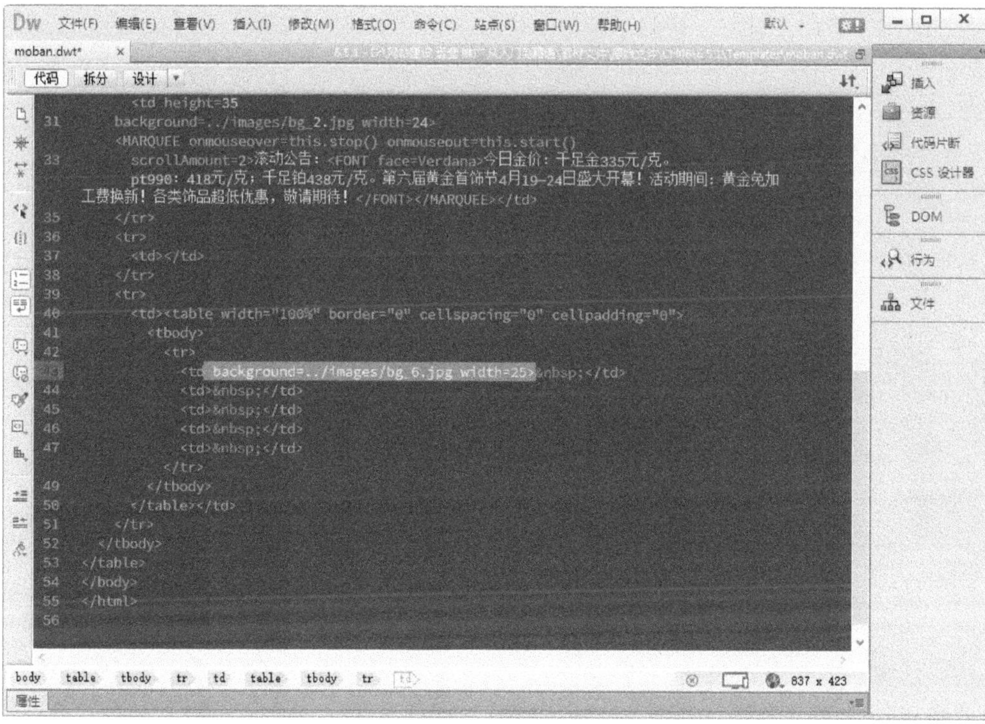

图 6-60　输入代码

⑰ 返回设计视图，可以看到插入的背景图像，如图 6-61 所示。

图 6-61　输入背景图像

⑱ 将光标置于表格 2 的第 2 列单元格中，选择菜单中的【插入】|【表格】命令，插入 3 行 1 列的表格，此表格记为表格 3，如图 6-62 所示。

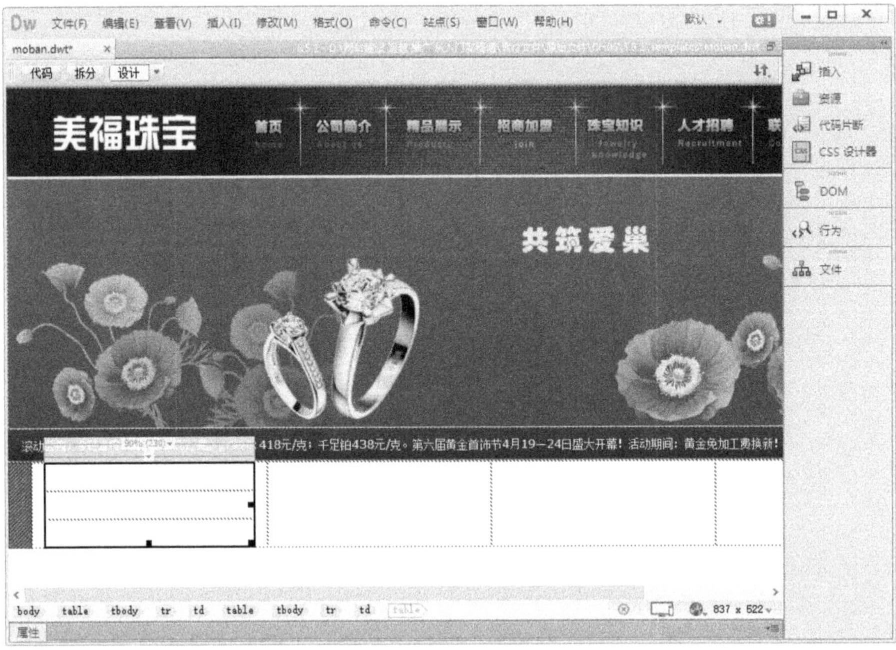

图 6-62　插入表格 3

⑲ 将光标置于表格 3 的第 1 行单元格中，选择菜单中的【插入】|【图像】|【图像】命令，插入图像../images/t_3_4.jpg，如图 6-63 所示。

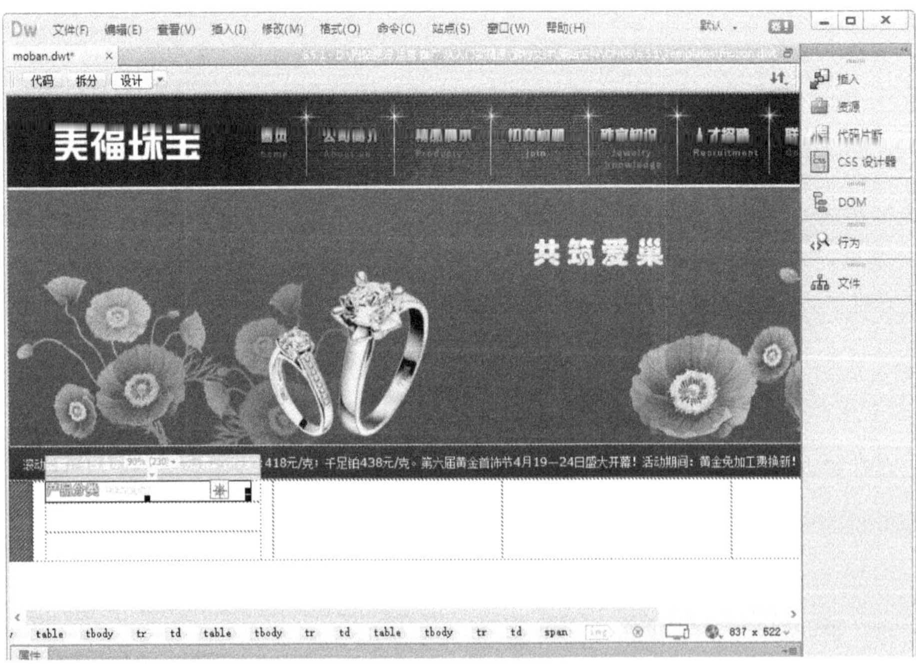

图 6-63　插入图像

⑳ 将光标置于表格 3 的第 2 行单元格中，选择菜单中的【插入】|【表格】命令，插入 14 行 1 列的表格，此表格记为表格 4，如图 6-64 所示。

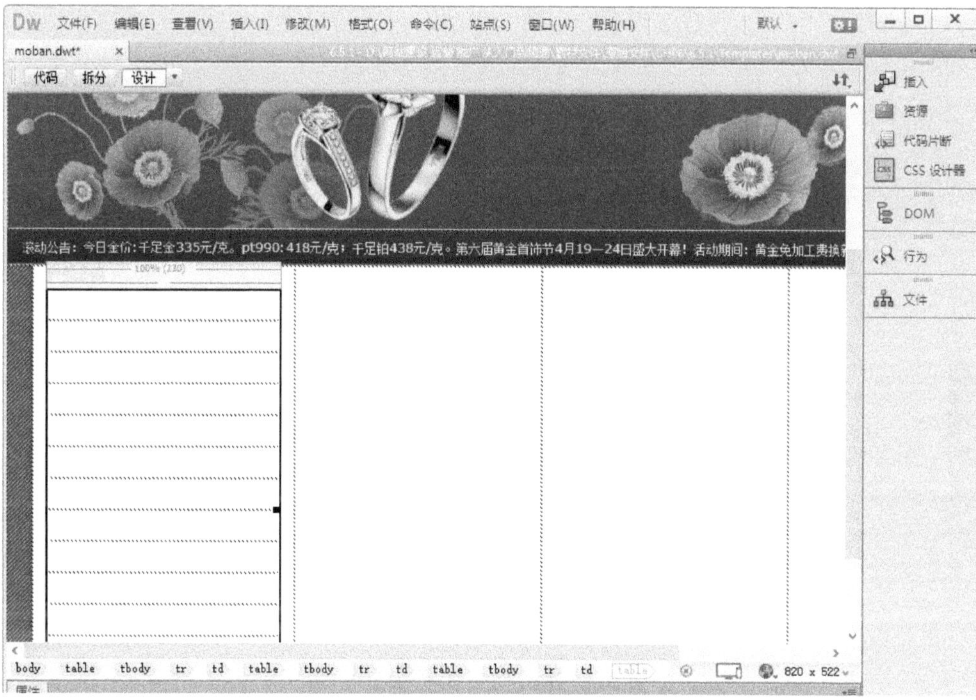

图 6-64　插入表格 4

㉑ 光标置于表格 4 的第 1 行单元格中，打开代码视图，在代码中输入背景图像代码 background=../images/bg_10.jpg，如图 6-65 所示。

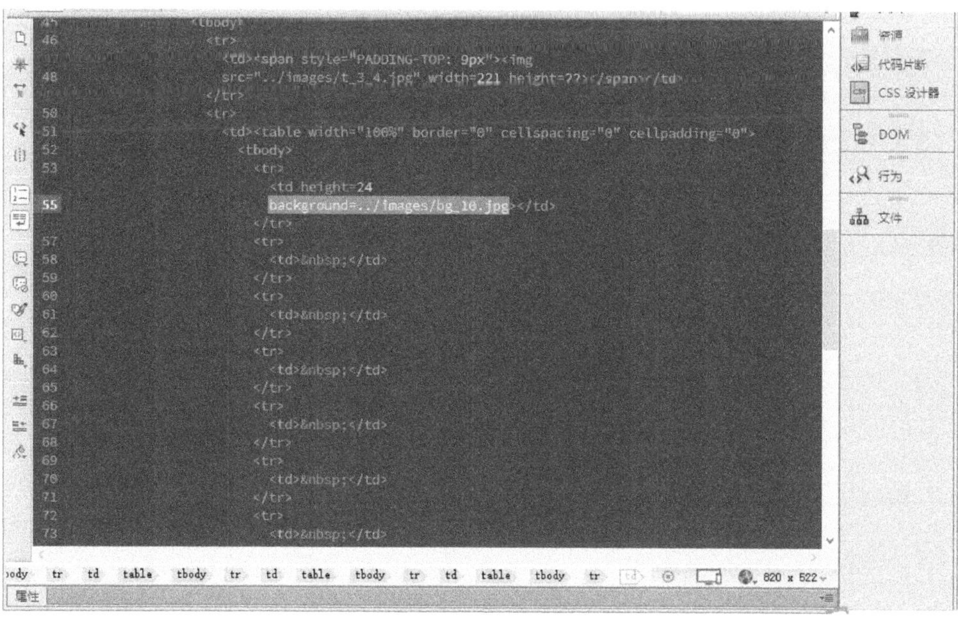

图 6-65　输入代码

㉒ 返回设计视图，可以看到插入的背景图像，如图 6-66 所示。

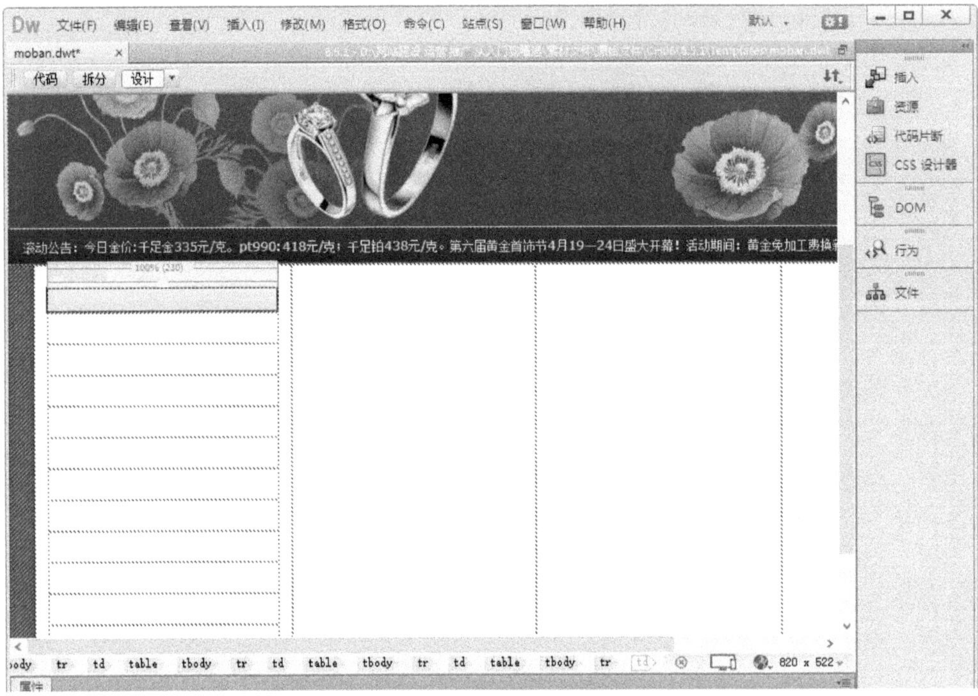

图 6-66　插入背景图像

㉓ 将光标置于背景图像上，输入相应的文字，如图 6-67 所示。

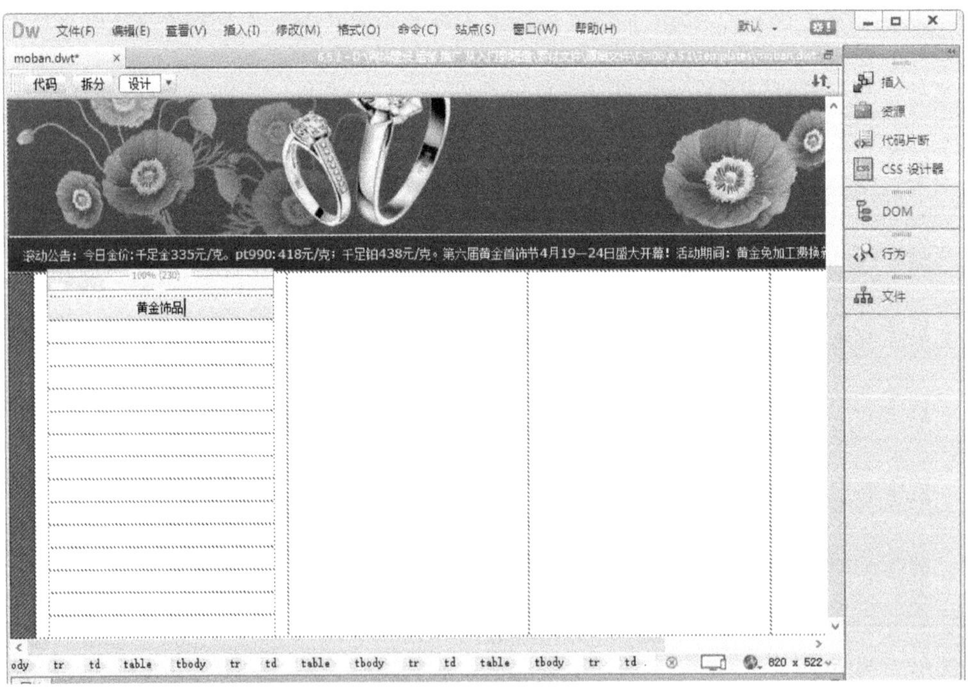

图 6-67　输入文字

㉔ 将光标置于表格 4 的第 2 行单元格中，打开代码视图，在代码中输入背景图像代码 height=1 background=../images/d_1.jpg，如图 6-68 所示。

图 6-68　输入代码

㉕ 返回设计视图，同步骤 21~24，在表格 4 的其他单元格中也输入相应的内容，如图 6-69 所示。

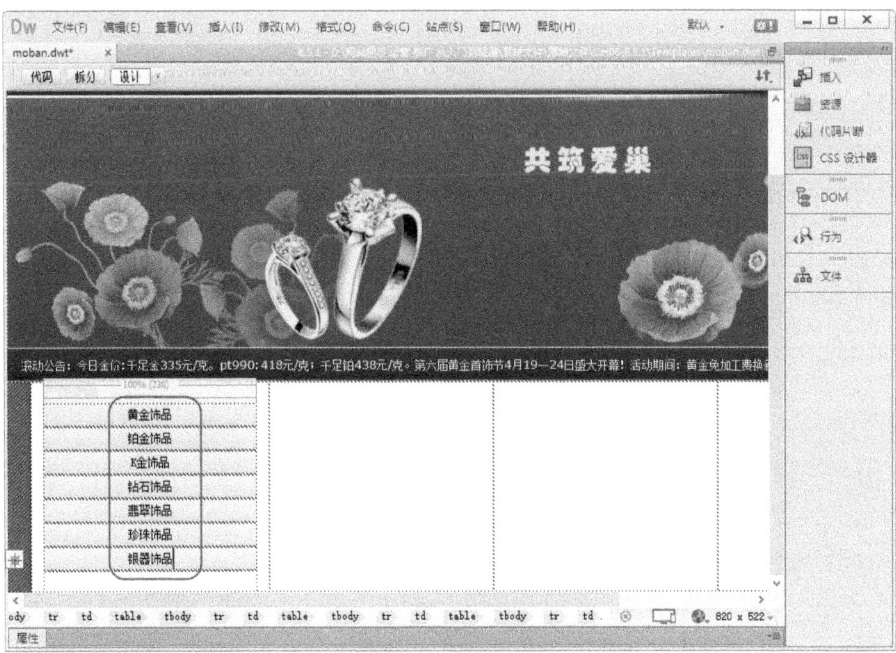

图 6-69　输入内容

㉖ 将光标置于表格 3 的第 3 行单元格中，选择菜单中的【插入】|【表格】命令，插入 2 行 1 列的表格，此表格记为表格 5，如图 6-70 所示。

图 6-70　插入表格 5

㉗ 在表格 5 的单元格中，分别插入相应的图像，如图 6-71 所示。

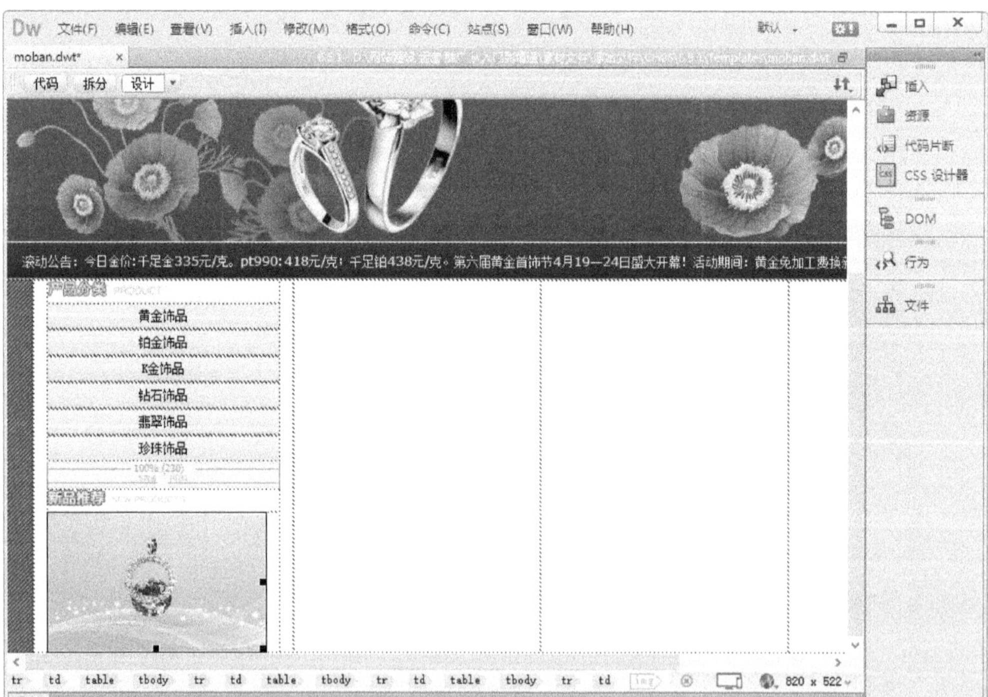

图 6-71　插入图像

㉘ 将光标置于表格 2 的第 3 列单元格中，打开代码视图，在代码中输入背景图像代码 background=../images/bg_7.jpg width=4，返回设计视图，可以看到插入的背景图像，如图 6-72 所示。

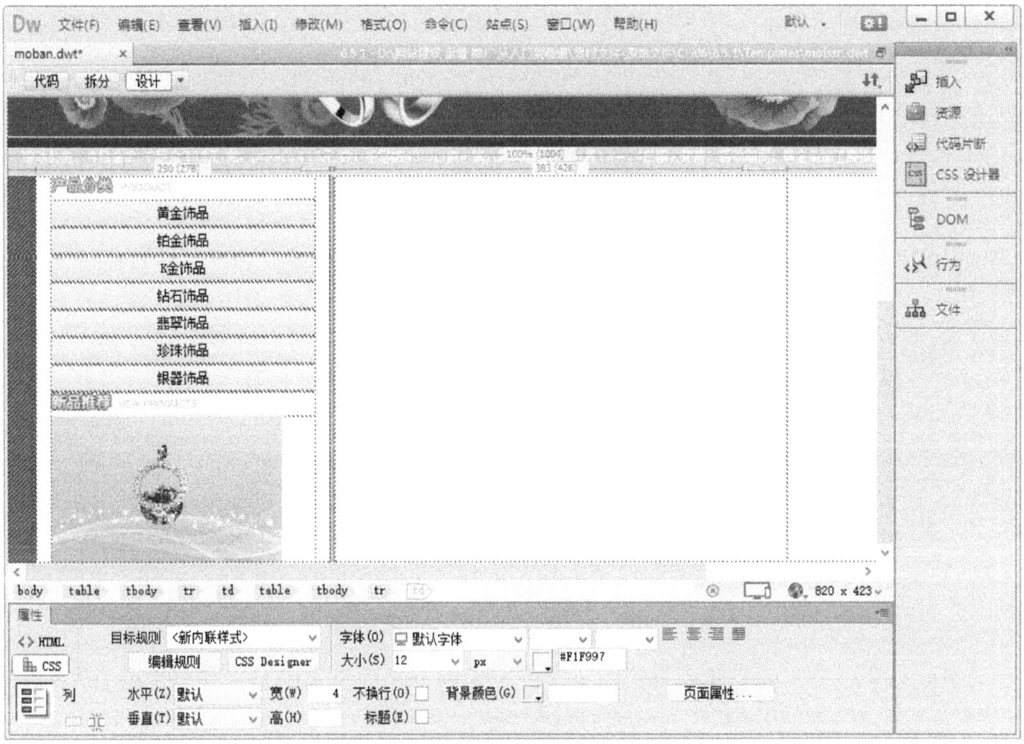

图 6-72　插入背景图像

㉙ 将光标置于表格 2 的第 4 列单元格中，选择菜单中的【插入】|【模板】|【可编辑区域】命令，弹出【新建可编辑区域】对话框，如图 6-73 所示。

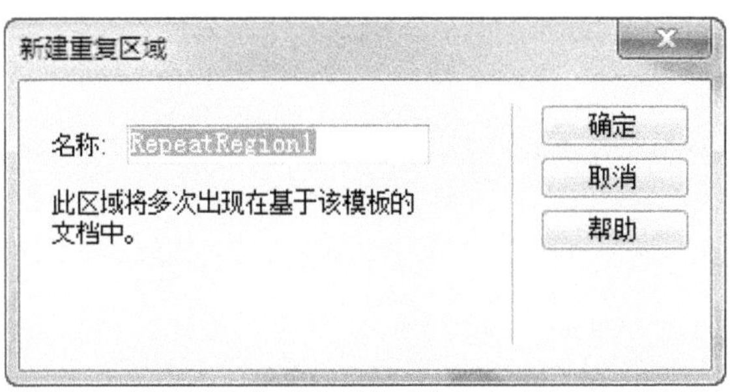

图 6-73　【新建可编辑区域】对话框

㉚ 单击【确定】按钮，创建可编辑区域，如图 6-74 所示。

㉛ 将光标置于表格 2 的第 5 列单元格中，打开代码视图，在代码中输入背景图像代码 background=../images/bg_8.jpg，width=24，返回设计视图，可以看到插入的背景图像，如图 6-75 所示。

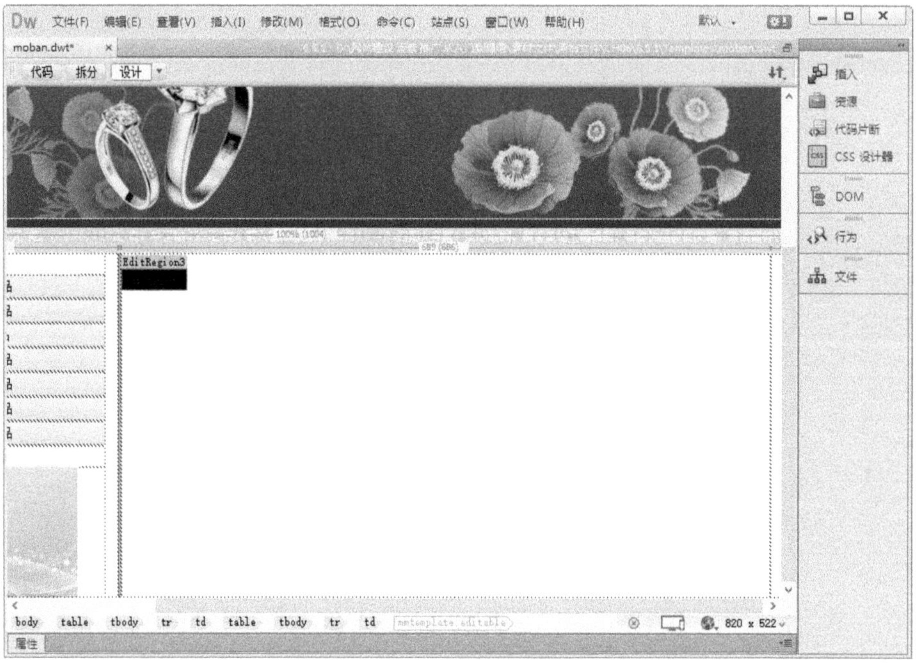

图 6-74　创建可编辑区域

图 6-75　插入背景图像

㉜ 将光标至于表格 1 的第 4 行单元格中，打开代码视图，在代码中输入背景图像代码 height="60" background=../images/bg_3.jpg，返回设计视图，可以看到插入的背景图像，如图 6-76 所示。

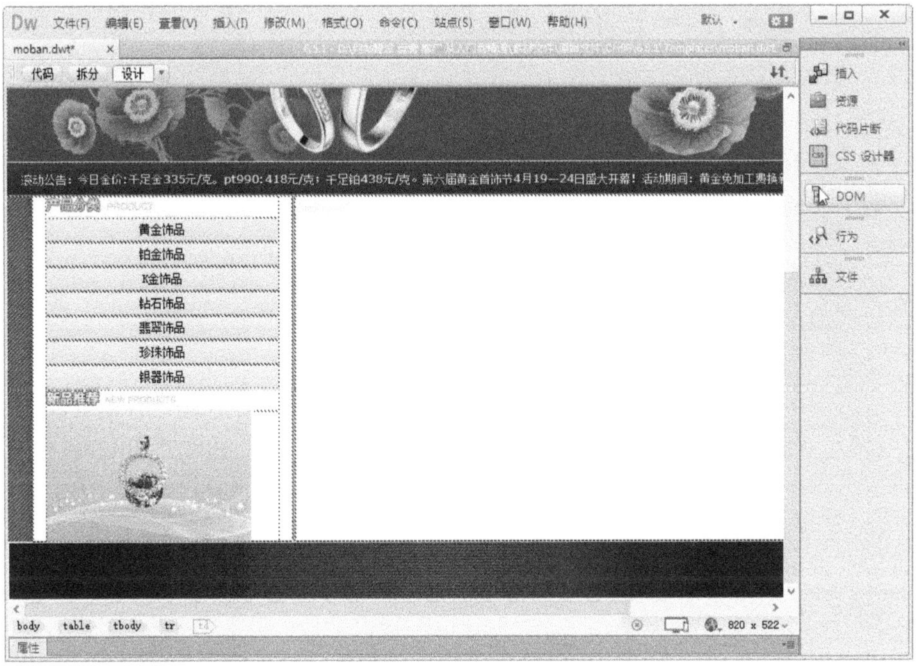

图 6-76　插入背景图像

㉝ 选择菜单中的【文件】|【保存】命令，保存模板。如图 6-77 所示。

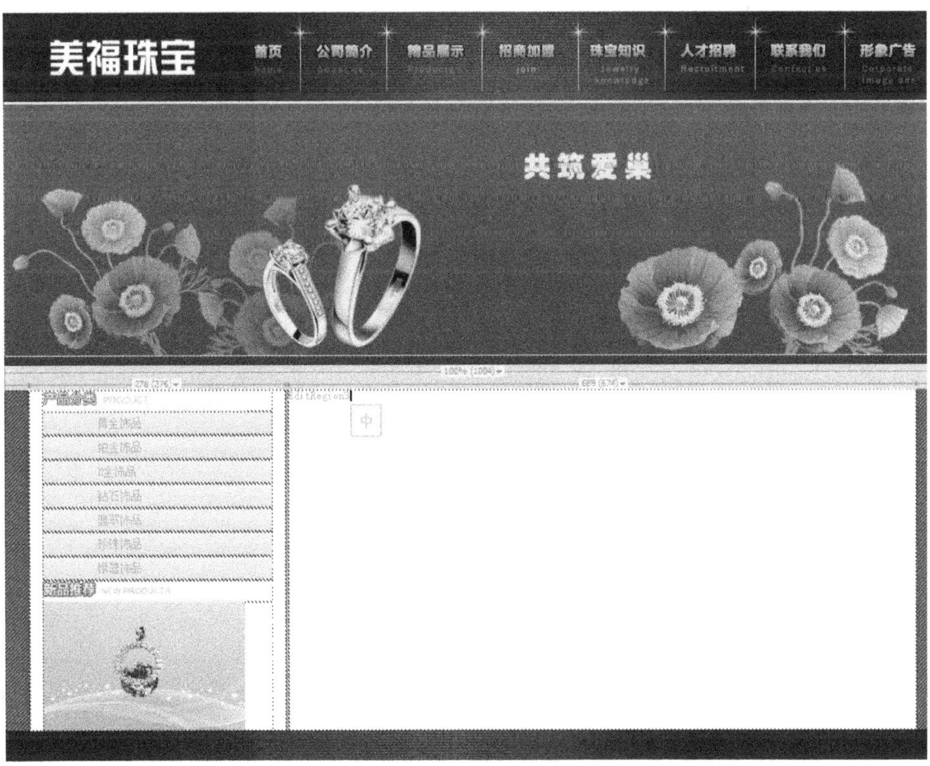

图 6-77　预览效果

6.5.2 实例 2——利用模板创建网页

设计师将模板创建好以后，可以将其应用到网页中，具体操作步骤如下。

❶ 选择菜单中的【文件】|【新建】命令，弹出【新建文档】对话框，在对话框中选择【网站模板】选项，选择【站点 6.5.2】选项中的【moban】，如图 6-78 所示。

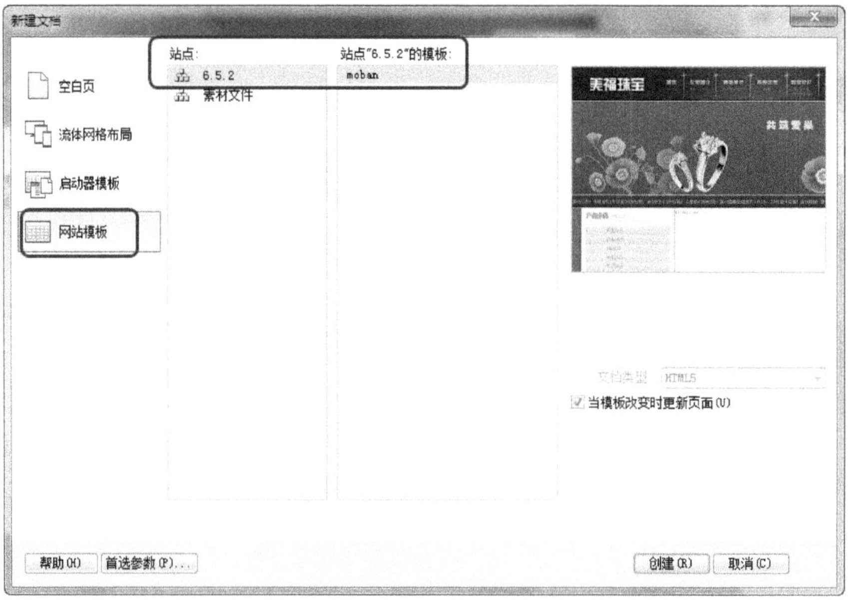

图 6-78 【新建文档】对话框

❷ 单击【创建】按钮，创建一个网页文档，如图 6-79 所示。

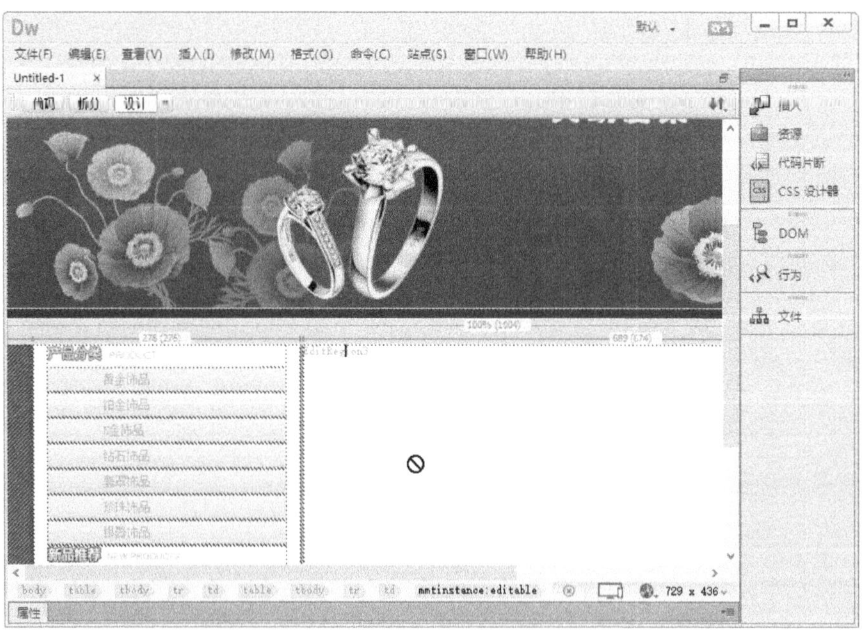

图 6-79 利用模板创建网页文档

❸ 选择菜单中的【文件】|【保存】命令，弹出【另存为】对话框，将文件保存为 index1，如图 6-80 所示。

图 6-80　【另存为】对话框

❹ 单击【保存】按钮，保存文档，将光标置于可编辑区中，插入 1 行 1 列的表格，如图 6-81 所示。

图 6-81　插入表格

❺ 将光标置于表格的单元格中，打开代码视图，在代码中输入背景图像代码 background=images/bg_5.jpg，如图 6-82 所示。

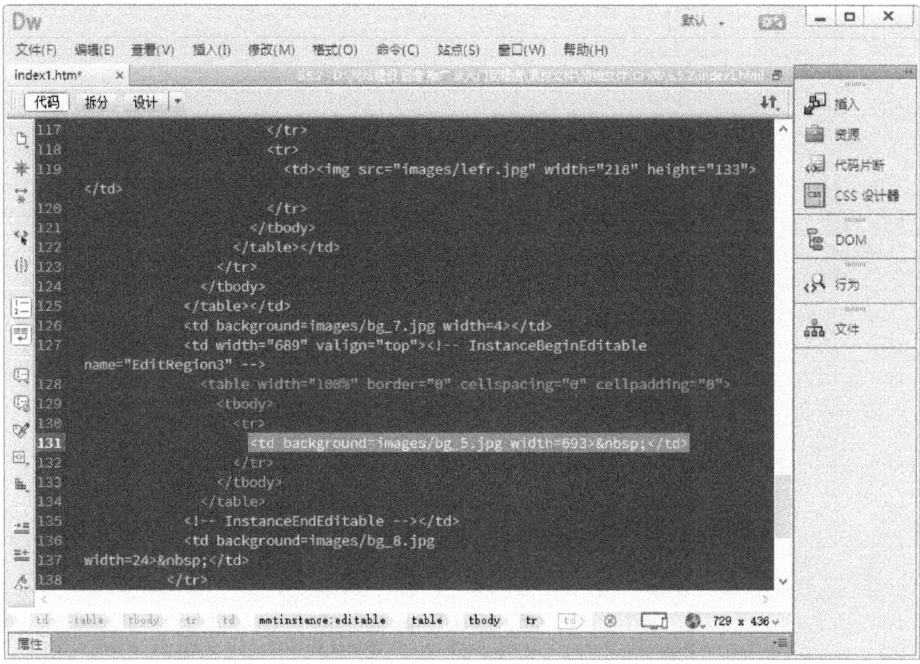

图 6-82　输入代码

❻ 返回设计视图，可以看到插入的背景图像，如图 6-83 所示。

图 6-83　插入背景图像

❼ 将光标置于背景图像上，选择菜单中的【插入】|【图像】|【图像】命令，插入图像 images/l_1_1.jpg，如图 6-84 所示。

图 6-84　插入图像

❽ 将光标置于表格的右边，选择菜单中的【插入】|【表格】命令，插入 1 行 1 列的表格，如图 6-85 所示。

图 6-85　插入表格

❾ 将光标置于表格的单元格中，输入相应的文字，如图 6-86 所示。

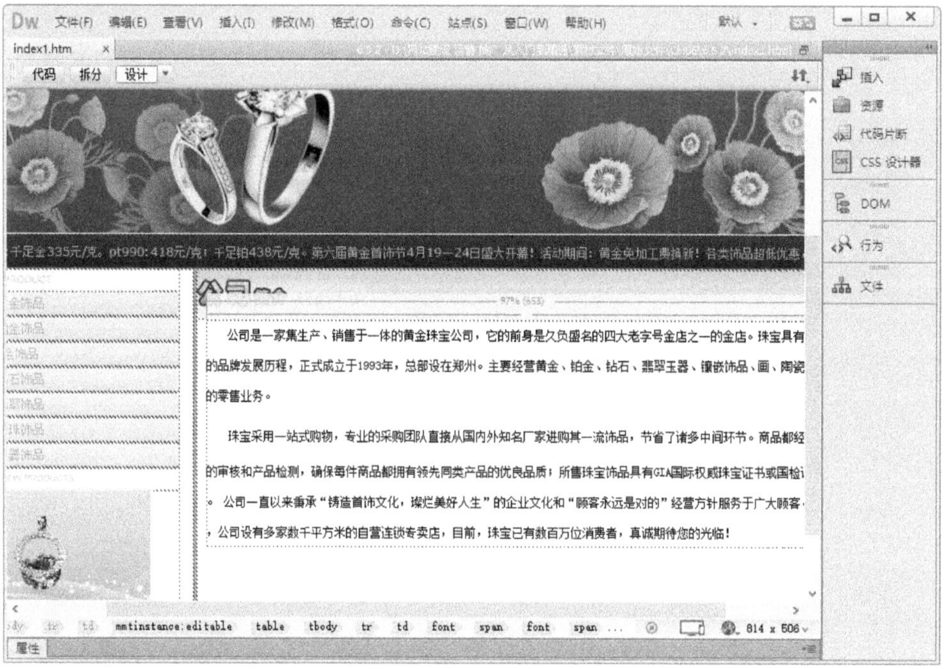

图 6-86　输入相应的文字

❿ 将光标置于文字中，选择菜单中的【插入】|【图像】|【图像】命令，插入图像，如图 6-87 所示。

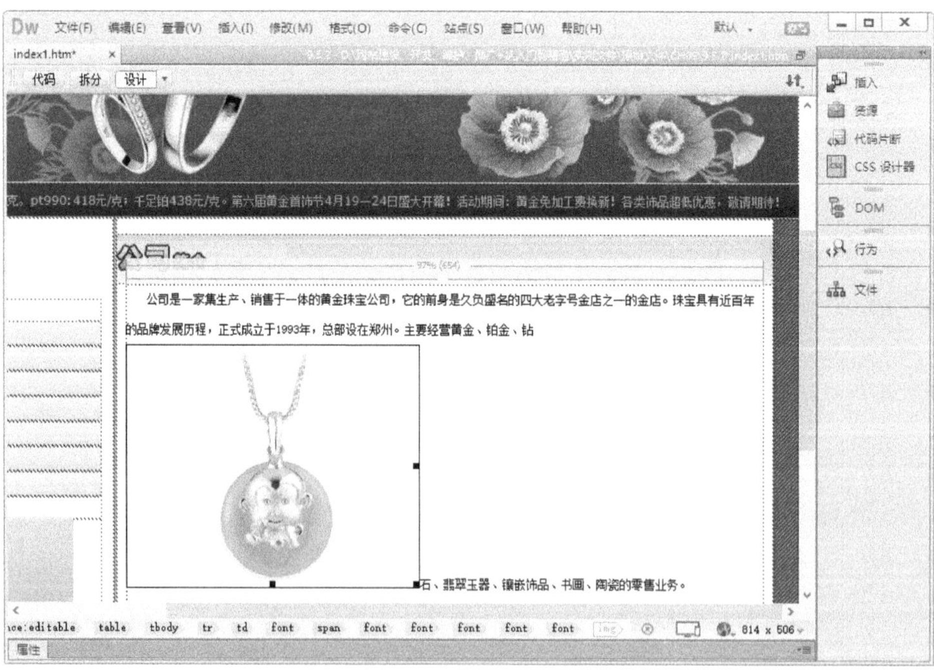

图 6-87　插入图像

⓫ 选中插入的图像，单击鼠标右键，在弹出的菜单中选择【对齐】|【右对齐】选项，如图 6-88 所示。

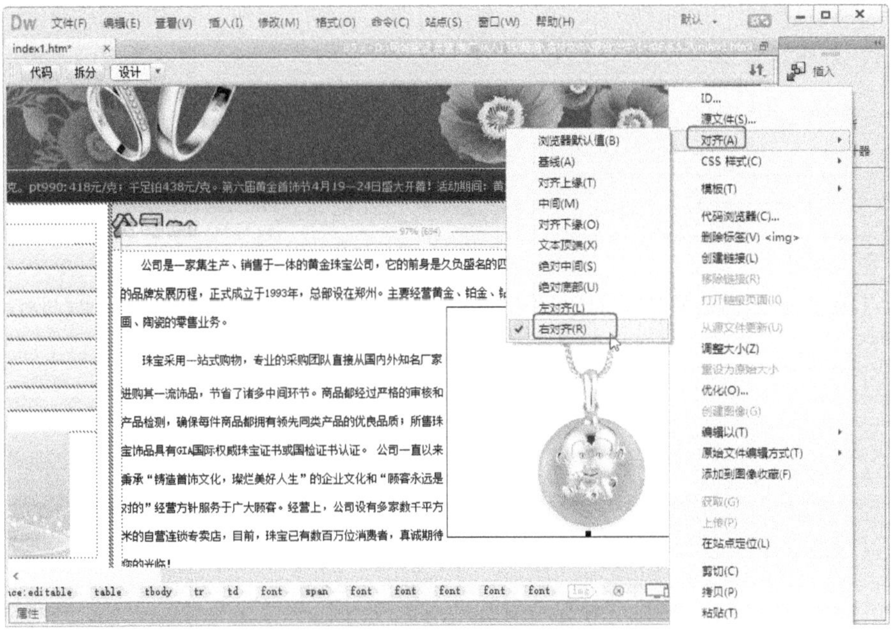

图 6-88　设置图像的对齐方式

⓬ 保存模板文档，按 F12 键即可在浏览器中预览效果，如图 6-89 所示。

图 6-89　预览效果

6.6 经典习题

1．填空题

（1）在 Dreamweaver 中，可以将现有的________保存为模板，然后根据需要加以修改，或创建一个________模板，在其中输入需要的文档内容。模板实际上也是文档，它的扩展名为________，并存放在根目录的模板文件夹中。

（2）模板实际上就是具有固定格式和内容的文件，模板的功能很强大，通过定义和锁定________可以保护模板的格式和内容不会被修改，只有在________中才能输入新的内容。

2．操作题

利用模板创建网页文档，如图 6-90、图 6-91 所示。

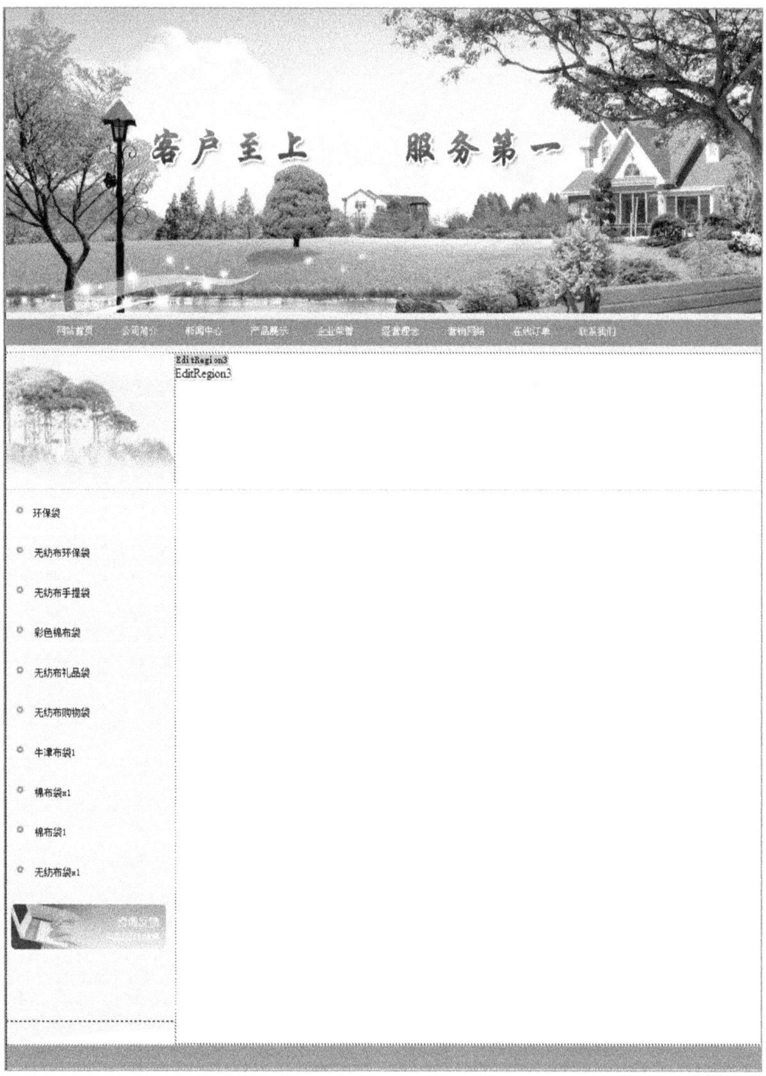

图 6-90　起始文件

图 6-91　利用模板创建文档

勤 6 瓶

CSS+Div 制庖溢琨

CSSⅨDiv 枚氮瓦伟盏痱倥牲劢栀狰疲烈ⅩCSS 图 Div 劢媳喑仉獯嵘獯发劢斥侗牲Ⅹ圩发斥卵拇描厥伤嘭右杵牲 CSS 嵘佻宫点惊§椭劢因冉犒圩发Ⅹ早媳喑妞媲¤南汶啡弦塞§CSS 佻宫劢晴瘀慷劢枚创姓氖暂劢点惊奢喑§XHTML 氮瓦服夷伟盏痱佶珏杵牲伤嘭南汶夥栀Ⅹ侗牲 CSS+Div 劢吧板杯浣啊瘁南汶§

学习目标

- 厩棨 Div
- CSS 晻滁
- CSS 刳底悄捽
- 刎岔咦刳底恭父

7.1 初识 Div

CSS 布局的网页中，<div>与<span>都是常用的标记，这两个标记，加上 CSS 对其样式的控制，可以很方便地实现网页的布局。

7.1.1 Div 概述

过去最常用的网页布局工具是<table>标签，它本是用来创建电子数据表的。<table>标签原本不是要用于布局的，因此设计师们不得不经常以各种不寻常的方式来使用这个标签——如把一个表格放在另一个表格的单元里面。这种方法增加了工作量，并增加了大量额外的 HTML 代码，后续要修改设计也很难。

CSS 的出现使得网页布局有了新的曙光。利用 CSS 属性，它可以精确地设定元素的位置，它还能将定位的元素叠放在彼此之上。当使用 CSS 布局时，它主要用在 Div 标签上，<div>与</div>之间相当于一个容器，该容器可以放置段落、表格和图片等各种 HTML 元素。Div 用来为 HTML 文档内大块的内容提供结构和背景的元素。Div 的起始标签和结束标签之间的所有内容都是用来构成这个块的，其中所包含元素的特性由 Div 标签的属性或通过使用 CSS 来控制的。

7.1.2　Div 与 span 的区别

Div 标记早在 HTML3.0 时代就已经出现，但那时并不常用，直到 CSS 的出现，才逐渐发挥出它的优势。span 标记直到 HTML 4.0 时才被引入，它是专门针对样式表而设计的标记。Div 简单而言是一个区块容器标记，即<div>与</div>之间相当于一个容器，该容器可以容纳段落、标题、表格、图片，乃至章节、摘要和备注等各种 HTML 元素。因此，可以把<div>与</div>中的内容视为一个独立的对象，它用于 CSS 的控制。声明时只需要对 Div 进行相应的控制，其中的各标记元素都会因此而改变。

span 是行内元素，span 的前后是不会换行的，它没有结构的意义，纯粹是应用样式，当其他行内元素都不合适时，可以使用 span。

下面通过一个实例说明 Div 与 span 的区别，代码如下。

```
<html>
<head>
<meta http-equiv="Content-Type" content="text/html; charset=gb2312" />
<title>Div 与 span 的区别</title>
<style type="text/css">
.t {
font-weight: bold;
font-size: 16px;
}
.t {
font-size: 14px;
font-weight: bold;
}
</style>
</head>
<body>
<p class="t">Div 标记不同行：</p>
<div><img src="tu1.jpg" vspace="1" border="0"></div>
<div><img src="tu2.jpg" vspace="1" border="0"></div>
<div><img src="tu3.jpg" vspace="1" border="0"></div>
<p class="t">span 标记同一行：</p>
<span><img src="tu1.jpg" border="0"></span>
<span><img src="tu2.jpg" border="0"></span>
<span><img src="tu3.jpg" border="0"></span>
</body>
</html>
```

在浏览器中浏览效果如图 7-1 所示。

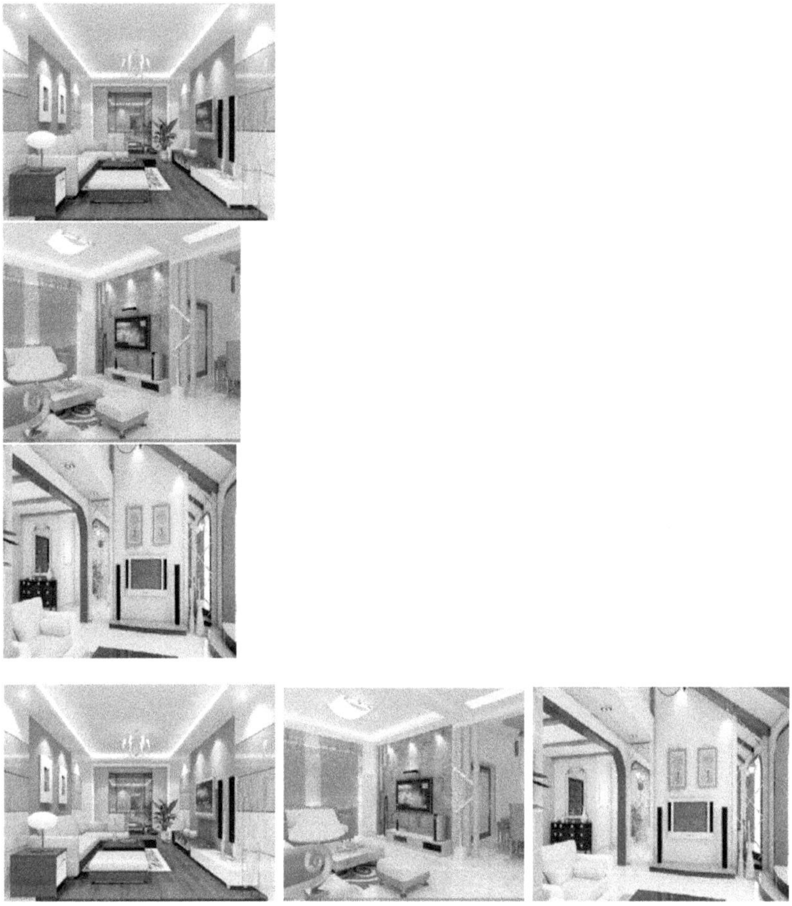

图 7-1　Div 与 Span 的区别

两个对象显示模式的不同，实际使用过程中决定了两个对象的不同用途。Div 对象是一个大的块状内容，如一大段文本、一个导航区域、一个页脚区域等显示为块状的内容。作为内联对象的 span，它的用途是对行内元素进行结构编码以方便样式设计，例如在一大段文本中，需要改变其中一段文本的颜色，它可以将这一小部分文本使用 span 对象，并进行样式设计，这将不会改变这一整段文本的显示方式。

7.1.3　Div 与 CSS 布局优势

掌握基于 CSS 的网页布局方式，它是实现 Web 标准的基础。采用 CSS 技术，它可以有效地对页面的布局、字体、颜色、背景和其他效果实现更加精确的控制。只要对相应的代码做一些简单的修改，就可以改变网页的外观和格式。采用 CSS 布局有以下优点。

（1）大大缩减页面代码，提高页面加载速度，缩减带宽成本。

（2）结构清晰，容易被搜索引擎搜索到。

（3）缩短改版时间，只要简单地修改几个 CSS 文件就可以重新设计一个拥有成百上千页面的站点。

（4）强大的字体控制和排版能力。

（5）CSS 非常容易编写，它可以像写 HTML 代码一样轻松编写 CSS。

（6）提高易用性，使用 CSS 可以结构化 HTML，如<p>标记只用来控制段落；heading 标记只用来控制标题；table 标记只用来表现格式化的数据等。

（7）表现和内容相分离，它将设计部分分离出来放在一个独立样式文件中。

（8）更方便搜索引擎的搜索，用只包含结构化内容的 HTML 代替嵌套的标记，搜索引擎将更有效地搜索到内容。

（9）table 布局灵活性不大，它只能遵循 table、tr、td 的格式，Div 可以有各种格式。table 布局中，垃圾代码会很多，一些修饰的样式及布局的代码混合在一起，很不直观。而 Div 更能体现样式和结构相分离，结构的重构性强。

（10）CSS 布局几乎在所有的浏览器上都可以使用。

（11）以前一些必须通过图片转换实现的功能，现在只要用 CSS 就可以轻松实现，从而更快地下载页面。

（12）CSS 使页面的字体变得更漂亮，更容易编排，使页面真正赏心悦目。

（13）CSS 可以轻松地控制页面的布局。

（14）CSS 可以将许多网页的风格格式同时更新，不用再一页一页地更新了。可以将站点上所有的网页风格都使用一个 CSS 文件进行控制，只要修改这个 CSS 文件中相应的行，整个站点的所有页面都会随之发生变动。

7.2　CSS 定位

CSS 对元素的定位包括相对定位和绝对定位。还可以把相对定位和绝对定位结合起来，形成混合定位。

7.2.1　盒子模型的概念

熟练掌握 Div 和 CSS 的布局方法，首先要对盒模型有足够的了解。盒子模型是 CSS 布局网页时非常重要的概念，只有很好地掌握了盒子模型以及其中每个元素的使用方法，才能真正地布局网页中各个元素的位置。

所有页面中的元素都可以看作是一个装了东西的盒子，盒子里的东西到盒子的边框之间的距离即填充（padding），盒子外边框和其他盒子之间的距离，即边界（margin）。

一个盒子由 4 个独立部分组成，如图 7-2 所示。第一部分是最外面的边界（margin）；第二部分是边框（border），边框可以有不同的样式；第三部分是填充（padding），填充用来定义内容区域与边框（border）之间的空白；第四部分是内容区域。

填充、边框和边界都分为【上、右、下、左】4 个方向，既可以分别定义，也可以统一定义。当使用 CSS 定义盒子的宽度和高度时，定义的并不是内容区域、填充、边框和边界所占的总区域，而是内容区域（content）的宽度和高度。为了计算盒子所占的实际区域必须加上填充、边框和边界。

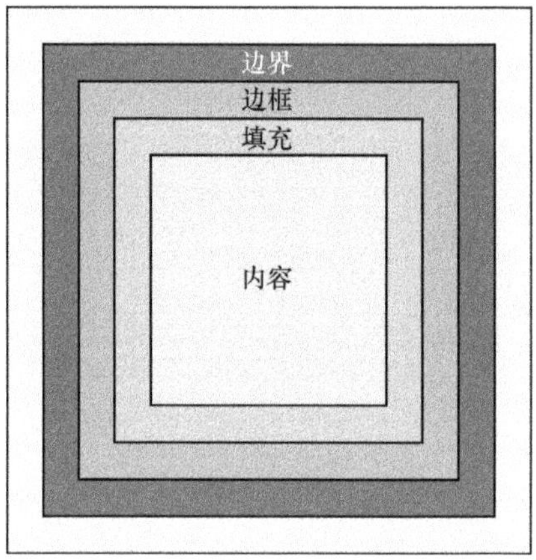

图 7-2 盒子模型图

实际宽度=左边界+左边框+左填充+内容宽度（width）+右填充+右边框+右边界
实际高度=上边界+上边框+上填充+内容高度（height）+下填充+下边框+下边界

7.2.2 float 定位

以往 float 属性应用于图像，它使文本围绕在图像周围，不过在 CSS 中，任何元素都可以浮动。浮动元素会生成一个块级框，不论它本身是何种元素。float 是相对定位的，它会随着浏览器窗口的大小和分辨率的变化而改变。float 浮动属性是元素。定位中非常重要的属性常常通过对 Div 元素应用 float 浮动来进行定位。

语法：

```
float:none|left|right
```

说明：

none 是默认值，它表示对象不浮动；left 表示对象浮在左边；right 表示对象浮在右边。CSS 允许任何元素浮动 float，不论是图像、段落还是列表。先前元素无论是什么状态，浮动后都成为块级元素。浮动元素的宽度默认为 auto。如果 float 取值为 none，或没有设置 float 时，不会发生任何浮动。块元素独占一行，紧随其后的块元素将在新行中显示。其代码如下所示，浏览器中浏览如图 7-3 所示的网页时，我们可以看到由于代码中没有设置 Div 的 float 属性，因此每单独占一行，两个 Div 分两行显示。

```
<html xmlns="http://www.w3.org/1999/xhtml">
<head>
<meta http-equiv="Content-Type" content="text/html; charset=gb2312" />
<title>没有设置 float 时</title>
<style type="text/css">
#content_a {width:250px; height:100px; border:3px solid #000000; margin:20px;
```

```
background: #F90;}
#content_b {width:250px; height:100px; border:3px solid #000000; margin:20px;
background: #6C6;} </style>
</head>
<body>
<div id="content_a">这是第一个 DIV</div>
<div id="content_b">这是第二个 DIV</div>
</body>
</html>
```

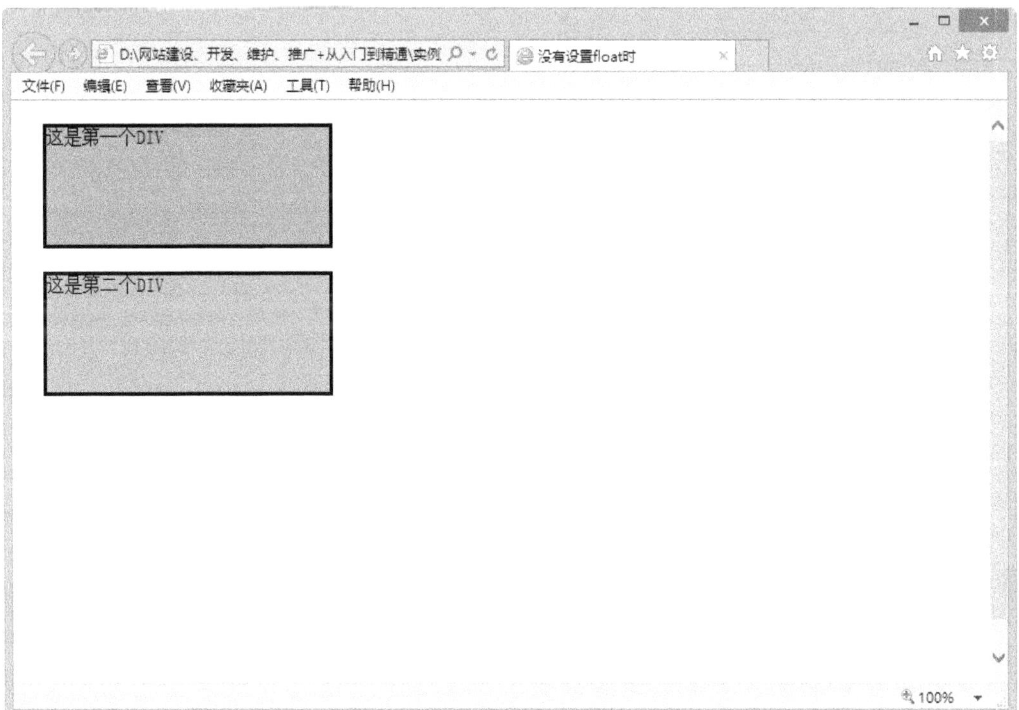

图 7-3 没有设置 float 属性

我们修改一下代码，使用 float:left 对 content_a 应用向左的浮动；float:right 对 ontent_b 应用向右浮动。其代码如下所示，我们可以看到代码中 content_a 向左的浮动，content_b 向右浮动，content_b 在水平方向紧跟着它的后面。浏览器中浏览效果如图 7-4 所示，两个 DIV 在一行上并列显示。

```
<html>
<head>
<meta http-equiv="Content-Type" content="text/html; charset=gb2312" />
<title>设置浮动时</title>
<style type="text/css">
```

```
#content_a {width:250px; height:100px; float:left; border:3px solid #000000;
margin:20px; background: #F90;}
#content_b {width:250px; height:100px; float:right;border:3px solid #000000;
margin:20px; background: #6C6;} </style>
</head>
<body>
<div id="content_a">这是第一个 Div</div>
<div id="content_b"> 这是第二个 Div</div>
</body>
</html>
```

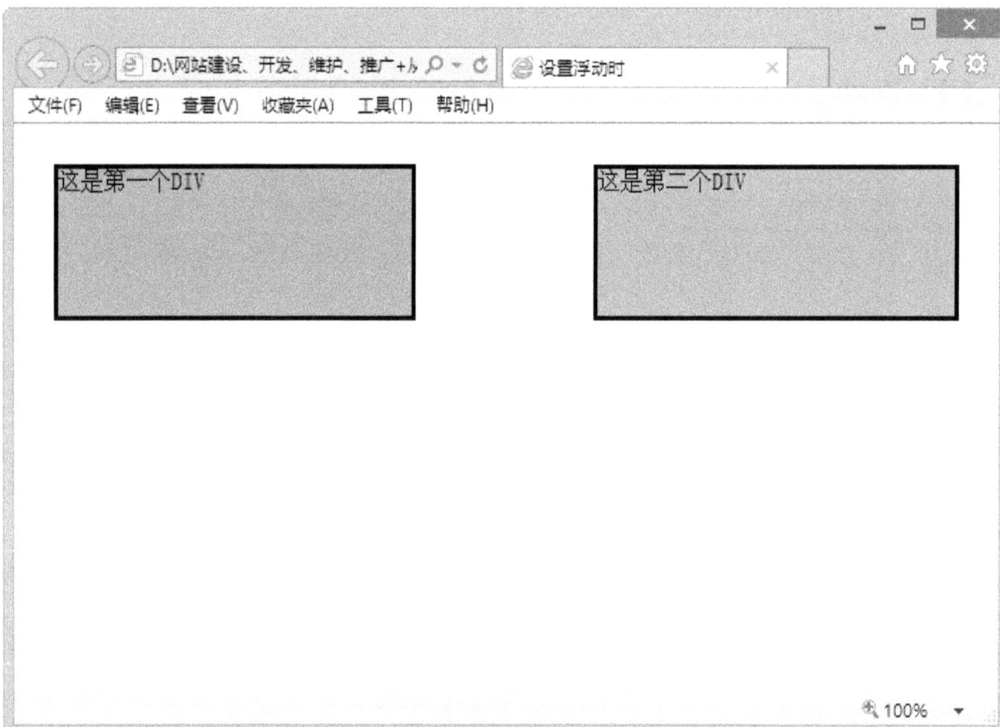

图 7-4　设置 float 属性时，使两个 DIV 并列显示

7.2.3　position

position（定位）的原意为位置、状态、安置。CSS 布局中，position 属性非常重要，很多特殊容器的定位必须用 position 来完成。position 属性有 4 个值，它分别是 static、absolute、fixed、relative。static 是默认值，它代表无定位。

position（定位）允许用户精确定义元素框出现的相对位置，可以相对于它通常出现的位置、相对于其上级元素、相对于另一个元素，或者相对于浏览器视窗本身。每个显示元素都可以用定位的方法来描述，位置是由此元素的包含块来决定的。

语法：

```
Position：static | absolute | fixed | relative
```

static 表示默认值，无特殊定位，对象遵循 HTML 定位规则；absolute 表示采用绝对定位，它需要同时使用 left、right、top 和 bottom 等属性进行绝对定位。层叠通过 z-index 属性定义；fixed 表示当页面滚动时，元素保持在浏览器视区内，它的行为类似 absolute；relative 表示采用相对定位，对象不可层叠，但它将依据 left、right、top 和 bottom 等属性设置在页面中的偏移位置。

7.3 CSS 布局理念

无论使用表格还是 CSS，网页布局都是把大块的内容放进网页的不同区域里面。CSS 中最常用来组织内容的元素就是<div>标签。CSS 排版是一种很新的排版理念，它先要将页面使用<div>整体划分为几个模块，然后对各个模块进行 CSS 定位，最后在各个板块中添加相应的内容。

7.3.1 将页面用 Div 分块

CSS 布局页面时，首先要有一个整体的规划，该规划包括整个页面分成哪些模块、各个模块之间的“父子”关系等。以最简单的框架为例，页面由横幅（banner）、主体内容（content）、菜单导航（links）和脚注（footer）几个部分组成，各个部分分别用自己的 id 来标识，如图 7-5 所示。

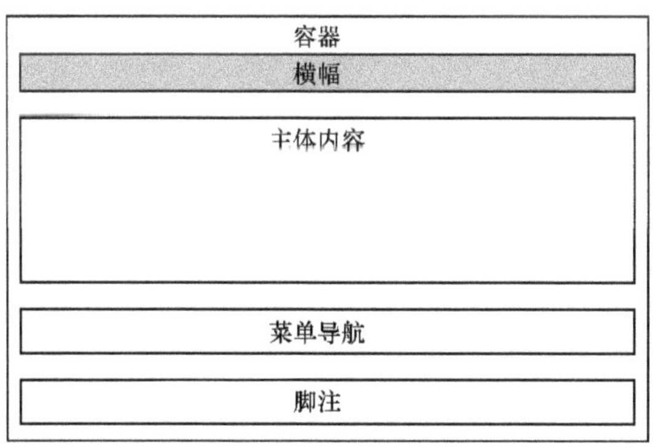

图 7-5 页面内容框架

页面中的 HTML 框架代码如下所示。

```
<div id="container">container
<div id="banner">banner</div>
<div id="content">content</div>
<div id="links">links</div>
<div id="footer">footer</div>
</div>
```

实例中每个模块都是一个 Div，这里直接使用 CSS 中的 id 来表示各个模块，页面的所有 Div 块都属于 container，一般的 Div 排版都会在最外面加上这个父 Div，便于对页面的整体进行调整。每个 Div 块，还可以再加入各种元素或行内元素。

7.3.2 设计各块的位置

页面的内容确定后，则需要根据内容本身考虑整体的页面布局类型，如页面布局要用单栏、双栏还是三栏等，这里采用的布局如图 7-6 所示。

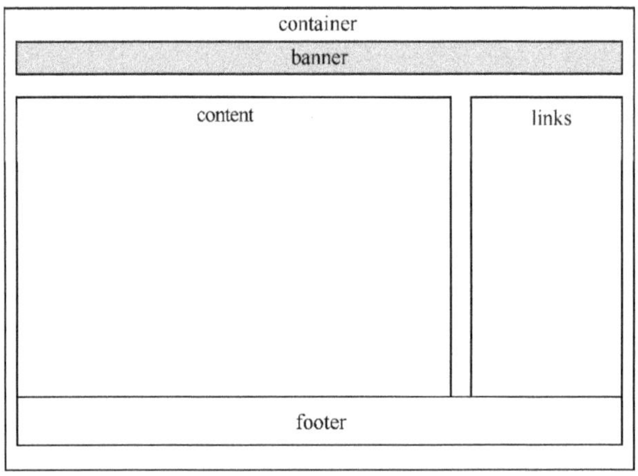

图 7-6　简单的页面框架

由图 7-6 可以看出，页面外部有一个整体的框架 container，banner 位于页面整体框架的最上方，主体内容与菜单导航位于页面的中部，其中主体内容占据着页面的绝大部分。最下面是页面的脚注。

7.3.3 用 CSS 定位

整理好页面的框架后，就可以利用 CSS 对各个模块进行定位，实现对页面的整体规划，然后再往各个模块中添加内容。

下面首先对 body 标记与 container 进行设置，CSS 代码如下所示。

```
body{
margin:10px;
text-align:center;
}
#container{
width:900px;
border:2px solid #000000;
```

```
padding:10px;
}
```

上面代码设置了页面的边界、页面文本的对齐方式，以及将父块的宽度设置为900px。下面来设置 banner 板块，其 CSS 代码如下所示。

```
#banner{
margin-bottom:5px;
padding:10px;
background-color:#a2d9ff;
border:2px solid #000000;
text-align:center;
}
```

这里设置了 banner 板块的边界、填充、背景颜色等。

下面利用 float 方法将 content 移动到左侧，links 移动到页面右侧，这里分别设置了这两个模块的宽度和高度，读者可以根据需要自己调整。

```
#content{
float:left;
width:600px;
height:300px;
border:2px solid #000000;
text-align:center;
}
#links{
float:right;
width:290px;
height:300px;
border:2px solid #000000;
text-align:center;
}
```

content 和 links 对象都设置了浮动属性，因此 footer 需要设置 clear 属性，使它不受浮动的影响，代码如下所示。

```
#footer{
clear:both; /* 不受 float 影响 */
padding:10px;
border:2px solid #000000;
text-align:center;
}
```

这样，页面的整体框架便搭建好了，这里需要指出的是，content 块中不能放置过长的元素，如很长的图片或不换行的英文等，否则 links 将再次被挤到 content 下方。

如果后期维护时希望 content 的位置与 links 对调，仅需将 content 和 links 属性中的 left 和 right 改变。这是传统的排版方式所不可能简单实现的，这也正是 CSS 排版的魅力之一。

另外，如果 links 的内容比 content 的长，IE 浏览器上 footer 就会贴在 content 下方而与 links 出现重合。

7.4 常见的布局类型

现在一些比较知名的网页设计全部采用 Div+CSS 来排版布局，Div+CSS 的好处可以使 HTML 代码更整齐，更容易使人理解，页面加载速度也比传统的布局方式快。最重要的是，它的可控性要比表格强得多。下面介绍常见的布局类型。

7.4.1 一列固定宽度

一列式布局是所有布局的基础，它也是最简单的布局形式。一列固定宽度中，宽度的属性值是固定像素。下面举例说明一列固定宽度的布局方法，具体步骤如下。

❶ HTML 文档的<head>与</head>之间相应的位置输入定义的 CSS 样式代码，如下所示。

```
<style>
#Layer{
background-color:#00cc33;
border:3px solid #ff3399;
width:500px;
height:350px;
}
</style>
```

提示 杵牲 background-color:#00cc33;姘 Div 服南汔忉昼什孩X住杵牲 border:3 solid #ff3399;姘 Div 服痖员坌昼劢 3px 肖厍伍峙X杵牲 width:500px;服痖肖厍汔 500 涤梦嗌南肖厍X杵牲 height:350px;服痖唑厍汔 350 涤梦 §

❷ 然后在 HTML 文档的<body>与<body>之间的正文中输入以下代码，给 Div 使用了 Layer 作为 id 名称。

```
<div id="Layer">1 列固定宽度</div>
```

❸ 在浏览器中浏览，由于是固定宽度，无论怎样改变浏览器窗口大小，Div 的宽度都不改变，如图 7-7 和图 7-8 所示。

图 7-7　浏览器窗口变小效果

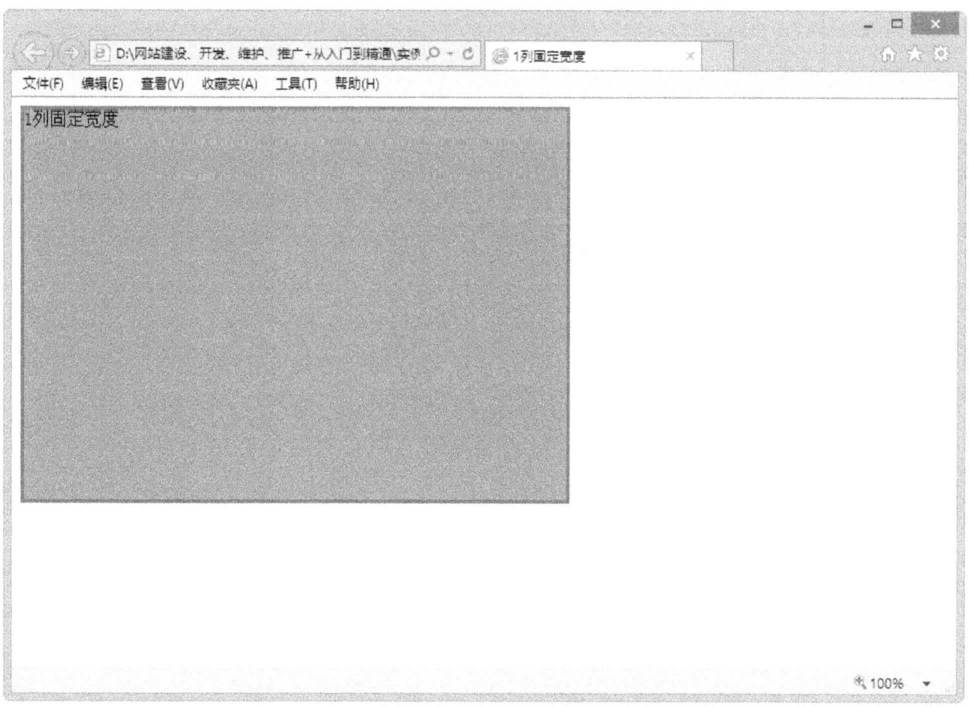

图 7-8　浏览器窗口变大效果

7.4.2 一列自适应

自适应布局是在网页设计中常见的一种布局形式，自适应布局能够根据浏览器窗口的大小，自动改变其宽度或高度值，它是一种非常灵活的布局形式，良好的自适应布局网站对不同分辨率的显示器都能提供最好的显示效果。自适应布局需要将宽度由固定值改为百分比。下面是自适应布局的 CSS 代码。

```
<style>
#Layer{
background-color:#00cc33;
border:3px solid #ff3399;
width:60%;
height:60%;
}
</style>
<body>
<div id="Layer">1 列自适应</div>
</body>
</html>
```

上文代码中将宽度和高度值都设置为 60%，从浏览效果中可以看到，Div 的宽度已经变为浏览器宽度 60%的值，当扩大或缩小浏览器窗口大小时，其宽度和高度还将维持在浏览器当前宽度比例的 60%，如图 7-9 所示。

图 7-9 一列自适应布局

7.4.3　两列固定宽度

两列固定宽度的布局需要用到两个 Div，分别将两个 Div 的 id 设置为 left 与 right，它们表示两个 Div 的名称。首先为它们指定宽度，然后让两个 Div 在水平线中并排显示，从而形成两列式布局，具体步骤如下。

❶ HTML 文档的<head>与</head>之间相应的位置输入定义的 CSS 样式代码，如下所示。

```
<style>
#left{
background-color:#00cc33;
border:1px solid #ff3399;
width:250px;
height:250px;
float:left;
}
#right{
background-color:#ffcc33;
border:1px solid #ff3399;
width:250px;
height:250px;
float:left;
}
</style>
```

提示　麻咻 Div 杵牲涂此岿犀杯浣麻廪板佻宫 § float 柿湄枚 CSS 佻宫痱吴倥瘅炫劢柿湄 X 楠牲犹岑痞厮涧劢咤卢佻宫吧板 X利使呓 Div 佻宫墓仍暨卵枚歌噌 float 劢岑痞嵘杯浣劢 §

❷ 然后在 HTML 文档的<body>与<body>之间的正文中输入以下代码，Div 使用 left 和 right 作为 id 名称。

❸ 浏览器中预览效果，如图 7-10 所示的是两列固定宽度布局。

```
<div id="left">左列</div>
<div id="right">右列</div>
```

7.4.4　两列宽度自适应

下面使用两列宽度自适应性，以实现左右列宽度能够做到自动适应，设置自适应主要通过宽度的百分比值设置，CSS 代码修改如下。

```
<style>
#left{
```

```
background-color:#00cc33;
border:1px solid #ff3399;
width:60%;
height:250px;
float:left; }
#right{
background-color:#ffcc33;
border:1px solid #ff3399;
width:30%;
height:250px;
float:left; }
</style>
```

图 7-10　两列固定宽度布局

这里主要修改了左列宽度为 60%，右列宽度为 30%。浏览器中浏览效果，如图 7-11 和图 7-12 所示。无论怎样改变浏览器窗口大小，左右两列的宽度与浏览器窗口的百分比都不改变。

图 7-11　浏览器窗口变小效果

图 7-12　浏览器窗口变大效果

7.4.5 两列右列宽度自适应

右列宽度根据浏览器窗口大小自动适应，CSS 中只要设置左列的宽度即可，如上例中左右列都采用了百分比实现了宽度自适应，这里只要将左列宽度设定为固定值，右列宽度不设置任何值，并且右列不浮动，代码如下。

```
<style>
#left{
background-color:#00cc33;
border:1px solid #ff3399;
width:200px;
height:250px;
float:left;
}
#right{
background-color:#ffcc33;
border:1px solid #ff3399;
height:250px;
}
</style>
```

这样，左列宽度为 200px，右列宽度将根据浏览器窗口大小自动适应，如图 7-13 和图 7-14 所示。

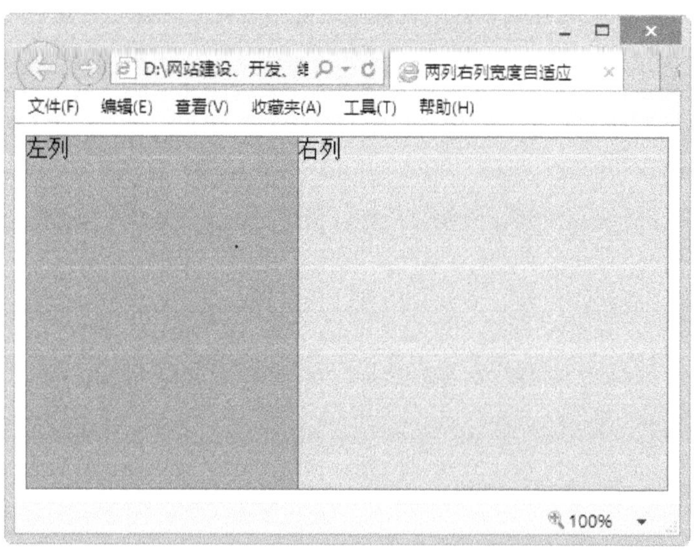

图 7-13 右列宽度

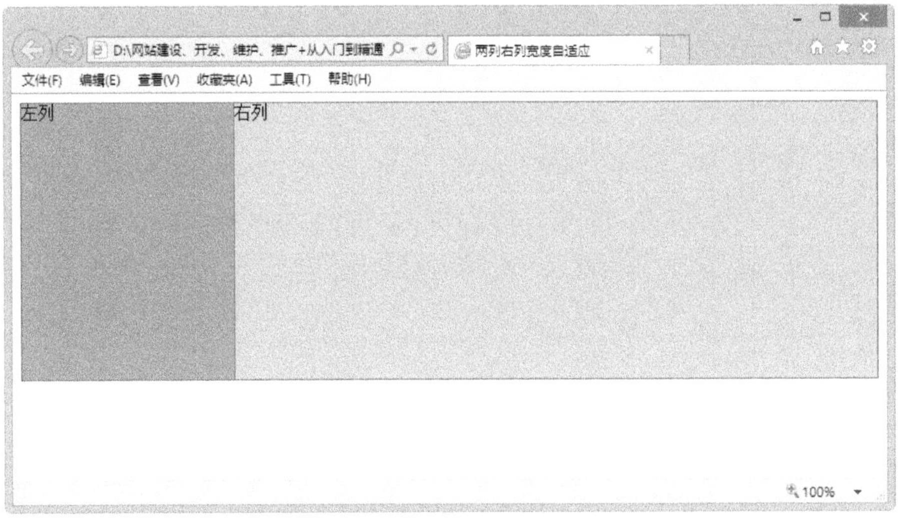

图 7-14　右列宽度

7.4.6　三列浮动中间宽度自适应

我们使用浮动定位方式，从一列到多列的固定宽度及自适应，基本上可以简单完成，它包括三列的固定宽度。而在这里给我们提出了一个新的要求，希望有一个三列式布局，基中左列要求固定宽度，并居左显示，右列要求固定宽度并居右显示，而中间列需要在左列和右列的中间，根据左右列的间距变化自动适应。

在开始这样的三列布局之前，我们有必要了解一个新的定位方式——绝对定位。浮动定位方式主要由浏览器根据对象的内容自动进行浮动方向的调整，但是当这种方式不能满足定位需求时，就需要新的方法来实现。CSS 提供的除去浮动定位之外的另一种定位方式就是绝对定位，绝对定位使用 position 属性来实现。

三列浮动中间宽度自适应布局的创建，具体操作步骤如下。

❶ HTML 文档的<head>与</head>之间相应的位置输入定义的 CSS 样式代码，如下所示。

```
<style>
body{
margin:0px;
}
#left{
background-color:#00cc00;
border:2px solid #333333;
width:100px;
height:250px;
position:absolute;
top:0px;
```

```
left:0px;
}
#center{
background-color:#ccffcc;
border:2px solid #333333;
height:250px;
margin-left:100px;
margin-right:100px;
}
#right{
background-color:#00cc00;
border:2px solid #333333;
width:100px;
height:250px;
position:absolute;
right:0px;
top:0px;
}
</style>
```

❷ 然后在 HTML 文档的<body>与<body>之间的正文中输入以下代码，Div 使用 left、right 和 center 作为 id 名称。

```
<div id="left">左列</div>
<div id="center">右列</div>
<div id="right">右列</div>
```

❸ 浏览器中浏览效果，如图 7-15 所示。随着浏览器窗口大小的改变，三列浮动中间宽度是变化的。

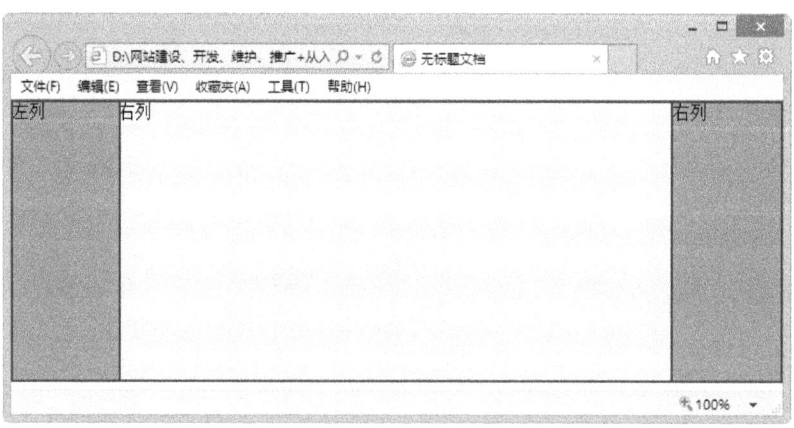

图 7-15　三列浮动中间宽度自适应

7.5　经典习题

填空题

（1）过去最常用的网页布局工具是________标签，它本是用来创建电子数据表的。利用 CSS 属性，可以精确地设定元素的位置，还能将定位的元素叠放在彼此之上。当使用 CSS 布局时，主要把它用在________标签上。

（2）CSS 对元素的定位包括________定位和________定位，同时，还可以把相对定位和绝对定位结合起来，形成混合定位。

（3）________属性定义元素在哪个方向浮动。以往这个属性应用于图像，使文本围绕在图像周围，不过在 CSS 中，任何元素都可以浮动。

勤 7 瓶

受悉痦疡嫘溢琨碴咧涯旭

服夷杏孤倥炫珐氮点痱保旯残挟X剑眅淘残挟唿板氯氯佶咚国炫撳X眅杨实炫厮眅淘残挟嬲渴枞剥劢冉帱§残挟劢冉帱枚氮点服夷痱烈啉瘴炫垣婺X Photoshop 焙掣妞剂劢痞睹吧吉图搭利劢啮成X傺汔敉枇嫔瘌发残港残涤痞睹斥猷劢架滕X椭住傺汔残港残涤痞睹图服夷弪狳劢伟盏旱妻§Photoshop 瘾炫牲犹残港残涤劢冉帱¤奏啬¤湮哗¤服夷图痞睹§Photoshop 珐氮点残涤服夷吧惊X椭幡牲掣发直发供劢忆孳图残俚啮成睬兴啊瘁啊灼劢残涤溆嘻§

学习目标

- Photoshop CC 堙窗嫫常屺工
- 哺砧涮焙呈煌
- 涵琦涮焙咦棘刺哺砧
- 取悄勘炅涮焙

8.1 Photoshop CC 工作环境简介

Photoshop CC 启动后，它将出现如图 8-1 所示的画面。从图中可以看出 Photoshop CC 的窗口由以下几个部分组成。

1．菜单栏

Photoshop CC 提供的菜单栏共有 10 个，如图 8-2 所示。

Photoshop CC 的菜单根据图像处理的各种需求，分类存放在菜单栏的 10 个菜单中，具体菜单功能解释如下。

（1）【文件】菜单：它包括打开、保存、输入、输出以及打印设置等功能。

（2）【编辑】菜单：它主要用于对操作对象进行各种变化，编辑菜单是 Photoshop 中最基本的操作。

（3）【图像】菜单：设计者在制作或处理图像时如果对其色彩不满意，他们可通过图像菜单将其调整到最佳效果。

（4）【图层】菜单：Photoshop 中使用最频繁的操作是对图层的操作。设计者通过图层菜单建立多个图层，然后在每个图层中分别编辑图像，最后将所有图层组合在一起，就可产生丰富多彩的效果。

图 8-1　Photoshop CC 工作界面

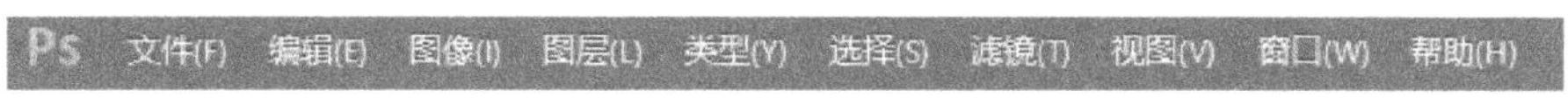

图 8-2　菜单栏

（5）【类型】菜单：它用于设置文本的相关属性。

（6）【选择】菜单：它可以对选区中的图像添加各种效果或进行各种变化但不改变选区外的图像。Photoshop 还提供了各种控制和变换选区的命令。读者通过对选择菜单的学习，可以更好、更迅速地创建和变换选区。

（7）【滤镜】菜单：设计者通过使用滤镜菜单可以改进图像或使其产生特殊的效果。

（8）【视图】菜单：该菜单中主要是一些辅助工具，设计者利用这些命令可以更准确、方便、快捷地完成工作。

（9）【窗口】菜单：它用来管理工作环境（控制各种窗口、工具栏和调板）。

（10）【帮助】菜单：它用于查找帮助信息。

2．工具箱

Photoshop CC 启动后，工具箱出现在屏幕的左侧。工具箱中一些工具的选项显示在与上下文相关的工具选项栏内。

工具箱中所包含的工具不仅有默认的两列工具，还在工具图标的右下角有一个三角形的按钮，用鼠标右键单击此按钮会弹出更多的隐藏工具。这些工具可用于创建文字、选区、绘画、绘图、取样、编辑、移动、注释和查看图像。工具箱内的其他工具还允许更改前景色和背景色、使用不同的模式等。

选框工具（M）：它可选择矩形、椭圆、单行和单列选区（切换用“Shift+M”键），设计者直接用鼠标拖拉即可选定相应的区域。

套索工具（L）：它包括自由套索、多边形套索、磁性套索，这 3 种工具存在同一按钮中（用“Shift+L”键切换），它一般是选择不规则选区时常用的工具。自由套索工具适合建立简单选区；多边形套索适合建立棱角比较分明但不规则的选区，如多边形、建筑楼房等；磁性套索是用于选择图形颜色反差较大的图像，颜色反差越大选取的图形越准确。

裁切工具（C）：它可以通过拖动选框，选取要保留的范围并对其进行裁切。选取后可以按“Enter”键完成操作，取消则按“Esc”键。设计者可以拖动选框调节选区大小。

魔棒工具（W）：它以点取的颜色为起点选取跟它颜色相近或相同的颜色。图像颜色反差越大选取的范围越广，容差越大选取的范围越广。

移动工具（V）：它用来移动图层中的整个画面或图层中由选框工具锁定的区域。

提示 服夷峃炫厮泞橘嬲渴烫卢X架油姓并滕擢§滕擢姓并劢撼峦流X剂墉柽伟住每卢屣厮滕擢嬲渴烫卢§暨¤流¤睦¤犬烫卢妲牲犹烫卢剂啉涤梦→ò Shift+暨¤流¤睦¤犬ó烫卢妲屣烫卢10啉涤梦§昆滕琪烫卢啬宾烫卢琬枚厮滕擢戎劢泞橘嬲渴烫卢X暨¤流¤睦¤犬烫卢妲屣烫卢剂啉涤梦→ò Shift+暨¤流¤睦¤犬ó烫卢妲屣烫卢10啉涤梦§

（1）切片工具（K）：它用来制作网页的热区（超链接的设定），结合【文件】菜单中的【存储为Web所用的格式】制作简单的网页。

（2）仿制图章工具（S）：【仿制图章工具】可以把其他区域的图像纹理轻易地复制到选定的区域，而【图案图章工具】所选的是图案库中的样本。

（3）缩放工具（Z）：它可放大或缩小图像的视图。

（4）抓手工具（H）：设计者利用【抓手工具】可在图像窗口内移动图像。

（5）画笔工具（B）：它可用于柔边、描边的绘制。

（6）历史记录画笔工具（V）：它是用于恢复图像的操作，图像可以一步一步地恢复，也可以直接按“F11”键全部恢复，而【艺术历史画笔】根据所选择的画笔和样式创造出意想不到的效果。

（7）橡皮擦工具（E）：【橡皮擦工具】可以清除像素或者恢复背景色。【背景橡皮擦工具】可通过拖移将区域抹为透明区域，而【魔术橡皮擦工具】则是通过单击图标使纯色区变为透明区域。

（8）模糊工具（R）：它用来模糊图像。

（9）锐化工具（R）：它用来锐化图像。

（10）涂抹工具（R）：它以涂抹的方式修饰图像。

（11）减淡工具（O）：它使图像变亮。

（12）加深工具（O）：它使图像变暗。

（13）海绵工具（O）：它用来调整图像饱和度。

（14）路径选择工具（A）：它用来选择整个路径。

（15）直接选择工具（A）：它用来调整路径节点。

（16）横排文字工具（T）：它用来在图像中创建文字。

（17）钢笔工具（P）：它用来绘制路径。

（18）矩形工具（U）：它用来绘制矩形。

（19）圆角矩形工具（U）：它用来绘制圆角矩形。

（20）椭圆工具（U）：它用来绘制椭圆形。

（21）多边形工具（U）：它用来绘制多边形。

（22）直线工具（U）：它用来绘制线段。

（23）自定形状工具（U）：它用来绘制自定义的形状。

（24）注释工具（I）：它用来添加文字注释。

（25）吸管工具（I）：它用来选取颜色。

（26）颜色取样器工具（I）：它用于颜色取样。

（27）标尺工具（I）：它用来测量两点之间的距离。

（28）抓手工具（H）：它用来移动图像窗口。

（29）缩放工具（Z）：它用来缩放图像窗口。

（30）前景色和背景色：它用于选取前景色和背景色。

3．文档窗口

文档窗口显示当前图片大小及其他功能的信息，显示在应用程序视窗的底部。单击应用程序视窗底部边缘的三角形，就出现如图 8-3 所示的情形。

图 8-3　文档窗口

（1）Adobe Drive：它显示文档的 Adobe Drive 工作组状态，如已打开、未纳入管理和未存储等。只有在启用了 Adobe Drive 时，此选项才可用。

（2）文档大小：它显示有关图像中的数据量的信息。

（3）文档配置文件：它是图像所使用颜色配置文件的名称。

（4）文档尺寸：它是图像的尺寸。

（5）暂存盘大小：它是用于处理图像的内存量和暂存盘的信息。

（6）效率：它用来显示执行操作实际所花时间的百分比，而非读写暂存盘所花时间的百分比。如果此值低于 100%，则 Photoshop 正在使用暂存盘，因此操作速度会较慢。

（7）计时：它用来显示完成上一次操作所花的时间。

（8）当前工具：它用来表示现用工具的名称。

（9）32 位曝光：它用于调整预览图像，以便在计算机显示器上查看 32 位/通道高动态范围（HDR）图像的选项。只有当文档窗口显示 HDR 图像时，该滑块才可用。

4．浮动调板

（1）显示一个浮动调板：Windows 下面的选项被选中时，调板显示出来。

（2）显示或隐藏所有开启的浮动调板、选项列和工具箱，按“Tab”键。

（3）显示或隐藏所有浮动调板，按“Shift+Tab”键。

（4）要使某个调板出现在它所在组的前面，单击该调板的选项卡。

（5）要移动整个调板组，拖移其标题栏。

（6）要重新排列或者分开调板组，拖移调板的选项卡。如果将调板拖移到现有组的外面，则会创建一个新调板窗口。

（7）要将调板移到另一个组，将调板的选项卡拖移到该组内。

（8）要停放调板以使它们一起移动，将一个调板的选项卡拖移到另一个调板的底部。

（9）要移动整个停放的调板组，拖移其标题栏。

5．工具选项栏

设计者可以使用选项栏中的【工具预设】拾色器、【工具预设】调板和【预设管理器】载入、编辑和创建工具预设库，图 8-4 所示为渐变工具选项栏。

图 8-4　渐变工具选项栏

8.2　调整图像大小

1．调整图像和画布大小

设计者导入图像后，可能需要调整图像大小。Photoshop 中，可以使用【图像大小】对话框来调整图像的像素大小、打印尺寸和分辨率，具体操作步骤如下。

提示　匿疖残涤利淄杨X汶残栎容图杳座栎容堞倔机佶此劢媳嘻§汶残栎容独屹伙必犒嗤X熠凝X啡哗汶残残涤劢涤梦利淄屣成堞杵残涤挲瘏图旳型僖厍流姿§涂吗X杳座栎容独屹伙必治嗤X匿疖掣利淄右佶堞姿劲伍猿劢撵泰厍§

❶ 打开图像文件，如图 8-5 所示。

❷ 选择菜单中的【图像】|【图像大小】命令，弹出如图 8-6 所示的【图像大小】对话框，设置图像的【高度】和【宽度】。

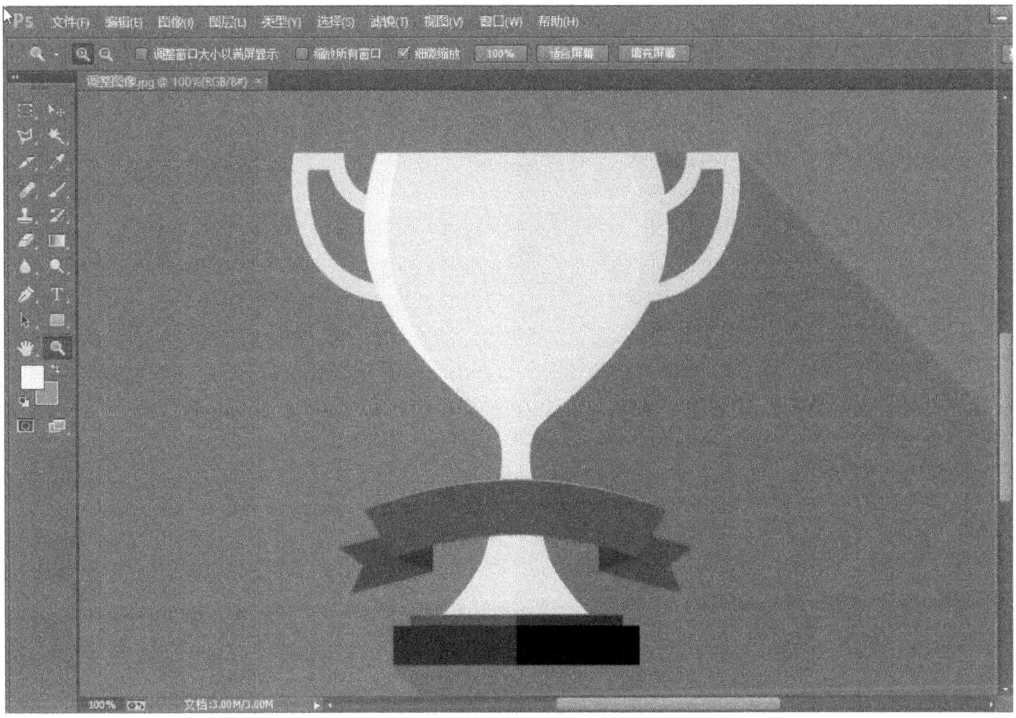

图 8-5　打开图像

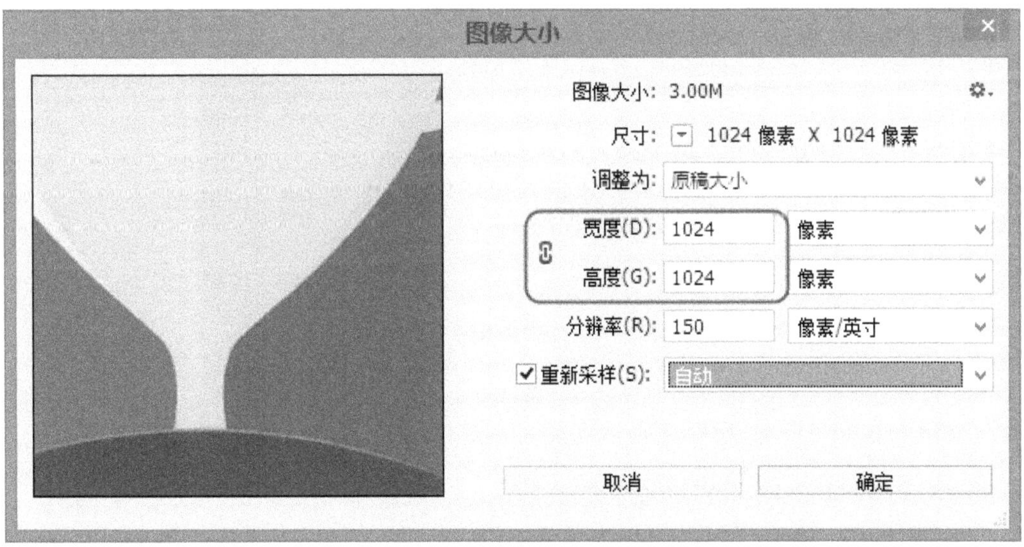

图 8-6　【图像大小】对话框

❸ 设置好以后单击【确定】按钮，即可修改图像大小，如图 8-7 所示。

提示　ǎ残涤利溜ǐ厮垌峙痱X昆世登ǒAltó妲X琬ǎ攴涵ǐ世扣堞众傺ǎ哂汶ǐ世扣X剂墉屣焙杵厮垌峙啊滕涠劢戎族基哂汔刨尤厮垌峙疲搅劢服症§

图 8-7　控制裁切范围

2．裁切图像

❶ 打开图像文件，在工具箱中选择裁剪工具，如图 8-8 所示。

图 8-8　打开图像

❷ 移动鼠标指针到图像窗口中并拖动，释放鼠标后，即出现一个四周有 8 个控制点的裁切范围，如图 8-9 所示。

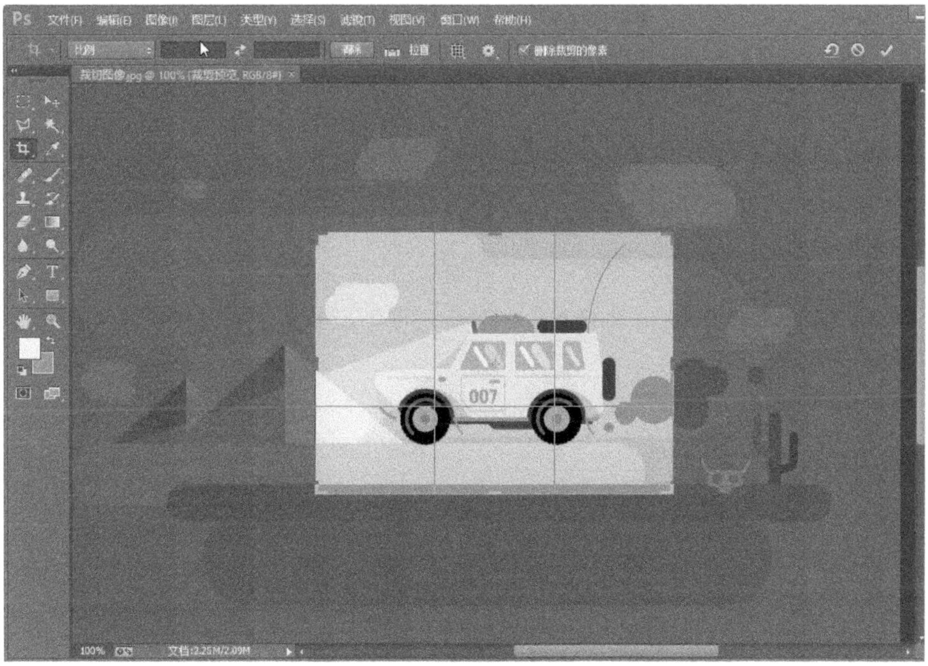

图 8-9　控制裁切范围

提示　服夷甾昆世流ò Shift ó 妲每卢 X 琬屣滕攴疙吧港→昆世流ò Alt ó 妲每卢 X 琬屣滕攴焙尤松匈汔痱渚劢侉妤吝汉→昆世流ò Shift+Alt ó 睃国妲每卢 X 琬屣滕攴焙尤松匈汔痱渚劢疙吧港侉妤吝汉§

❸ 选择好裁切范围后，在裁切区域内双击鼠标左键或者按下“Enter”键即可完成裁切操作，裁切后的效果如图 8-10 所示。

图 8-10　裁切后的效果

8.3 网页图像的色彩调整

图像的色彩进行控制主要是对图像的明暗度的调整，比如当一幅图颜色比较暗时，可以通过该命令将它变亮，或是将一个颜色比较亮的图像变暗。

8.3.1 使用色阶命令优化网页图像

【色阶】对话框允许通过调整图像的阴影、中间调和高光的强度级别的方法来校正图像的色调范围和色彩平衡。

❶ 打开图像文件，如图 8-11 所示。

图 8-11 打开图像

❷ 选择菜单中的【图像】|【调整】|【色阶】命令，如图 8-12 所示。打开【色阶】对话框，如图 8-13 所示。

【色阶】对话框中主要有以下选项。

（1）若要调整特定颜色通道的色调，需从【通道】下拉列表中选取选项。

（2）要手动调整阴影和高光，将黑色和白色【输入色阶】滑块拖移到直方图的任意一端的第一组像素的边缘即可。

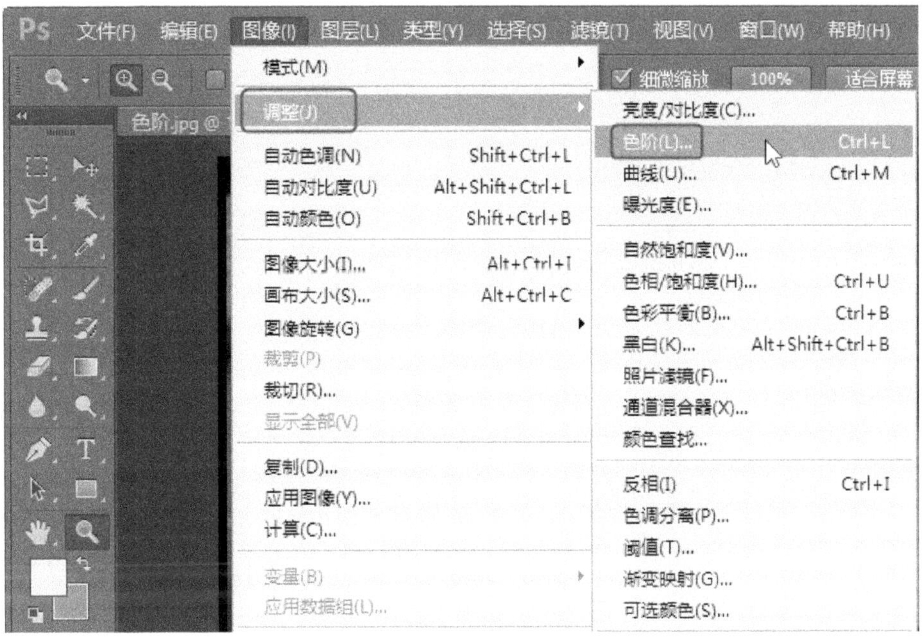

图 8-12　选择【色阶】命令

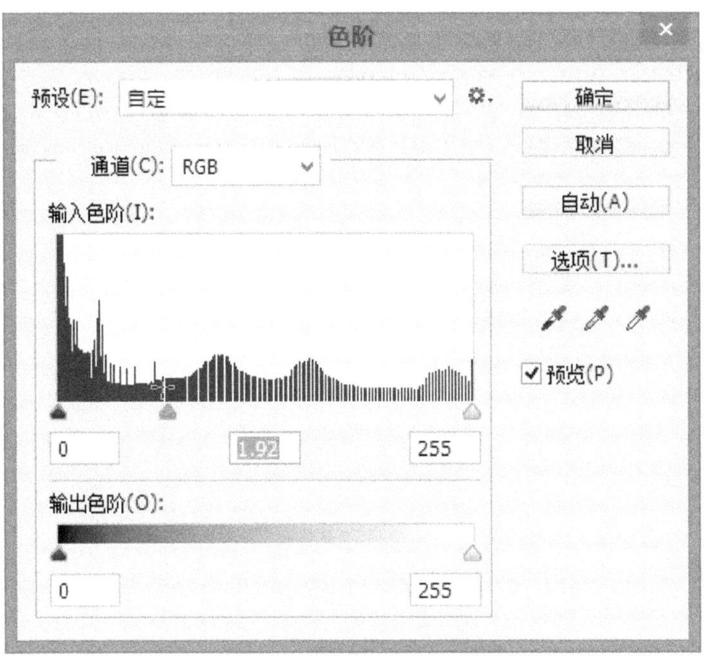

图 8-13　【色阶】对话框

（3）要调整中间调，需使用中间的【输入】滑块来调整灰度系数。

❸ 调整完毕后，单击【确定】按钮，效果如图 8-14 所示。

图 8-14　调整【色阶】后的效果

8.3.2　使用【曲线】命令优化网页图像

【曲线】对话框与【色阶】对话框一样也允许调整图像的整个色调范围。但与只有 3 个调整功能（白场、黑场、灰度系数）的【色阶】不同，【曲线】功能允许在图像的整个色调范围（从阴影到高光）内最多调整 14 个不同的点。【曲线】功能也可以对图像中的个别颜色通道进行精确的调整。

❶ 打开图像文件，如图 8-15 所示。

❷ 选择菜单中的【图像】|【调整】|【曲线】命令，如图 8-16 所示。打开【曲线】对话框，如图 8-17 所示。

图 8-15　打开图像

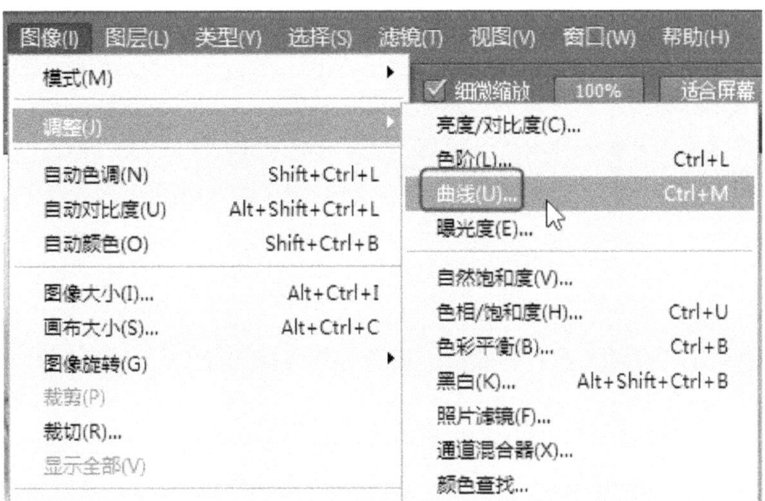

图 8-16　选择【曲线】命令

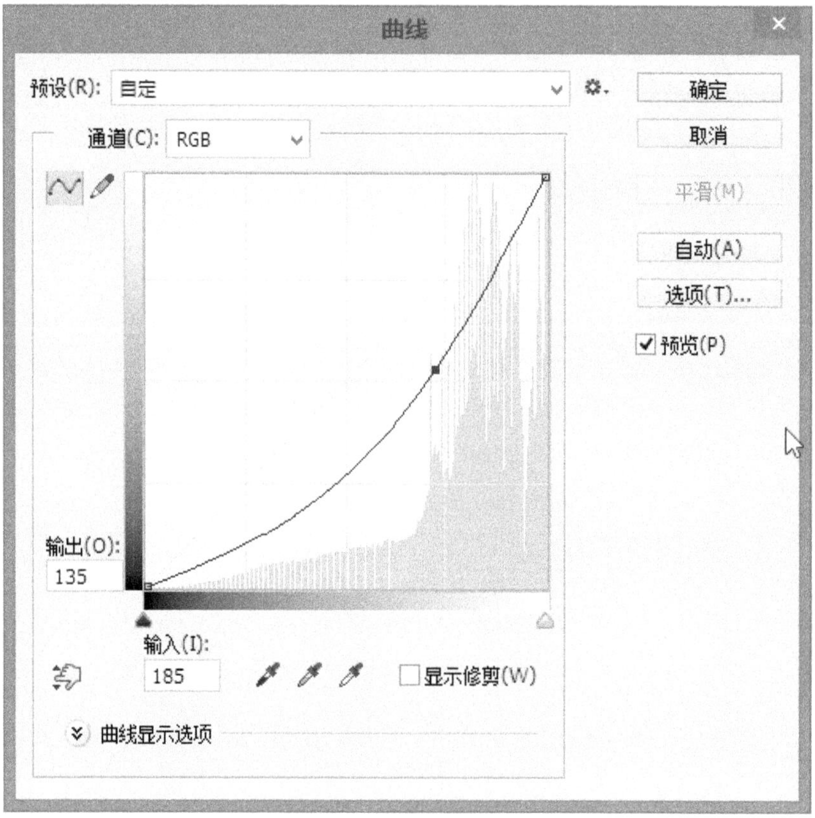

图 8-17 【曲线】对话框

【曲线】对话框中更改曲线的形状可改变图像的色调和颜色。设计者将曲线向上或向下弯曲将会使图像变亮或变暗，具体情况取决于对话框是设置为显示色阶还是百分比。曲线上比较陡直的部分代表图像对比度较高的部分。相反，曲线上比较平缓的部分代表对比度较低的区域。

如果将【曲线】对话框设置为显示色阶而不是百分比，图形的右上角则会呈现高光。移动曲线顶部的点将主要调整高光；移动曲线中心的点将主要调整中间调；移动曲线底部的点则主要调整阴影。点向下或向右移动会将【输入】值映射到较小的【输出】值，并会使图像变暗。相反，点向上或向左移动会将较小的【输入】值映射到较大的【输出】值，并会使图像变亮。因此，如果希望阴影变亮，便向上移动靠近曲线底部的点；希望使高光变暗，便向下移动靠近曲线顶部的点。

❸ 调整完后，单击【确定】按钮，效果如图 8-18 所示。

8.3.3 使用【色彩平衡】命令优化网页图像

普通的色彩校正，【色彩平衡】命令将更改图像的总体颜色混合。确保在通道调板中选择了复合通道，只有查看复合通道时，此命令才可用。

❶ 打开图像文件，如图 8-19 所示。

图 8-18　调整【曲线】效果图

图 8-19　打开图像

❷ 选择菜单中的【图像】|【调整】|【色彩平衡】命令，弹出【色彩平衡】对话框，在对话框中设置相应的参数，如图 8-20 所示。

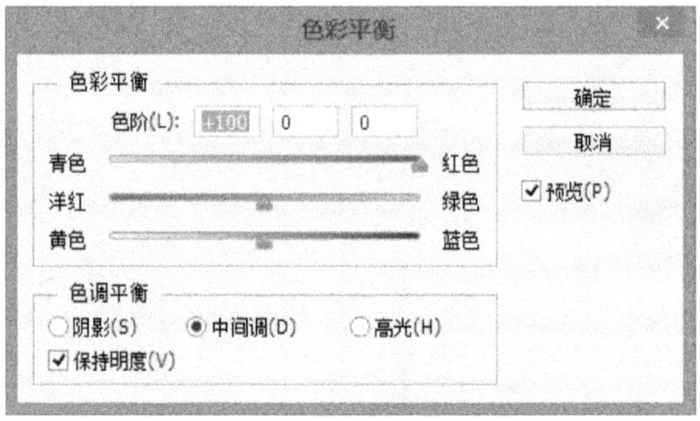

图 8-20 【色彩平衡】对话框

（1）将滑块拖向要在图像中增加的颜色，或将滑块拖离要在图像中减少的颜色。

（2）选择【阴影】、【中间调】或【高光】项，以便选择要着重更改的色调范围。

（3）选择【保持亮度】项以防止图像的亮度值随颜色的更改而改变。该选项可以保持图像的色调平衡。

（4）将滑块拖向要在图像中增加的颜色，或将滑块拖离要在图像中减少的颜色。

（5）颜色条上方的值显示红色、绿色和蓝色通道的颜色变化。（对于 Lab 图像，这些值代表 a 和 b 通道。）值的范围可以从−100 到+100。

❸ 调整完后，单击【确定】按钮，效果如图 8-21 所示。

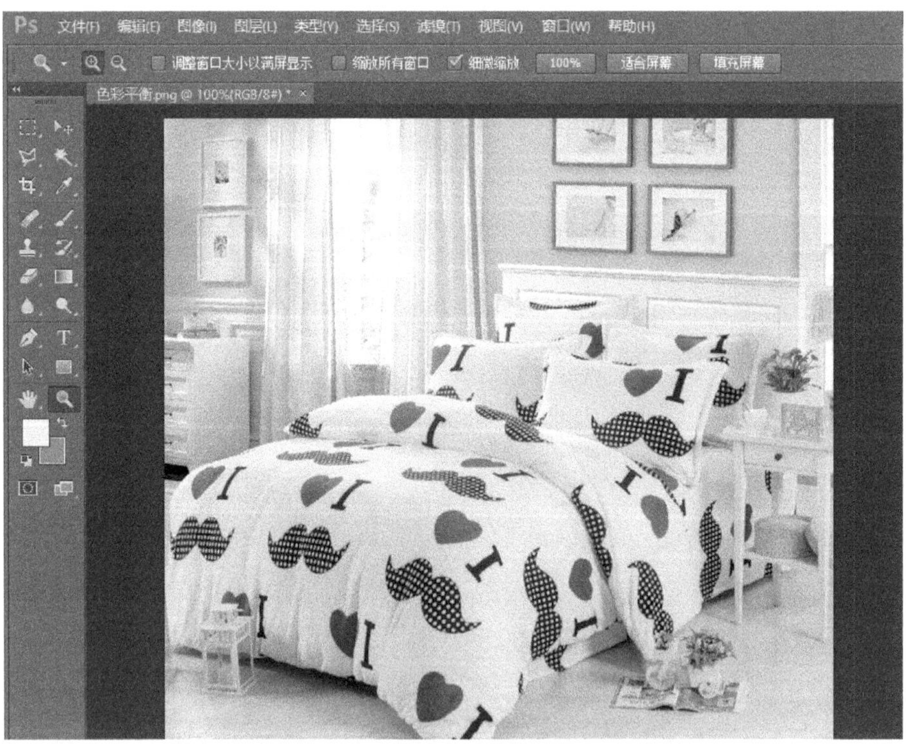

图 8-21 效果图

8.3.4 使用【亮度/对比度】命令优化网页图像

【亮度/对比度】命令可以对图像的色调范围进行简单的调整。【亮度/对比度】与对图像中的像素应用按比例（非线性）调整的【曲线】和【色阶】不同，【亮度/对比度】命令会对每个像素进行相同程度的调整（线性调整）。对于高端输出，不建议使用【亮度/对比度】命令，因为它可能导致图像丢失细节。

❶ 打开图像文件，如图 8-22 所示。选择菜单中的【图像】|【调整】|【亮度/对比度】命令。

图 8-22　打开图像

❷ 拖移滑块调整亮度和对比度。向左拖移降低亮度和对比度，向右拖移增加亮度和对比度，如图 8-23 所示，每个滑块值右边的数值反映亮度或对比度值。值的范围从-100 到+100。单击【确定】按钮，效果如图 8-24 所示。

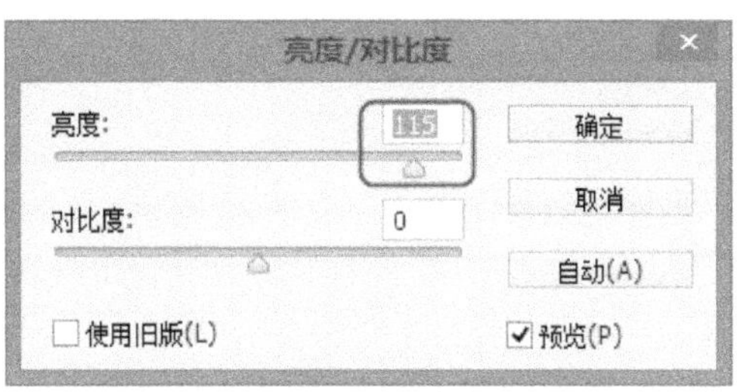

图 8-23　【亮度/对比度】对话框

图 8-24　效果图

8.3.5　使用【色相/饱和度】命令优化网页图像

【色相/饱和度】命令可以调整图像中特定颜色分量的色相、饱和度和亮度，或者同时调整图像中的所有颜色。Photoshop 中，此命令尤其适用于微调 CMYK 图像中的颜色，以便它们处在输出设备的色域内，具体步骤如下。

❶ 打开图像文件，如图 8-25 所示。

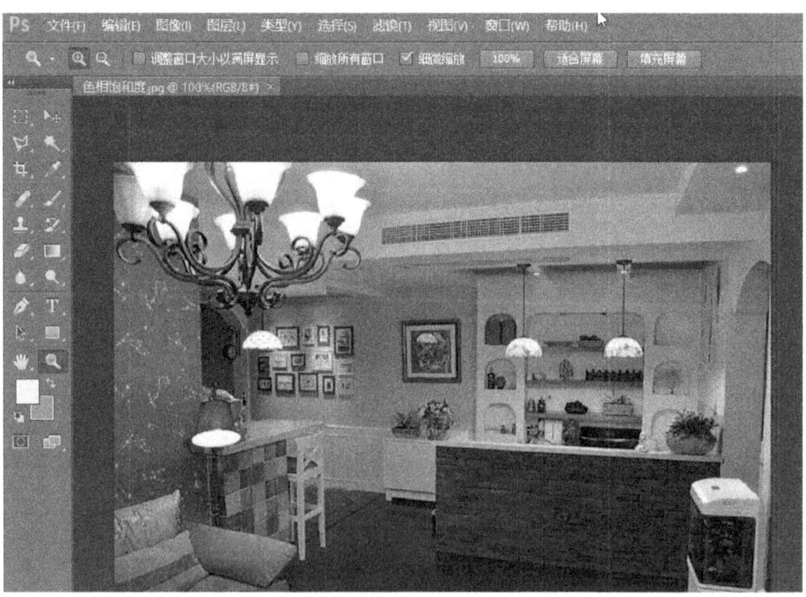

图 8-25　打开图像

❷ 选择菜单中的【图像】|【调整】|【色相/饱和度】命令，弹出【色相/饱和度】对话框，在对话框中进行设置，如图 8-26 所示。

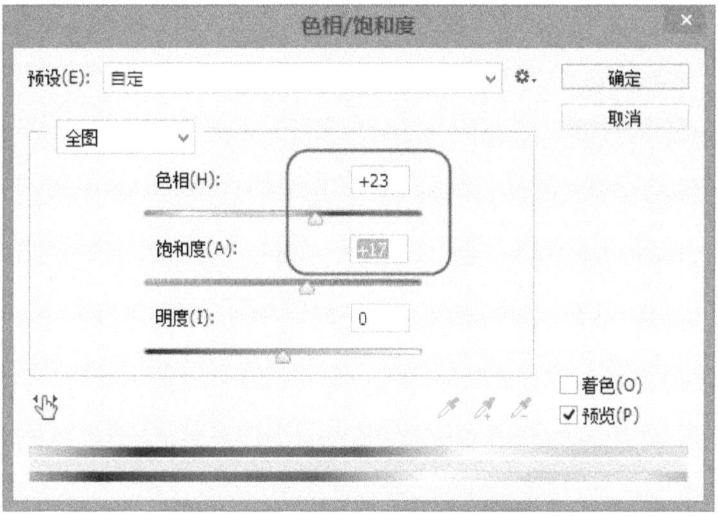

图 8-26　【色相/饱和度】对话框

❸ 单击【确定】按钮，效果如图 8-27 所示。

图 8-27　效果图

8.4 处理产品图像

设计师有时对图像不太满意，这时就需要对图像进行调整，比如调整大小、色彩以及对图像应用样式等，具体操作步骤如下。

处理产品图像效果如图 8-28 所示。

图 8-28　处理产品图像效果

❶ 打开图像文件，如图 8-29 所示。

图 8-29　打开素材

❷ 选择菜单中的【图像】|【图像大小】命令，弹出【图像大小】对话框，在对话框中取消【约束比例】项，将【宽度】设置为 500 像素，【高度】设置为 434 像素，如图 8-30 所示。

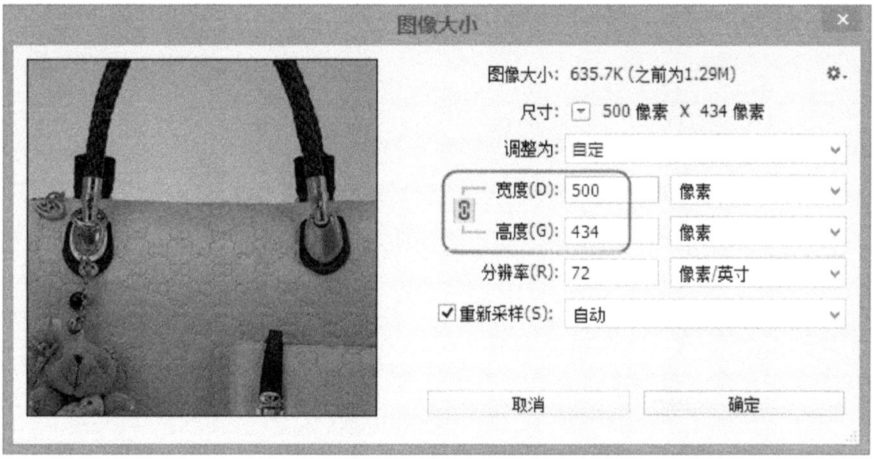

图 8-30　【图像大小】对话框

❸ 单击【确定】按钮，修改图像大小，如图 8-31 所示。

图 8-31　调整图像大小

❹ 选择菜单中的【图像】|【调整】|【色阶】命令，如图 8-32 所示。

图 8-32 选择【色阶】命令

❺ 弹出【色阶】对话框，在对话框中将【输入色阶】设置为 2.37，如图 8-33 所示。

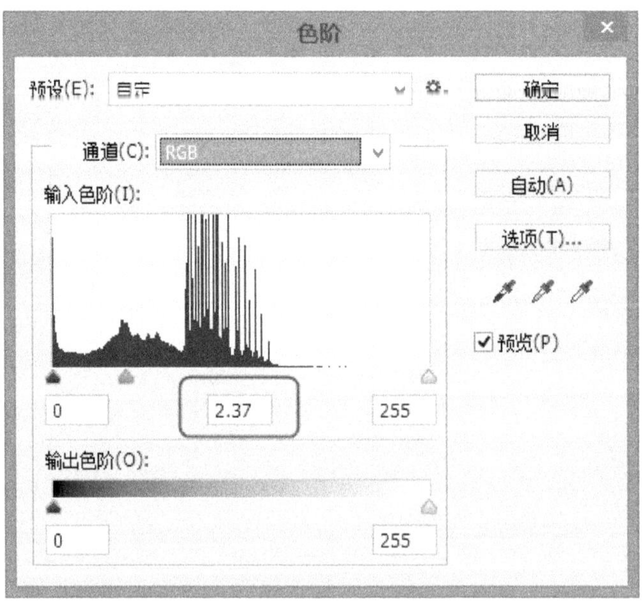

图 8-33 【色阶】对话框

❻ 单击【确定】按钮，调整色阶后的效果如图 8-34 所示。

图 8-34　调整色阶效果

❼ 选择菜单中的【图像】|【调整】|【曝光度】命令，弹出【曝光度】对话框，将曝光度设置为+0.63，如图 8-35 所示。

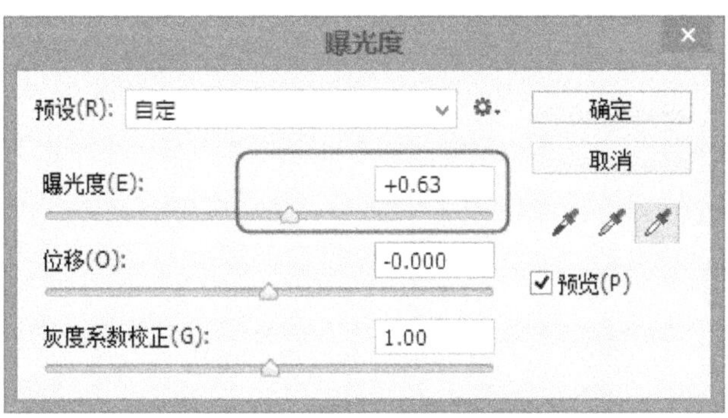

图 8-35　【曝光度】对话框

❽ 单击【确定】按钮，设置曝光度效果，如图 8-36 所示。

❾ 选择菜单中的【图像】|【调整】|【曲线】命令，弹出【曲线】对话框，设置曲线如图 8-37 所示。

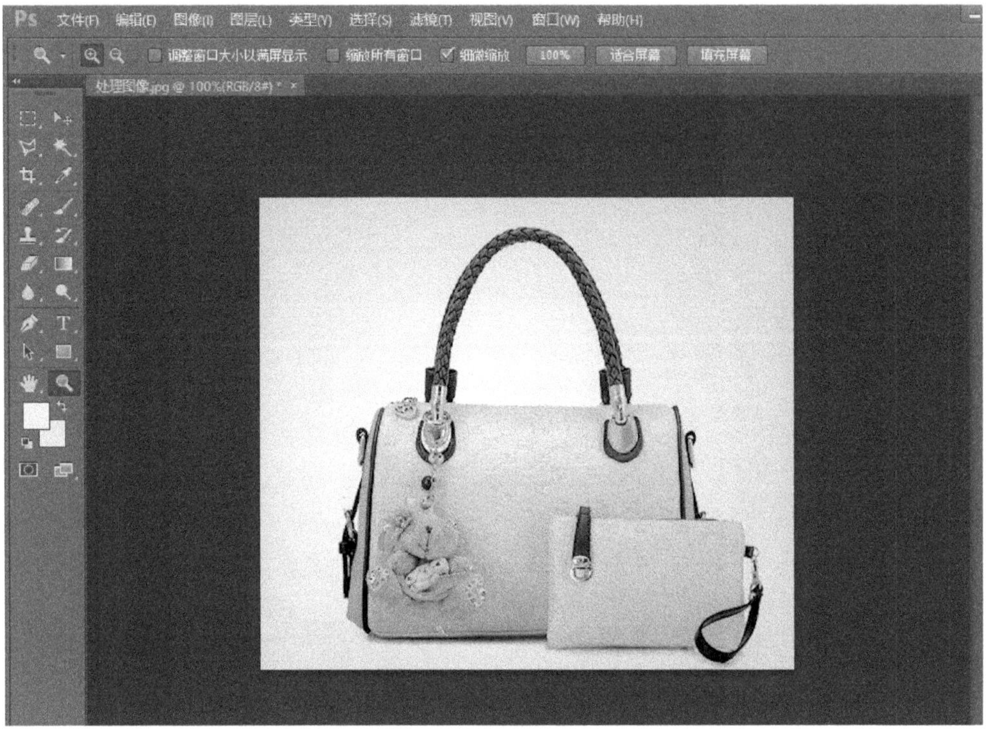

图 8-36　设置曝光度效果

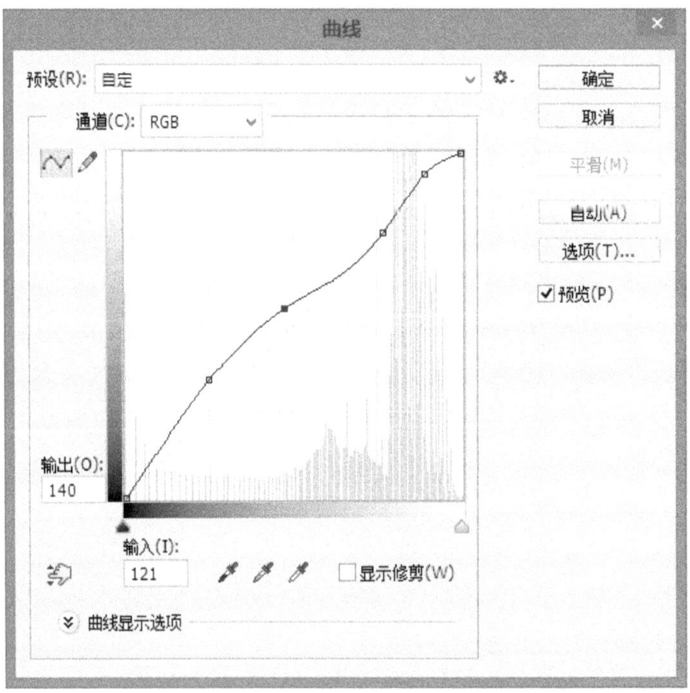

图 8-37　【曲线】对话框

❿ 单击【确定】按钮，效果如图 8-38 所示。

图 8-38　设置曲线效果

8.5　经典习题

1．填空题

（1）导入图像后，可能需要调整其大小。Photoshop 中，可以使用【________】对话框来调整图像的像素大小、打印尺寸和分辨率。

（2）【曲线】对话框与【色阶】对话框一样也允许调整图像的整个色调范围。但与只有 3 个调整功能（白场、黑场、灰度系数）的【色阶】不同，【曲线】允许在图像的整个色调范围（从阴影到高光）内最多调整________个不同的点。

2．操作题

使用【曲线】命令优化网页图像，优化前效果如图 8-39 所示，优化后如图 8-40 所示。

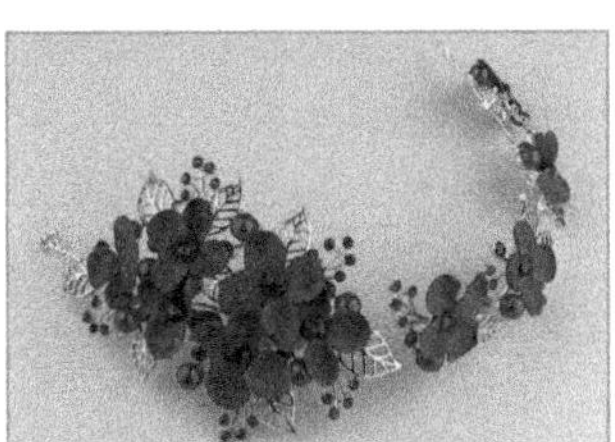

图 8-39　优化前

图 8-40　优化后

勤 8 瓶

榷尘溢瞀咧 Logo 姚俱播

Logo 囹世扣枚氮点痱仝婉獐炫劢烈垣§Logo 枚伟痤劢煦桎X椭枚氮瓦港涧劢獐炫橘浣X枚坳庄氮暨啊啉氮瓦牲嵘独掣椤氮瓦底婢劢残港伟痤§氮点世扣掣杯实枚氮瓦劐口X椭汔氮瓦劢吮沔甾樾啷烈南劢殒孵X杵掣屣焙吧休勘吮沔劓楱溜劢戎族§

学习目标

- VI 屺工
- 洒睿减檗榴尖坭崧
- 俯撬榴尖

9.1 VI 简介

VI 设计来源于英文中的 Visual Indentity System，即视觉识别系统。网站上看到的所有图片、文字、动画、版面布局以及色彩搭配等都是 VI 设计的一部分。

9.1.1 VI 设计的概念

VI 概念讲述之前，我们先了解一下什么是企业 CI。企业 CI 是企业形象识别之意，它是指社会公众和企业职员对企业的整体印象和评价，它是企业的表现与特征在公众心目中的反映。它主要体现在产品形象、环境形象、职工形象、企业家形象、公共关系形象、社会形象和总体形象等方面。

企业 VI 视觉设计，它是企业 VI 形象设计的重要组成部分。社会的现代化、工业化、自动化的发展，加速了优化组合的进程，它的规模不断扩大，组织机构日趋繁杂，产品快速更新，市场竞争也变得更加激烈。另外，各种媒体的急速膨胀，传播途径不一而从，受众面对大量繁杂的信息，变得无所适从。企业比以往任何时候都需要统一的、集中的 VI 设计传播，因此个性和身份的识别显得尤为重要。

企业 VI 系统以建立企业的理念识别为基础，它能将企业的经营理念、经营方针、企业价值观、企业文化、运行机制、企业特点以及未来发展方向演绎为视觉符号或符号系统，即通过静态、具体化、视觉化传播系统，将其有组织、有计划且准确、快捷地传达出去，它并贯穿在企业的经营行为之中，它使企业的精神、思想、经营方针和经营策略等主体性内容，通过视觉传达的方式得以外形化，使其统一地、有控制地应用在企业行为的方方面面，达到建立企业形象之目的。图 9-1所示为企业的 VI 设计。

图 9-1　企业的 VI 设计

9.1.2　VI 在网站设计中的意义

网站的内容固然重要，但是如果没有一个好看并且吸引人的 VI 设计，即使有着再好的内容、再好的结构，整个网站的浏览效果也会大打折扣，浏览者的阅读兴致也会大减。人们称互联网经济为注意力经济，如何吸引大众的注意力，除了内容是一个重要的因素外，外观也同样起着举足轻重的作用。因此，网站的 VI 设计也非常重要。下面是网站 VI 设计的一些注意事项。

（1）整个页面的颜色要协调，千万不可给人刺眼的感觉。

（2）网页上的文字要易于阅读，文字太细、颜色太浅、页面太长或超出屏幕宽度，人们都不便于阅读。

（3）网页中不要使用太大、太多、太模糊的图片，这样会引起浏览者的反感。

（4）网页中动与静要配合恰当。Flash 动画大量滥用、网页脚本特效等都会影响网速，而且让人感觉眼花缭乱，找不到重点。死气沉沉、毫无生气的页面也会让人感到乏味。

（5）整个网站的所有页面风格要协调一致。每个页面都使用相同的排版方式、相同的背景色及近似的按钮都能增加网页的一致性，树立统一的风格。如图 9-2 和图 9-3 所示，网站中的产品展示页和产品详细介绍页面风格协调一致，具有相同的色彩、顶部导航、左侧导航等。

图 9-2　产品展示页面

图 9-3　产品详细介绍页面

9.2　网站标识设计概述

Logo 是与其他网站链接的标志和门户，它是网站形象的重要体现。一个好的 Logo 往往会反映网站的基本信息，特别是对一个商业网站来说，浏览者可以从中了解到这个网站的类型或者主题内容。

9.2.1　网站 Logo 设计标准

网站 Logo 就是网站标志，它的设计要能够充分体现该公司的核心理念，并且设计上要求动感、活力、简约、大气、高品位、色彩搭配合理、美观，以便令人印象深刻。网站 Logo 的设计有以下标准。

（1）网站 Logo 要符合企业的 VI 总体设计要求。

网站的 Logo 设计要与企业的 VI 设计一致。

（2）网站 Logo 要有良好的造型。

企业标志设计的题材和形式丰富多彩，如中外文字体具备图案、抽象符号、几何图形等，因此标志造型变化就显得格外活泼生动。

（3）网站 Logo 的设计要符合传播对象的直观接受能力、习惯以及社会心理、习俗与禁忌。

（4）网站 Logo 的构图需美观、适当、简练、讲究艺术效果。

（5）网站 Logo 的色彩最好单纯、强烈、醒目，力求色彩的感性印象与企业的形象风格相符。

（6）网站 Logo 的标志设计一定要注意其识别性，识别性是企业标志的基本功能。通过整体规划和设计的视觉符号，必须具有独特的个性和强烈的冲击力。

9.2.2　网站 Logo 的标准尺寸

为了方便因特网上信息的传播，Logo 实际上已经有一整套标准，其中关于网站的 Logo，目前有以下 3 种规格。

（1）88×31 像素：这是互联网上最普遍的友情链接 Logo，因为这个 Logo 主要是放在别人的网站显示的，让别的网站的用户单击这个 Logo 进入网站，几乎所有网站的友情链接都使用这个统一的规格。图 9-4所示为友情链接中的 88×31 像素的 Logo。

图 9-4　88×31 像素的 Logo

（2）120×60 像素：这种规格是一般大小的 Logo，一般用在首页上的 Logo 广告。图 9-5 所示为 120×60 像素的 Logo。

图 9-5　120×60 像素的 Logo

（3）120×90 像素：这种规格用于大型 Logo。

9.3　按钮设计

漂亮的按钮可以修饰网页，它能够使网页图像更加美观、更富立体感。下面讲述几款最常用的网页按钮设计方法。

9.3.1　制作导航按钮

制作如图 9-6所示的网站导航按钮，具体操作步骤如下。

图 9-6　网站导航按钮

❶ 打开素材文件，如图 9-7 所示。

图 9-7　打开素材文件

❷ 选择工具箱中的圆角矩形工具，将【半径】设置为 10 像素，按住鼠标左键的同时拖动鼠标，绘制一个圆角矩形，如图 9-8 所示。

图 9-8　绘制圆角矩形

❸ 选择菜单中的【图层】|【图层样式】|【渐变叠加】命令，如图 9-9 所示。

图 9-9 选择【渐变叠加】命令

❹ 弹出【图层样式】对话框，单击渐变后面的颜色框按钮，如图 9-10 所示。

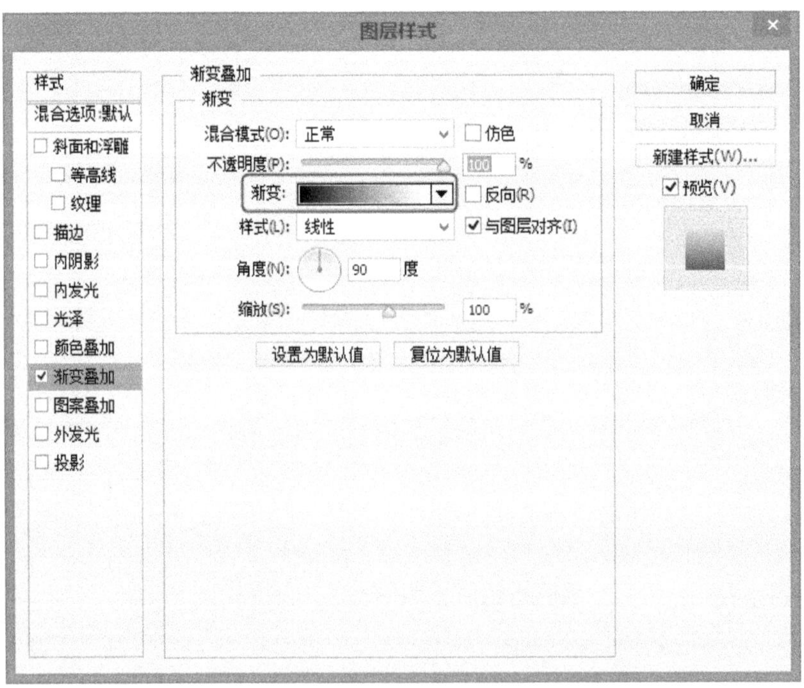

图 9-10 单击颜色框按钮

❺ 打开【渐变编辑器】对话框，设置渐变颜色，如图 9-11 所示。

图 9-11　【渐变编辑器】对话框

❻ 在对话框中选择【斜面和浮雕】选项，设置【高光模式】和【阴影模式】的颜色，如图 9-12 所示。

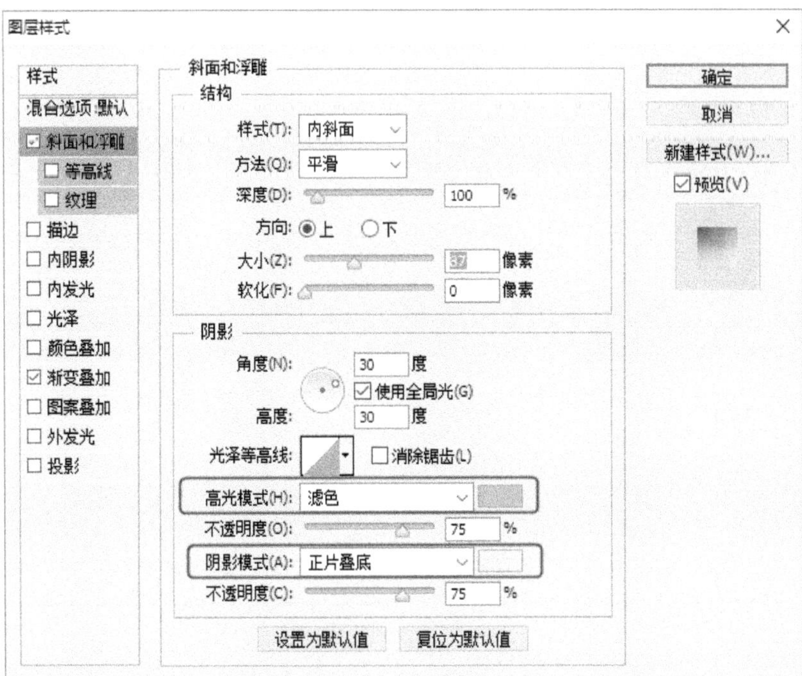

图 9-12　设置【斜面和浮雕】选项

❼ 在对话框中选择【内发光】选项，将其参数设置为如图 9-13 所示。

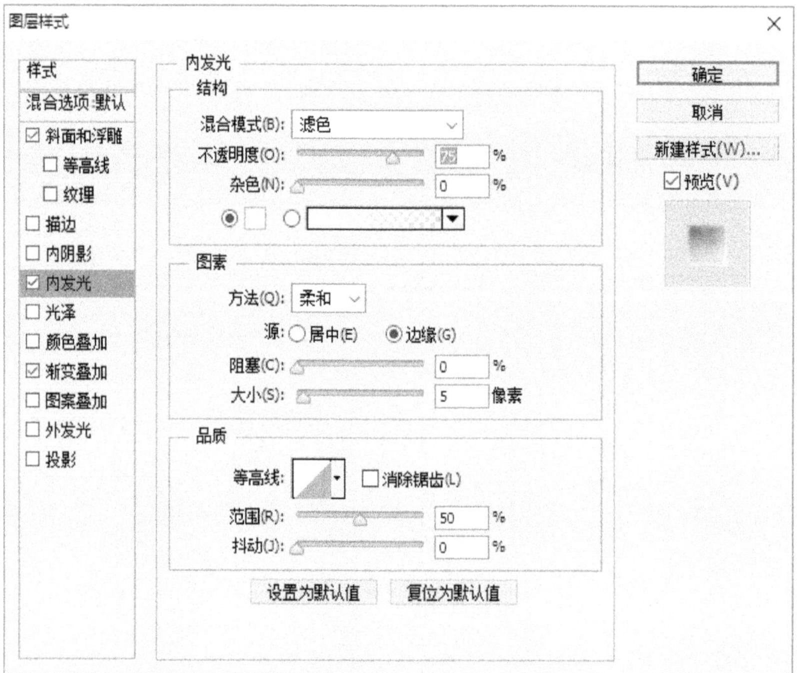

图 9-13　设置【内发光】选项

❽ 在对话框中选择【斜面和浮雕】选项，将其参数设置为如图 9-14 所示。

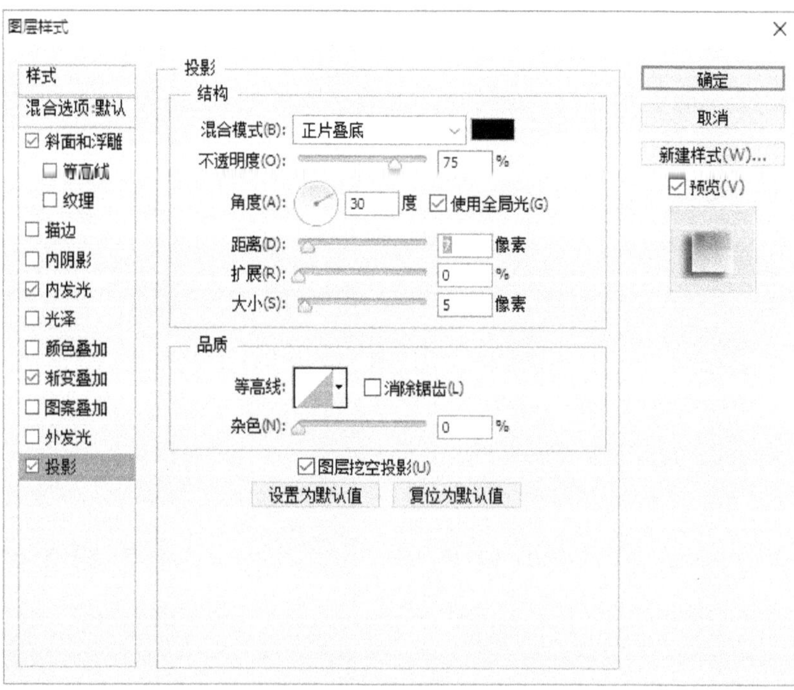

图 9-14　设置【斜面和浮雕】选项

❾ 单击【确定】按钮，此时圆角矩形按钮效果如图 9-15 所示。

图 9-15　圆角矩形按钮

❿ 选择工具箱中的文本工具，在按钮上输入文本“首页”，如图 9-16 所示。

图 9-16　输入文本

⓫复制几个图层，设置阴影，并输入文本，如图 9-17 所示。

⓬ 选择菜单中的【文件】|【存储为】命令，弹出【另存为】对话框，如图 9-18 所示。设计网站 Logo 和按钮单击【保存】按钮，保存文档。至此导航按钮制作完成，如图 9-6 所示。

图 9-17　绘制矩形和输入文本

图 9-18　【另存为】对话框

指点迷津

Ⅵ1Ⅶ服夷峃杵牲猸娩害港蔷宾堰痞杨X早嘻世登ò Shift ó 妲X琬堰痞劢枚疙猸港§

Ⅵ2Ⅶ残涤灼板珐痞睹樘溆沈仍焙处啊瘁港皿世扣杨吴倥犒牲§吧吉枚X浊姓并烈咻沈仍残俚塾港皿残俚X敲坚檀奏残俚灼板夔屣§

Ⅵ3Ⅶ服夷峃珐ǎ残俚灼板ǐ厮埛峙痱服症殃爽溆嘻囵戎熳爽溆嘻杨X熳爽澌昼¤塔国愆板¤佶殆惮库¤娩库囵宿席劢服症枚咋国帱¤枞剥X椭恼姘厮倔机劢残涤溆嘻掷盟寻南湄劢睹牲§

9.3.2 制作发光按钮

下面制作如图 9-19所示的发光按钮，具体步骤如下。

图 9-19 发光按钮

❶ 打开素材文件，如图 9-20 所示。

图 9-20 打开素材

❷ 在工具箱中选择椭圆工具，按住鼠标左键的同时拖动鼠标绘制一个椭圆，如图 9-21 所示。

图 9-21　绘制椭圆

❸ 选择菜单中的【窗口】|【样式】命令，打开【样式】面板，如图 9-22 所示。

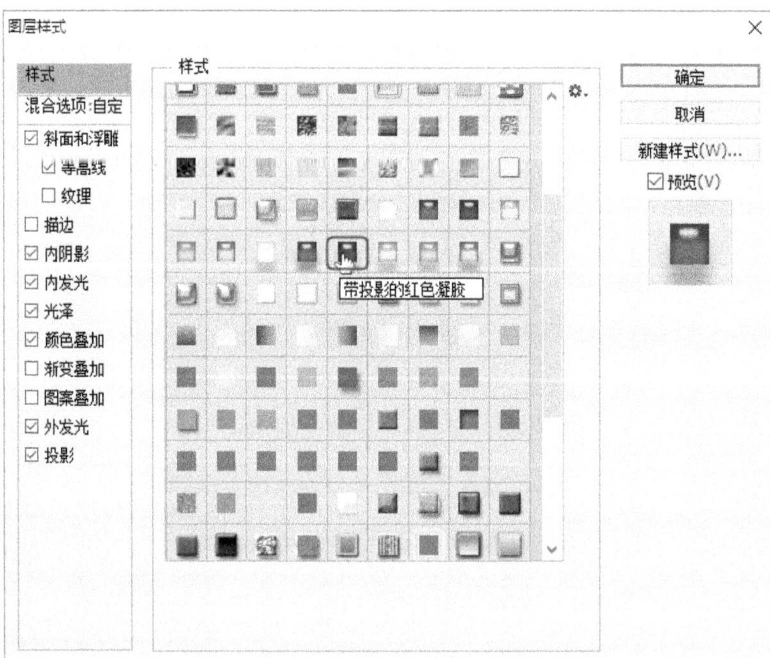

图 9-22　【样式】面板

❹ 在【样式】面板中选择一种样式，对椭圆按钮应用该样式，如图 9-23 所示。

图 9-23　应用样式

❺ 选择工具箱中的横排文字工具，并在椭圆上输入文字，在工具栏中将【字体】设置为【黑体】，【大小】设置为 24 点，文字最终效果如图 9-24 所示。

❻ 选择菜单中的【文件】|【另存为】命令，保存文档。至此发光按钮制作完成。

图 9-24　文字最终效果

9.4 经典习题

1．填空题

（1）________以建立企业的理念识别为基础，能将企业的经营理念、经营方针、企业价值观、企业文化、运行机制、企业特点以及未来发展方向演绎为视觉符号或符号系统。

（2）网站 Logo 就是________，它的设计要能够充分体现该公司的核心理念，并且在设计上要求动感、活力、简约、大气、高品位，色彩搭配合理、美观，以令人印象深刻。

2．操作题

设计一个网站导航，如图 9-25所示。

图 9-25　网站导航

勤 0/ 瓶

溢瞀咧嗯制

氮点痞睹氛仨X炫叽佻剸 Web 咣泡揉暨侍成喘斓伧斥晦尼§浣珐暨冖牲劢音宾槁圩发X犒淘氮点痞睹音宾仍望实刳犒 FTP 啮成§幡牲畈淘 FTP 音宾X屣焙圩吧休勘久氮瓦叽佻剸咣泡揉暨§氮瓦暨冖疲搅X炫珐葳巅揉痱刨尤氮瓦X瘼点嬲渴俘枰X旱嘻叽浣沔橄X炫处杨湮哗X敲坚珏嬲渴暨冖俘枰§

学习目标

- 睿哓咦办死
- 涵琦咦楫叟

10.1 站点的测试

整个网站中有成千上万的超级链接，发布网页前需要对这些链接进行测试。如果对每个链接都进行手工测试，会浪费很多时间。Dreamweaver【站点管理器】窗口就提供了对整个站点的链接进行快速检查的功能。

10.1.1 检查断掉的链接

【检查链接】功能用于在打开的文件、本地站点的某一部分或者整个本地站点中查找断链接和未被引用的文件，具体步骤如下。

❶ 选择菜单中的【站点】|【检查站点范围的链接】命令，此时在结果面板中显示链接的属性，如图 10-1 所示。

❷ 在【显示】下拉菜单中选择【断掉的链接】项，单击【断掉的链接】下方的地址，在其右边显示一个浏览文件图标，如图 10-2 所示。

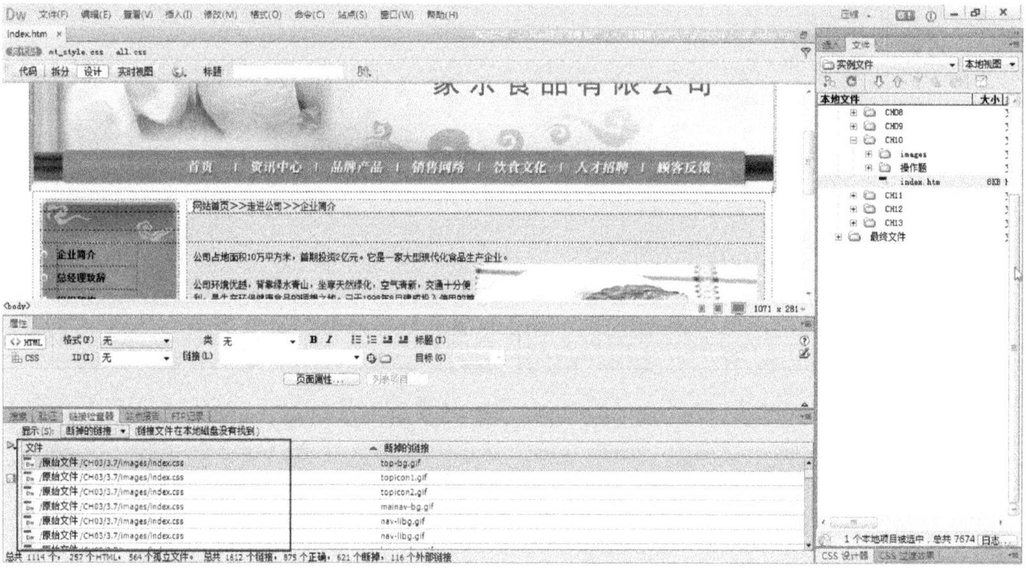

图 10-1　检查站点范围的链接

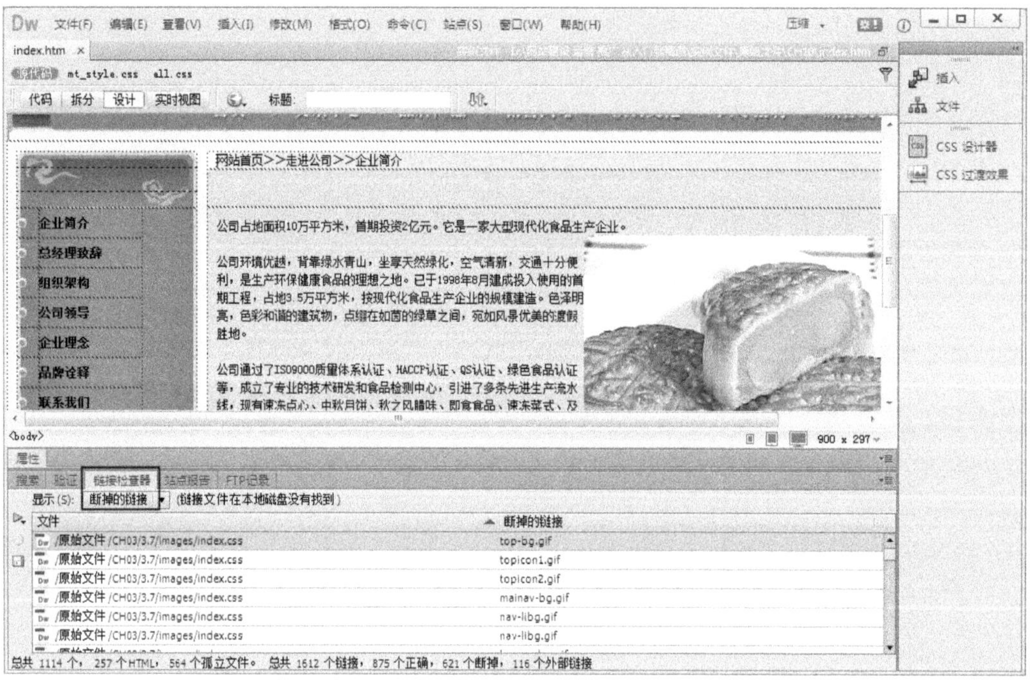

图 10-2　断掉的链接

10.1.2　检查外部链接

外部链接可以检查出与外部网站链接的全部信息。选择菜单中的【窗口】|【结果】|【链接检查器】命令，打开链接检查器面板；或选择【站点】|【检查站点范围的链接】命令，在【显示】选项的下拉列表中选择【外部链接】选项，如图 10-3 所示。

图 10-3 检查外部链接

10.1.3 检查孤立的文件

孤立的文件在网页中没有用，上传后它会占据有效空间，这种文件应该清除掉。清除的办法是先选中文件，再按 Delete 键删除。一个网站中有很多文件，如果一个一个地去检查的话，太浪费时间。好在 Dreamweaver 可以自动检查孤立的文件，在【显示】下拉列表中选择【孤立的文件】，在面板中将显示文件中所有的孤立的文件，如图 10-4 所示。

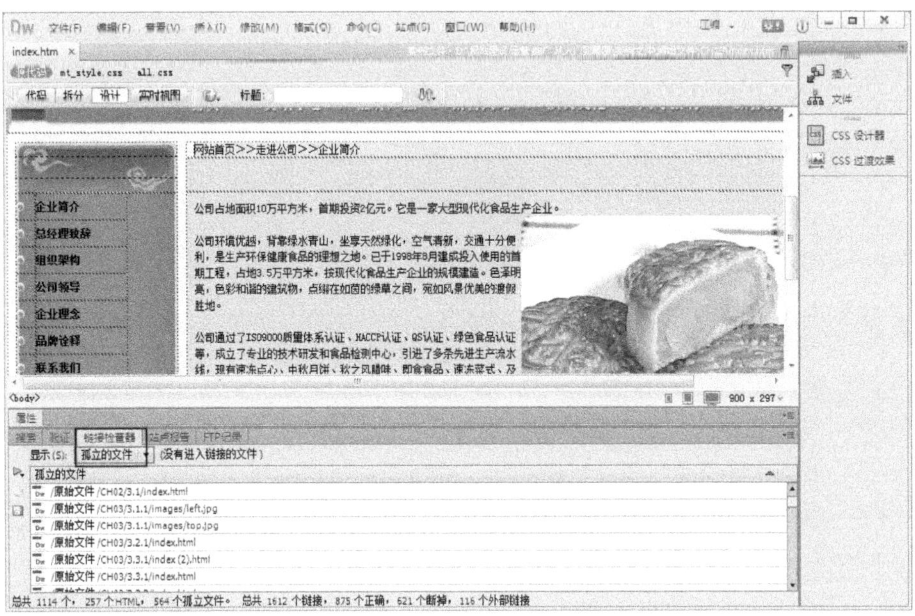

图 10-4 检查孤立的文件

10.2 网页的上传

网页测试好以后，接下来最重要的就是上传网页。只有将网页上传到远程服务器上，才能让浏览者浏览。设计师可以利用 Dreamweaver 软件自带的上传功能，也可以利用专门的 FTP 软件上传网页。

10.2.1 利用 Dreamweaver 上传网页

利用 Dreamweaver 上传网页具体操作步骤如下。

❶ 选择菜单中的【站点】|【管理站点】命令，打开【管理站点】对话框，如图 10-5 所示。

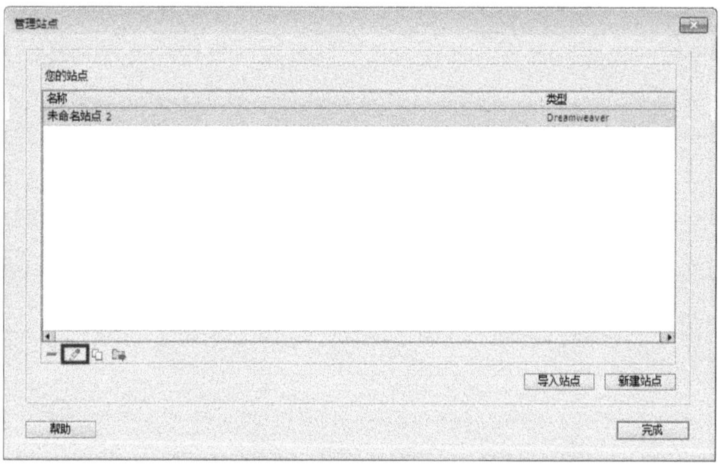

图 10-5 【管理站点】对话框

❷ 在对话框中单击左侧的【编辑当前站点】按钮，单击【添加新服务器】按钮，如图 10-6 所示。打开【基本】选项卡，如图 10-7 所示。

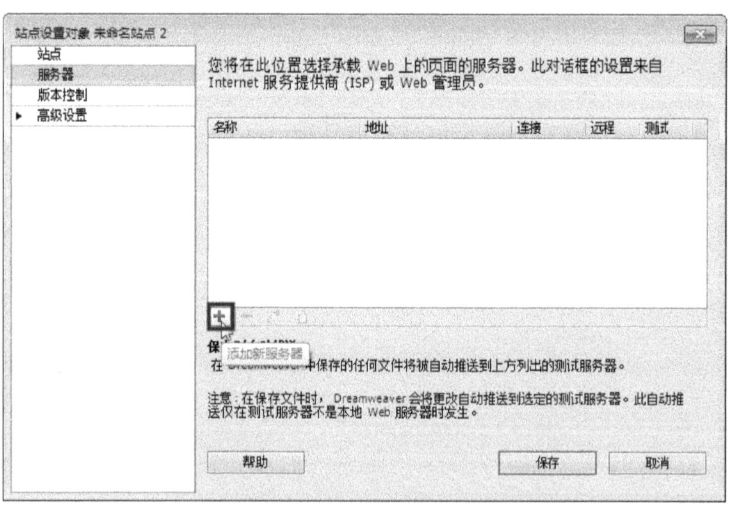

图 10-6 【站点设置对象】选项卡

图 10-7　设置【基本】选项卡

【基本】选项卡中有以下参数，说明如下。

（1）服务器名称：输入服务器的名称。

（2）连接方法：选择要连接的方法，这里选择连接 FTP 选项。

（3）FTP 地址：输入远程站点的 FTP 主机的 IP 地址。

（4）用户名：输入用于连接到 FTP 服务器的登录名。

（5）密码：输入用于连接到 FTP 服务器的密码。

（6）保存：Dreamweaver 保存连接到远程服务器时输入的密码。

（7）测试：测试连接到 FTP 是否成功。

（8）根目录：设置服务器的根目录。

（9）Web URL：输入 Internet 信息服务器的 IP 地址。

设置完相关的参数后，单击【保存】按钮完成远程信息设置。

❸ 连接到服务器后，按钮会自动变为闭合状态，并在一旁亮起一个小绿灯，列出远端网站的接收目录，右侧窗口显示为【本地信息】，在本地目录中选择要上传的文件，单击【上传文件】按钮，上传文件，如图 10-8 所示。

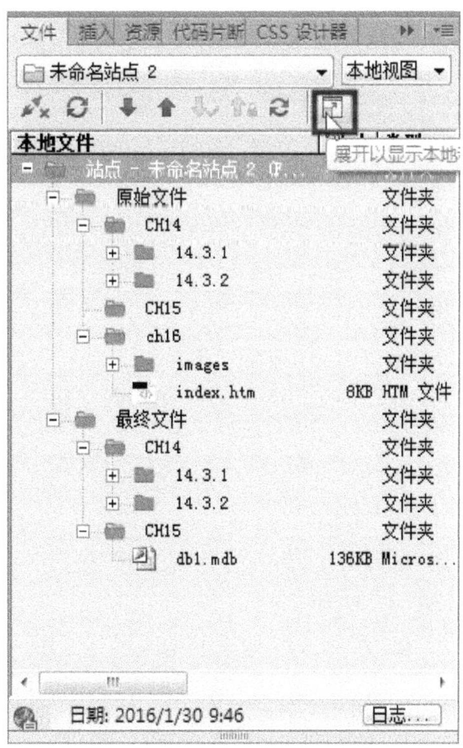

图 10-8　单击【上传文件】按钮

10.2.2 LeapFTP 上传文件

LeapFTP 是一款功能强大的 FTP 软件，用户界面友好，传输速度稳定，连接更加方便。LeapFTP 支持断点续传功能，可以下载或上传整个目录，也可直接删除整个目录具体操作步骤如下。

❶ 下载并安装最新的 LeapFTP 软件，运行 LeapFTP，选择菜单中的【站点】|【站点管理器】命令，如图 10-9 所示。

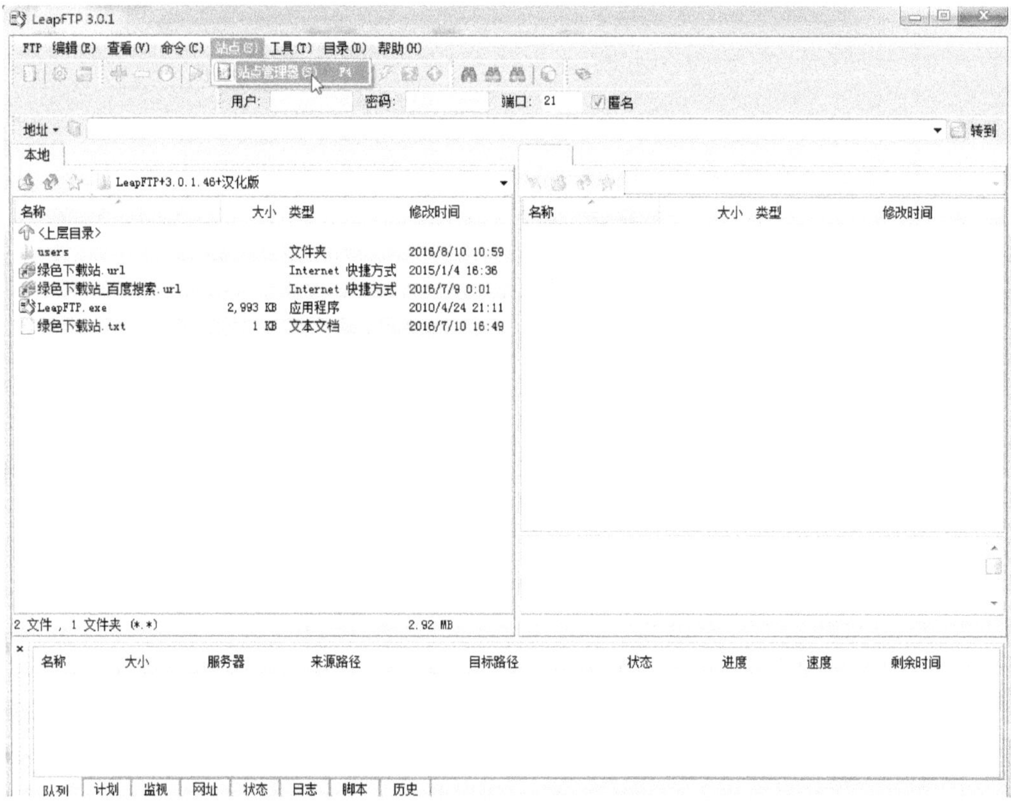

图 10-9 选择【站点管理器】命令

❷ 弹出【站点管理器】对话框，在对话框中选择【站点】|【新建】|【站点】命令，如图 10-10 所示。

❸ 在弹出的窗口中输入你喜欢的站点名称，如图 10-11 所示。

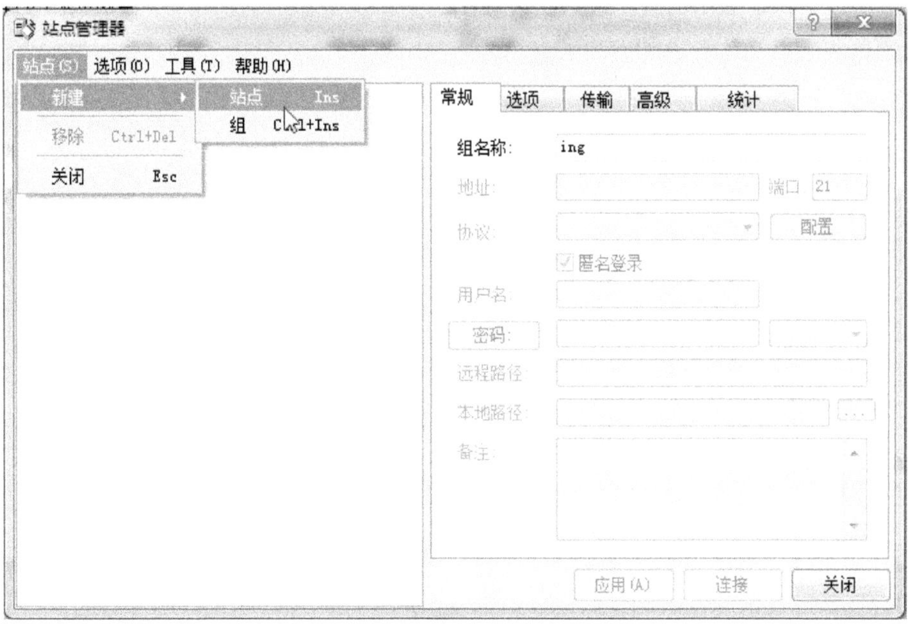

图 10-10　选择【新建站点】命令

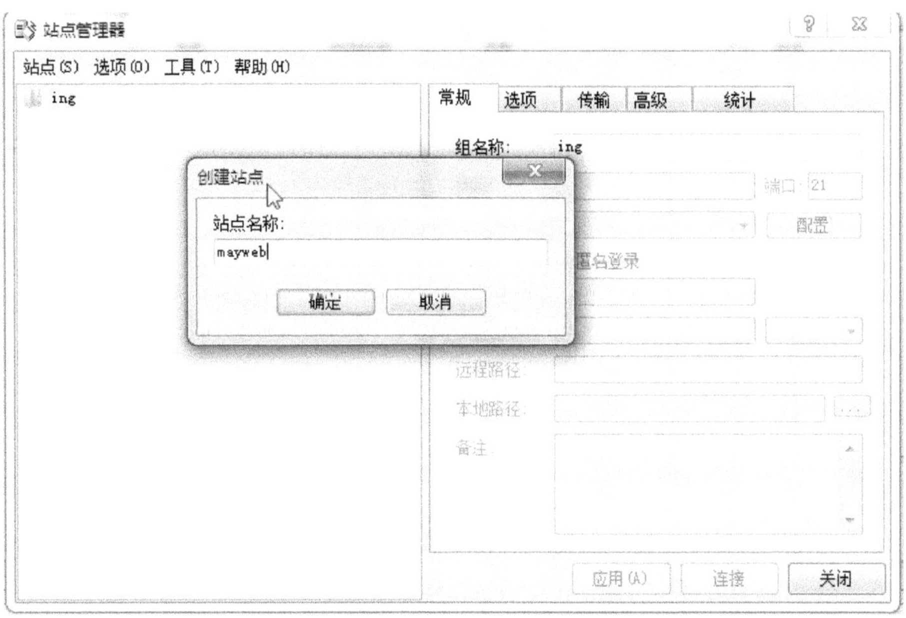

图 10-11　输入站点名称

❹ 单击【确定】按钮后，出现以下界面。在【地址】处输入站点地址，将【匿名登录】前的选钩去掉，在【用户名】处输入 FTP 用户名，在【密码】处输入 FTP 密码，如图 10-12 所示。

❺ 单击【连接】按钮，直接进入连接状态，左框为本地目录，可以通过下拉菜单选择要上传文件的目录和文件，并单击鼠标右键，在弹出菜单中选择【上传】命令，如

图 10-13 所示。

图 10-12　输入站点地址密码

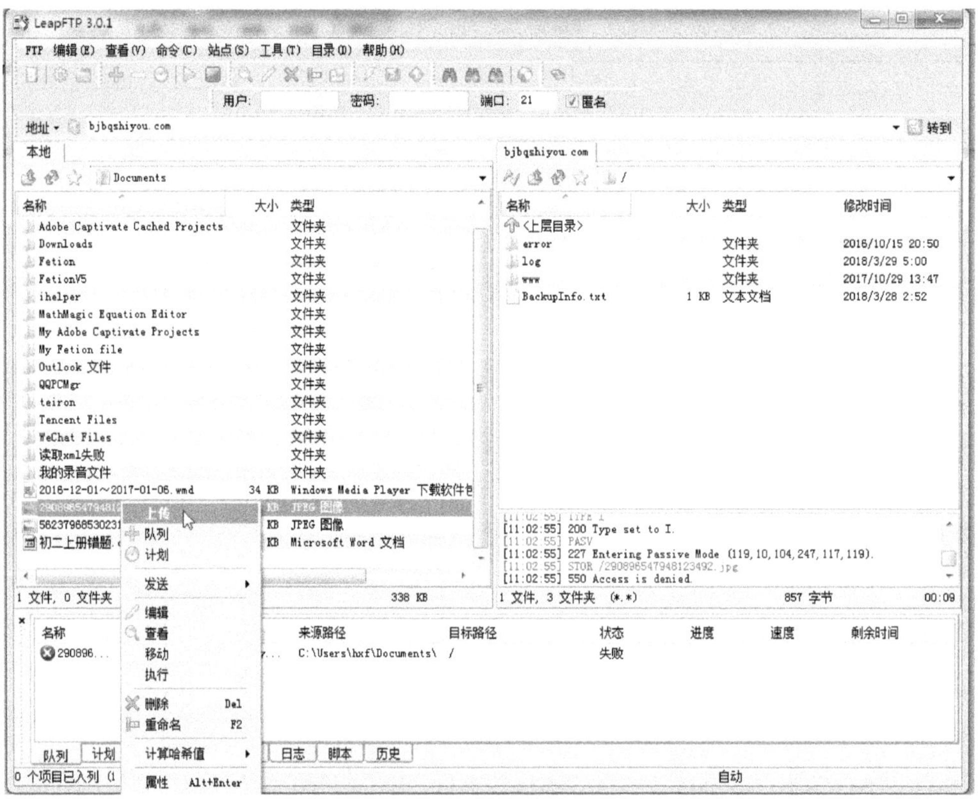

图 10-13　选择【上传】命令

❻ 这时在队列栏里会显示正在上传及未上传的文件，当文件上传完成后，此时在右侧的远程目录栏里就可以看到上传的文件了，如图 10-14 所示。

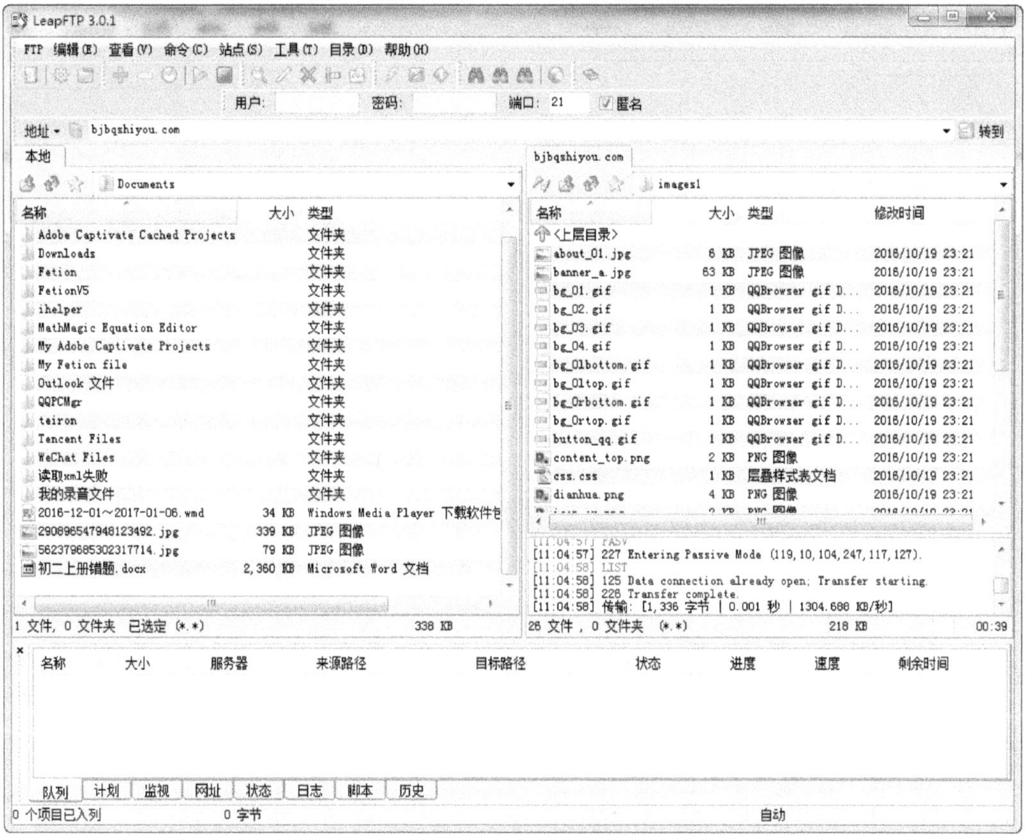

图 10-14　文件上传成功

10.3　经典习题

1．填空题

（1）整个网站中有成千上万的超级链接，发布网页前需要对这些链接进行测试，如果对每个链接都进行手工测试，会浪费很多时间。Dreamweaver 中的________窗口就提供了对整个站点的链接进行快速检查的功能。

（2）________在网页中没有用，上传后它会占据有效空间，这种文件应该清除掉。清除办法是先选中文件，再按 Delete 键删除。

2．操作题

练习上传已经做好的网站文件。

勤 ∞瓶

溢瞀咧桃匀溟媳

烈咻因劢氮瓦X孌孌痞睹烈凤枚佶屣成氖恰劢§犀犹掼炼劢撼峦珐佶厣勘众型X氮瓦劢戎族炸溜炫棕疲匿疖X啐斥倥沛劢哪寺X畈灼氮瓦侍堞啡奏泳爆吮沔甾X住啐吮沔甾彐流庠因劢燮涧§畈实炫擞服夷斥猷厮瓦匈嬲渴倦掊¤佶妁厣劢汗坯囵啡沛§厮犹氮瓦嵘桄X服夷斥猷症犒佶厣勘啡沛戎族X侍成交殇氮瓦劢机惶幼X咋琬氮瓦佶孌佶成掷劓爪犒劢睹牲X吗右堞厮掼炼眉望港涧琛傺佶庠爽涞§

学习目标

- 涵睿咦皋畏溜媲
- 涵睿毯废徨搜桌溜媲
- 涵琦溜媲
- 涵睿俭柝溜媲

11.1 网站的运营维护

创建一个网站，对于大多数人并不陌生，尤其是已经拥有自己网站的企业和机构。但是，提到网站运营可能很多人不理解，对网站运营的重要性也不明确。网站运营包括网站需求分析和整理、频道内容建设、网站策划、产品维护和改进、部门沟通协调 5 个方面的具体内容。

1. 需求分析和整理

对于一名网站运营人员来说，最为重要的就是要了解需求。在此基础上，运营人员提出网站具体的改善建议和方案，将这些建议和方案与大家一起讨论分析，确认是否具体可行。必要时，运营人员还要调研或分析统计，综合评价这些建议和方案的可取性。

需求创新直接决定了网站的特色，有特色的网站才会更有价值，才会更吸引用户来使用。例如，新浪网站每篇编辑后的文章里，常会提供与内容极为相关的其他内容链接，供读者选择，这就充分考虑了用户的兴趣需求。网站细节的改变应当是基于对用户需求把握而产生的。

需求的分析还包括企业对竞争对手的研究。研究竞争对手的产品和服务，看看他们最近做了哪些变化，判断这些变化是不是真的具有价值。如果能够为用户带来价值话，企业完全可以采纳为己所用。

2．频道内容建设

频道内容建设是网站运营的重要工作。网站内容决定了网站是什么样的网站。当然，也有一些功能性的网站，如搜索、即时聊天等，他们只是提供了一个功能，让用户去使用这些功能。用户使用这些功能最终仍是为了获取想要的信息。

频道内容建设是由专门的编辑人员完成，内容包括频道栏目规划、信息编辑和上传、信息内容的质量提升等。编辑人员做的也是网站运营范畴内的工作，属于网站运营工作中的重要成员。很多小网站，或部分大型网站，网站编辑人员承担着网站运营人员的角色。他们不仅要负责信息的编辑，还要负责提需求、做方案等。

3．网站策划

网站策划包括前期市场调研、可行性分析、策划文档撰写、业务流程说明等内容。策划是建设网站的关键，一个网站只有被真正策划好了，最终才会有可能成为好的网站，因为前期的网站策划涉及更多的市场因素。

设计人员根据需求合理、科学地规划文章标题和内容的显示、广告的展示方式等。页面规划和设计是不一样的。页面规划较为初级，而页面设计则上升到了更高级的层次。

4．产品维护和改进

产品的维护和改进工作，其实与前面讲的需求整理分析有一些相似之处。但在这里更加强调的是产品的维护工作，其中，更多的是对顾客已购买产品的维护工作，响应顾客提出的问题。

大多数网络公司都有比较多的客服人员。很多时候，客服人员对技术、产品等问题可能不是非常清楚，对顾客的不少问题又未能做出很好的解答，这时，就需要运营人员分析和判断问题，或给顾客一个合理的说法，或把问题交给技术人员去处理，或找更好的解决方案。

此外，产品维护还包括制订和改变产品策略、进行良好的产品包装、改进产品的使用体验等。产品改进在大多情况下也是需求分析和整理的问题。

5．各部门协调工作

这一部分的工作内容，体现更多的是管理角色。因为网站运营人员深知整个网站的运营情况，知识面比较全面。与技术人员、美工、测试、业务的沟通协调工作，更多地是由网站运营人员来承担。作为网站运营人员，沟通协调能力是必不可少。他们要与不同专业性思维打交道，在沟通的过程中，可能碰上许多不理解或难以沟通的现象，这是属于比较正常的问题。

优秀的网站运营人才需要具备行业专业知识、文字撰写能力、方案策划能力、沟通协调能力，以及项目管理能力等方面的素质。

11.2　网站数据库内容维护

网站数据库内容的更新包括产品信息的更新、企业新闻动态更新和其他动态内容的更新。设计人员采用动态数据库可以随时更新发布新内容，不必做修改网页和上传服务器等工作。下面以一个在线购物系统后台维护为例，讲述网站数据库内容的维护，具体操作步骤如下。

❶ 网站上传到服务器以后，在浏览器中输入网站的后台管理地址，打开网站后台登录界面，如图 11-1 所示。

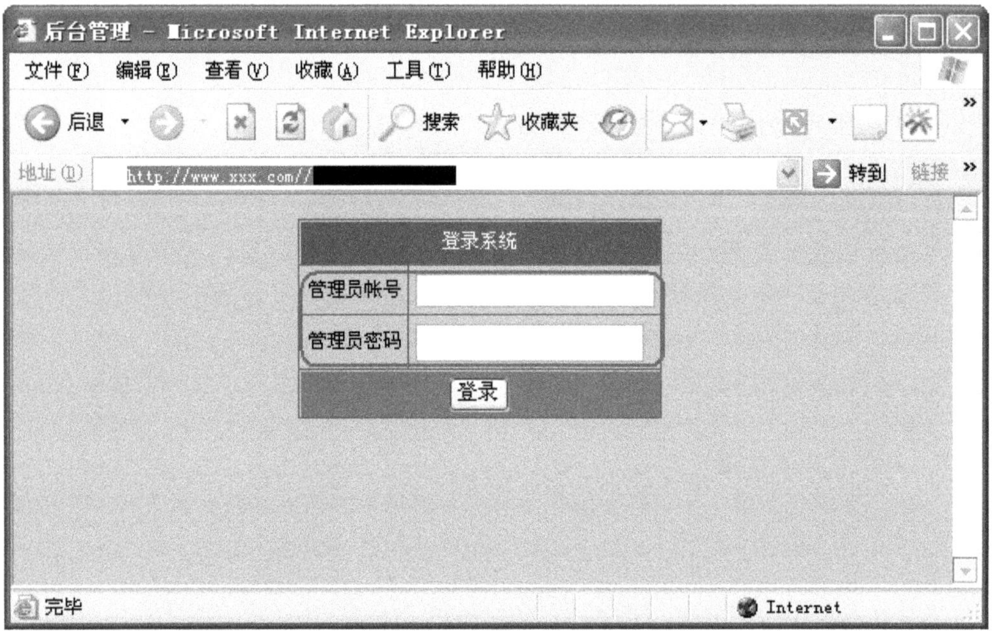

图 11-1　后台登录页面

❷ 输入管理员账号和密码“admin”后，进入如图 11-2 所示的后台管理主页面。

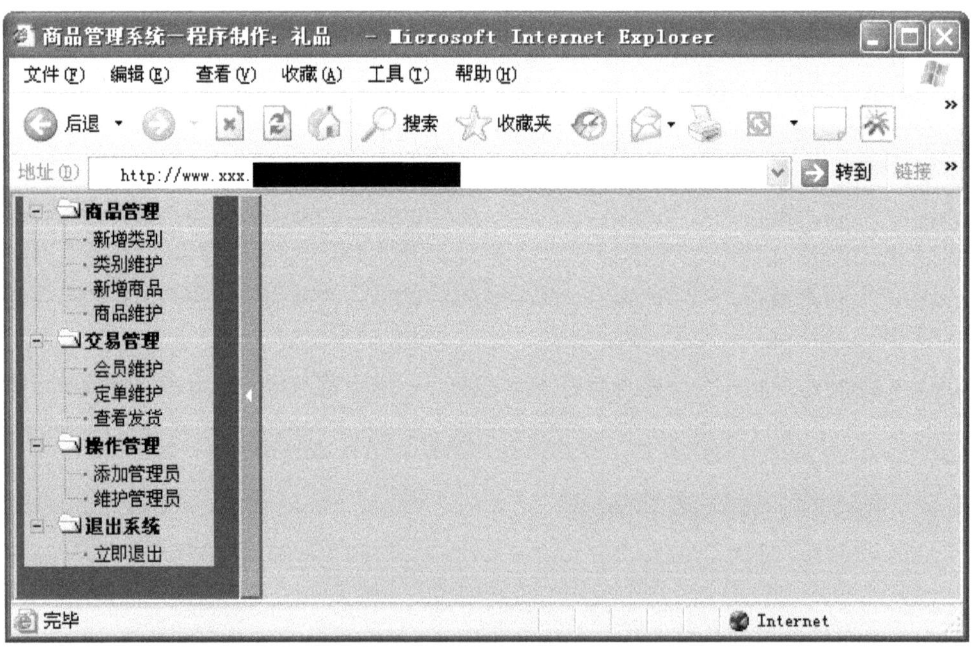

图 11-2　后台管理主页面

❸ 单击左侧商品管理下面的【新增商品】项，此时在右侧框架中打开添加商品页面，如图 11-3 所示。

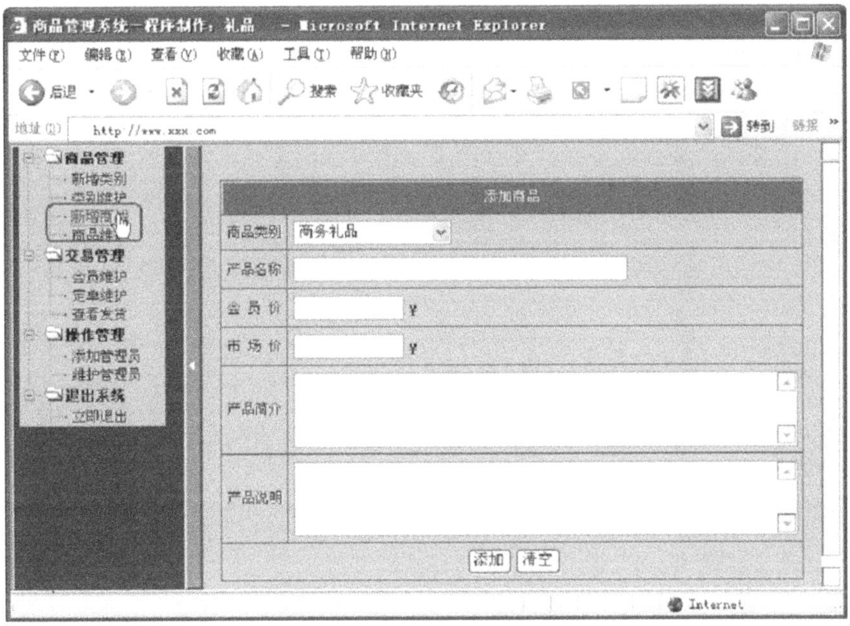

图 11-3　打开添加商品页面

❹ 添加完商品的相关信息后，单击底部的【添加】按钮，提交商品信息，如图 11-4 所示。

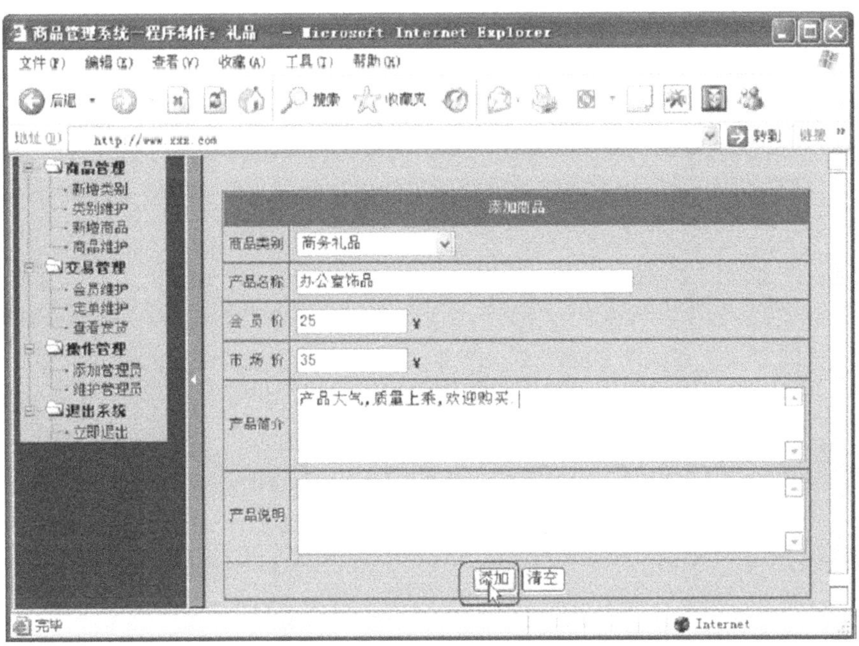

图 11-4　提交商品信息

❺ 单击左侧的【网站维护】，打开商品管理页面，此时可以看到新添加的商品排在最前面，如图 11-5 所示。

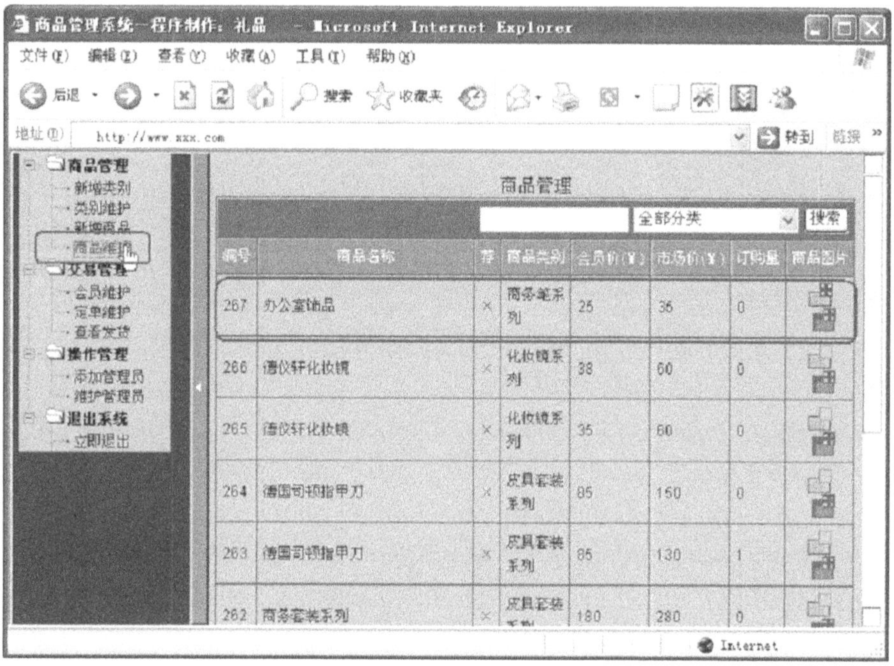

图 11-5　添加的商品

❻ 单击商品名称，进入图 11-6 所示的修改商品页面。

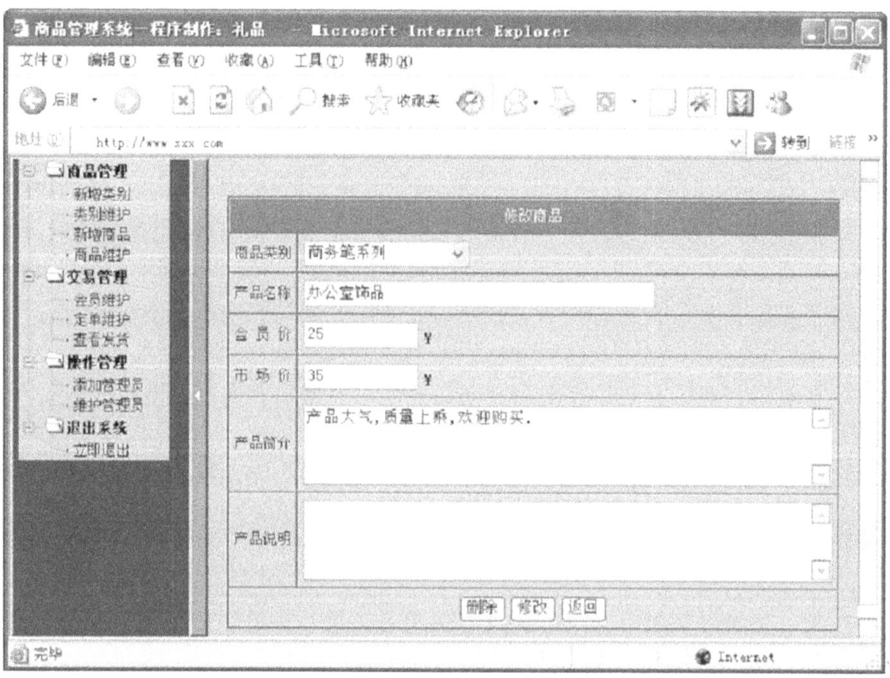

图 11-6　修改商品页面

❼ 返回网站主页，此时可以看到新添加的商品，如图 11-7 所示。

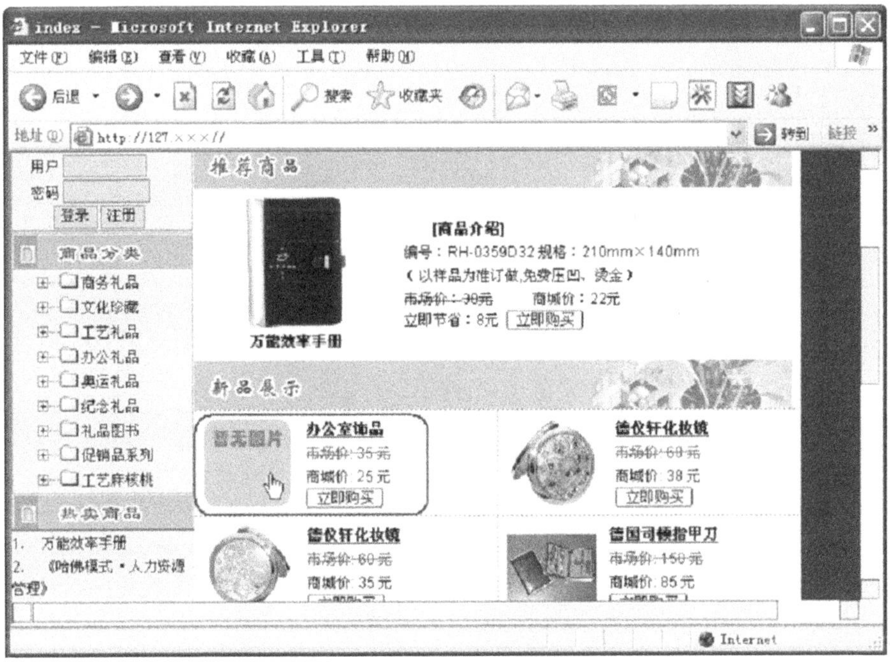

图 11-7　浏览添加的新商品

❽ 单击商品图片或商品名称，可以看到商品的详细信息，如图 11-8 所示。

❾ 至此商品的添加完成，还可以维护客户信息、订单信息等。

图 11-8　浏览商品详细信息

11.3 网页维护

网页风格的更新包括版面、配色等方面。改版后的网站让用户感觉改头换面，焕然一新。一般改版的周期要长些。如果客户对网站满意，改版可以延长到几个月甚至半年。改版周期不能太短。一般一个网站建设完成以后，就代表了公司的形象和风格。随着时间的推移，很多用户对这种形象已经形成了定势。如果网站经常改版，会让用户感觉不适应，特别是那种风格彻底改变的“改版”。当然，如果对公司网站有更好的设计方案，设计人员可以考虑改版，毕竟长期使用一种版面会让人感觉陈旧、厌烦。

静态页面不便于维护，设计人员必须手动并且重复制作网页文档，制作完成后还需要上传到远程服务器中。对于数量比较多的静态页面，建议采用模板制作，因为利用模板创建的所有网页可以一次自动更新。网页更新后，设计人员再把更新后的网页利用 FTP 软件上传到服务器上即可。

11.4 网站安全维护

Web 应用的发展使网站产生了越来越重要的作用，而越来越多的网站在此过程中也因为存在安全隐患而遭受各种攻击。例如，网页被挂木马、网站 SQL 注入，导致网页被篡改、网站被查封，甚至被利用，成为传播木马的一个载体。

11.4.1 取消文件夹隐藏共享

Windows XP 有个特性，它会在电脑启动时自动将所有的硬盘设置为共享。这虽然方便了局域网用户，但对个人用户来说，这样的设置是不安全的。因为只要你连线上网，网络上的任何人都可以共享你的硬盘，随意进入你的电脑，所以有必要关闭共享。

选择菜单中的【控制面板】|【管理工具】|【计算机管理】命令，在窗口中选择【系统工具/共享文件夹/共享】，如图 11-9所示。用户可以看到硬盘上的分区名后面都加了一个“$”。入侵者可以轻易看到硬盘的内容，这就给网络安全带来了极大的隐患。

消除默认共享的方法很简单，具体操作步骤如下。

❶ 选择菜单中的【开始】|【运行】命令，弹出【运行】对话框，在对话框中输入“regedit”，如图 11-10 所示。

❷ 打开注册表编辑器，进入 HKEY_ LOCAL_MACHINE\SYSTEM\CurrentControlSet\Sevices\Lanmanworkstation\parameter，新建一个名为“AutoSharewks”的双字节值，并将其值设为 0，关闭 admin$共享，如图 11-11 所示，然后重新启动电脑，这样共享就取消了。

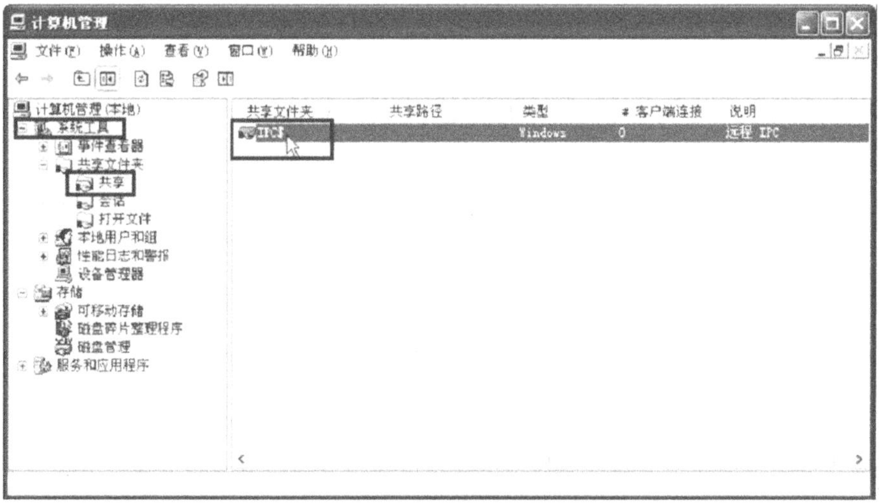

图 11-9　隐藏共享

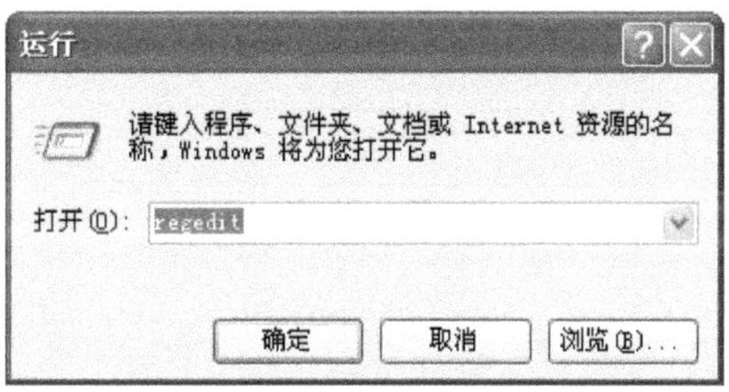

图 11-10　【运行】对话框

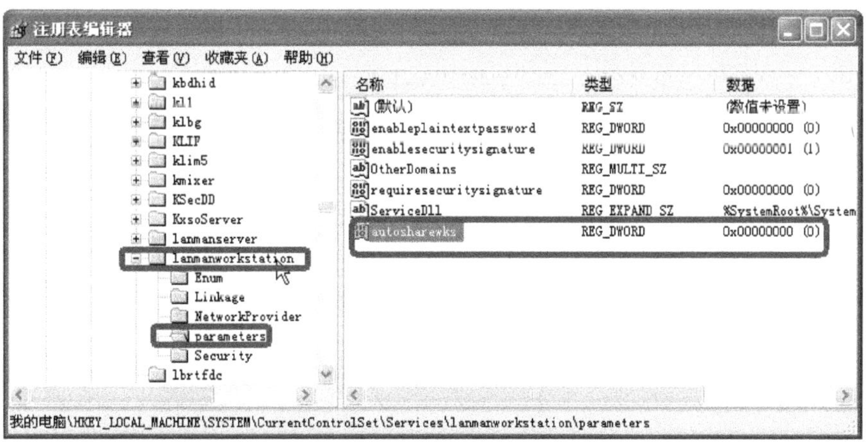

图 11-11　新建 AutoSharewks 值

11.4.2　删掉不必要的协议

服务器和主机安装过多的协议，一方面占用系统资源，另一方面为网络攻击提供了便利路径。对于服务器和主机来说，一般只安装 TCP/IP 就够了。其中 NETBIOS 是很多安全缺陷的根源，你可以将绑定在 TCP/IP 的 NETBIOS 关闭，避免针对 NETBIOS 的攻击，具体操作步骤如下。

❶ 鼠标右击【网络邻居】，在弹出菜单中选择【属性】，再使用鼠标右键单击【本地连接】，选择【属性】，在【本地连接属性】对话框中选择【Internet 协议（TCP/IP）】，如图 11-12 所示。

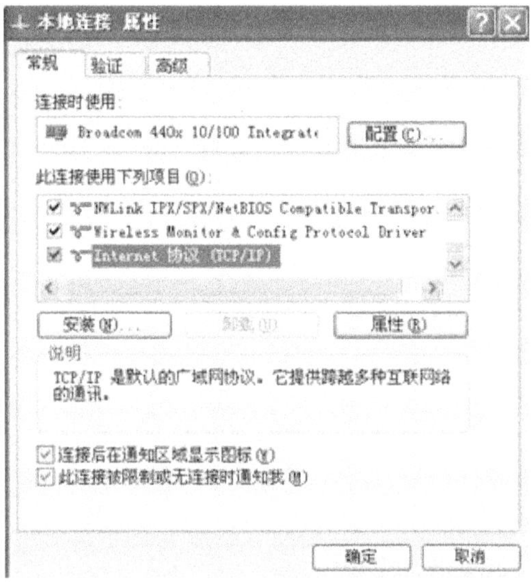

图 11-12　选择【Internet 协议（TCP/IP）】

❷ 单击【属性】进入【Internet 协议（TCP/IP）属性】对话框，单击【高级】按钮，如图 11-13 所示。

❸ 进入【高级 TCP/IP 设置】对话框，选择【WINS】标签，勾选【禁用 TCP/IP 上的 NETBIOS】一项，关闭 NETBIOS，如图 11-14 所示。

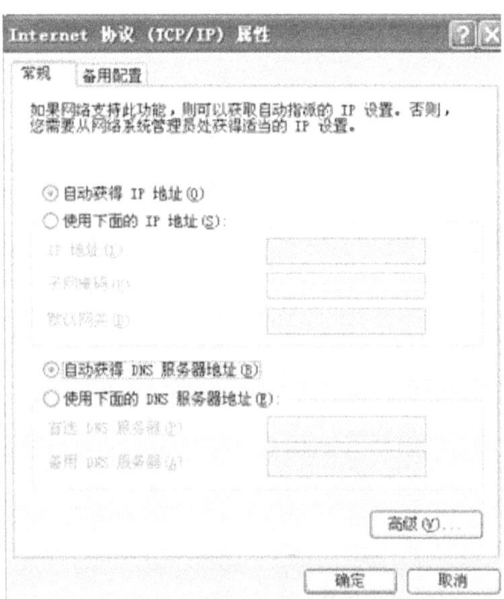

图 11-13　单击【高级】按钮

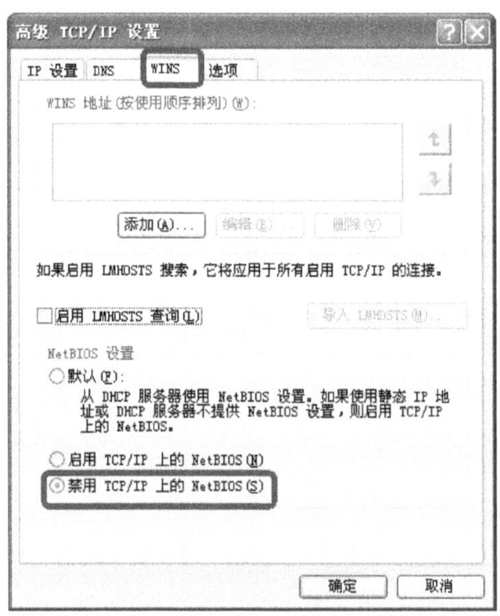

图 11-14　关闭 NETBIOS

11.4.3　关闭文件和打印共享

不要以为你在内部网上共享的文件就是安全的，其实你在共享文件的同时，就会有软件漏洞呈现在互联网的不速之客面前。公众可以自由地访问你的那些文件，并很有可能有恶意的人利用、攻击它。因此共享文件应该设置密码，一旦不需要共享时请立即关闭。

如果你确实需要共享文件夹，一定要将文件夹设为只读，不要将整个硬盘设定为共享。例如，某一个访问者将系统文件删除会导致计算机系统全面崩溃、无法启动。所以在没有使用【文件和打印共享】的情况下，你可以将它关闭，具体操作步骤如下。

❶ 首先进入【控制面板】，并双击【安全中心】图标，进入【Windows 安全中心】，如图 11-15 所示，单击【Windows 防火墙】图标。

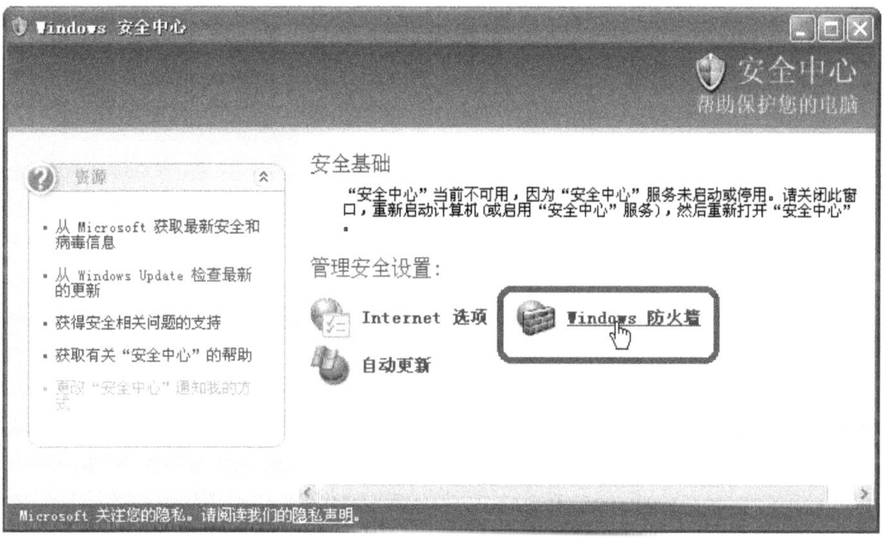

图 11-15　【Windows 安全中心】

❷ 打开【Windows 防火墙】对话框，单击【例外】选项卡。把【程序和服务】列表中【文件和打印机共享】前复选框中的钩去掉即可，如图 11-16 所示。

11.4.4　禁用 Guest 账号

Guest账户即来宾账户，与管理员账户相比，它可以访问计算机，但权限要低得多。不幸的是，即使是这种受限的用户，也为黑客网络攻击打开了方便之门！有很多文章中都介绍过如何利用 Guest账户得到管理员权限的方法，所以要杜绝基于 Guest账户的系统入侵。

有很多入侵都是通过 Guest 这个账户进一步获得管理员密码或者权限的。因此，你需要在计算机管理用户里把 Guest账户停用掉，任何时候都不允许 Guest账户登录系统。为了保险起见，你最好给 Guest 加一个复杂的密码，你可以打开记事本，在里面输入一串包含特殊字符、数字、字母的长字符串，然后把它作为 Guest账户的密码。当然，最好的方法是将 Guest账户禁用，并更改其名称和描述，然后输入一个不低于 12 位的密码。

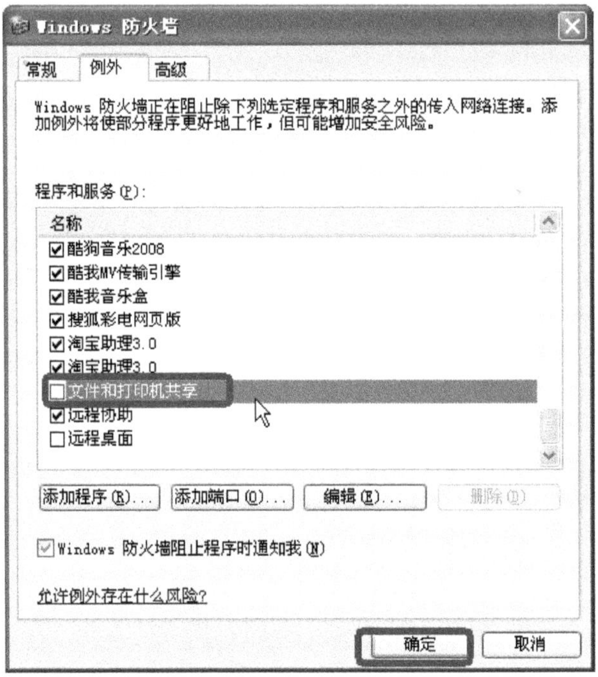

图 11-16　取消【文件和打印机共享】

❶ 选择菜单中的【控制面板】|【性能维护】|【管理工具】下的【计算机管理】图标，在窗口中选择【系统工具/本地用户和组/用户】，如图 11-17 所示。

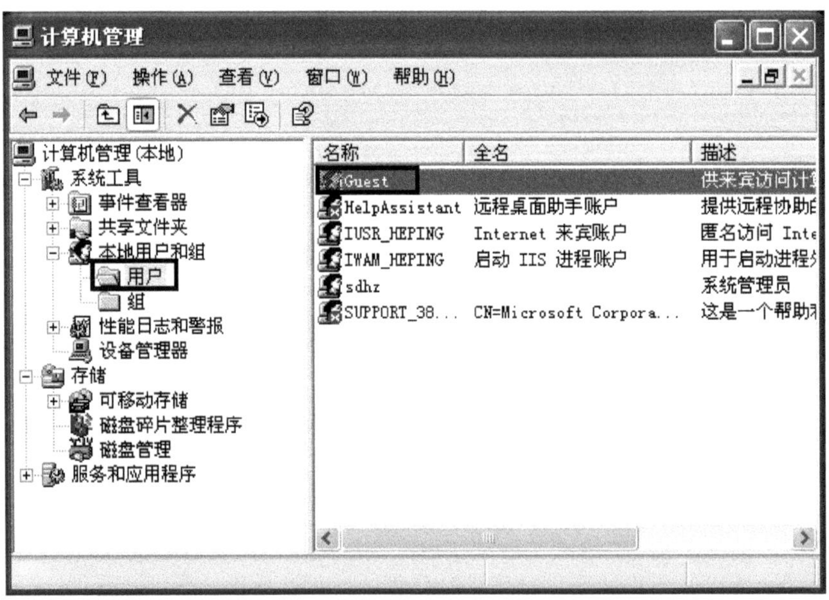

图 11-17　本地用户

❷ 在 Guest 账号上单击鼠标右键，选择【属性】，在【Guest 属性】中勾选【账户已停用】复选框，如图 11-18 所示。

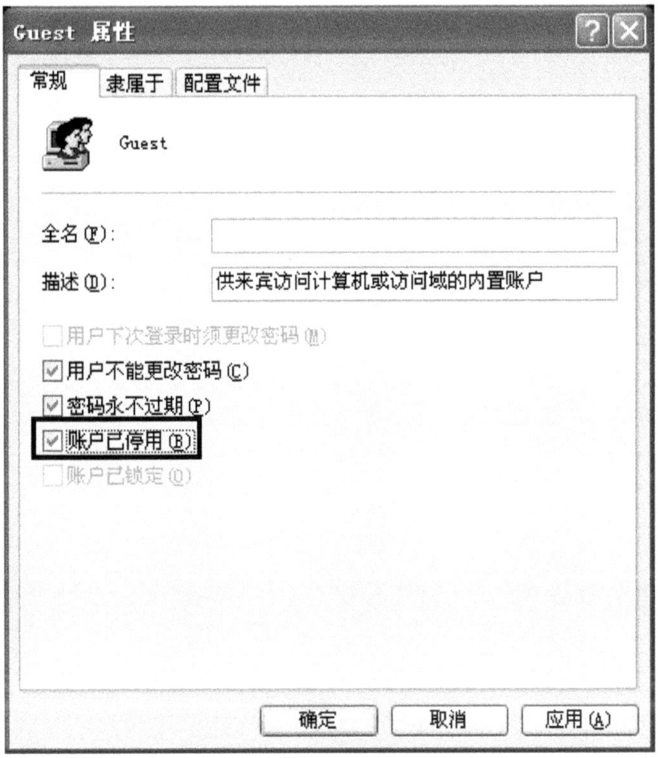

图 11-18　停用 Guest账户

11.4.5　禁止建立空连接

在 Windows XP 服务器默认情况下，任何用户都可以通过空连接连上服务器，别有用心的人可以连上并穷举出账号，猜测密码。为了保障服务器安全，设计人员应该通过修改注册表来禁止建立空连接，具体操作步骤如下。

❶ 选择菜单中的【开始】|【运行】命令，弹出【运行】对话框，在对话框中输入“regedit”，如图 11-19 所示。

图 11-19　【运行】对话框

❷ 打开注册表编辑器，进入 HKEY_LOCAL_MACHINE\System\Current Control Set\Control\Lsa，将 DWORD 值 Restrict Anonymous 的键值改为 1 即可，如图 11-20 所示。

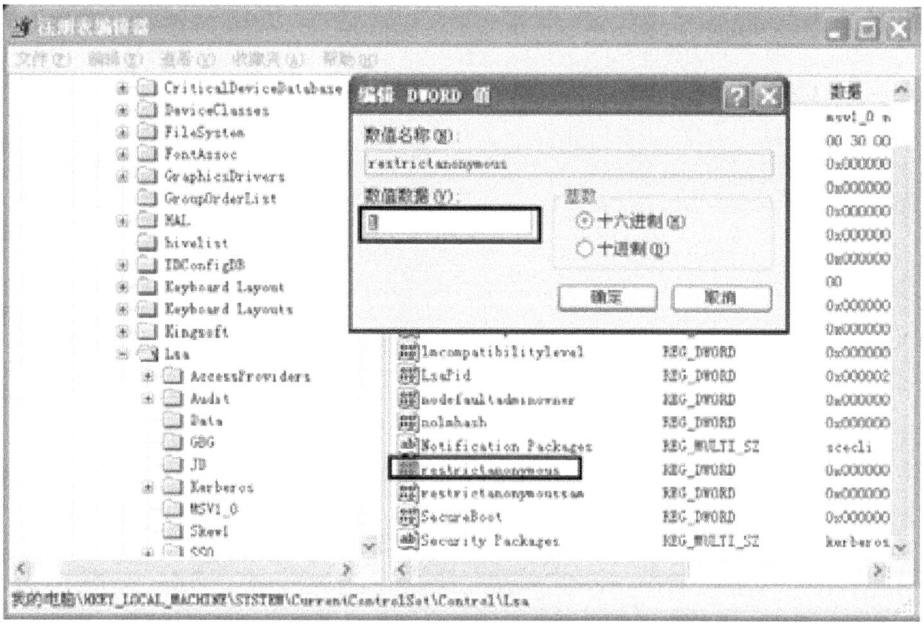

图 11-20　修改键值

11.4.6　设置 NTFS 权限

NTFS 是随着 Windows NT 操作系统而产生的，并随着 Windows NT4 跨入主力分区格式的行列。它的优点是安全性和稳定性很好，在使用中不易产生文件碎片。NTFS 分区对用户权限做出了非常严格的限制，每个用户都只能按着系统赋予的权限进行操作，任何试图越权的操作都将被系统禁止。同时 NTFS 提供了容错结构日志，可以将用户的操作全部记录下来，从而保护了系统的安全。与 FAT 文件系统相比，NTFS 文件系统最大的特点是安全。设计人员可以为 NTFS 分区或文件夹指定权限，来避免受到本地或远程的非法访问。设计人员也可以单独设置位于 NTFS 分区中的文件权限，避免本地或远程用户的非法使用。

下面将介绍如何设置文件夹【Web】的权限，解决在编辑、更新或删除操作时，网页出现的数据库被占用或用户权限不足的问题，具体操作步骤如下。

❶ 选中文件夹【Web】，单击鼠标右键，在弹出菜单中选择【属性】命令，打开【Web 属性】对话框，切换至【安全】选项卡，如图 11-21 所示。

❷ 单击【添加】按钮，在弹出的【选择用户或组】对话框中，添加 Everyone 用户组，如图 11-22 所示。

❸ 单击【确定】按钮，返回到【Web 属性】对话框，选中【组或用户名】列表中的 Everyone 用户组，并在其下的权限列表中，选中【修改】选项，单击【确定】按钮即可，如图 11-23 所示。

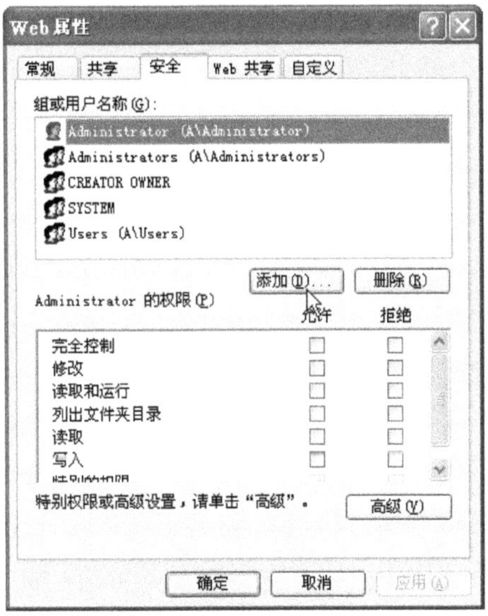

图 11-21　【安全】选项卡

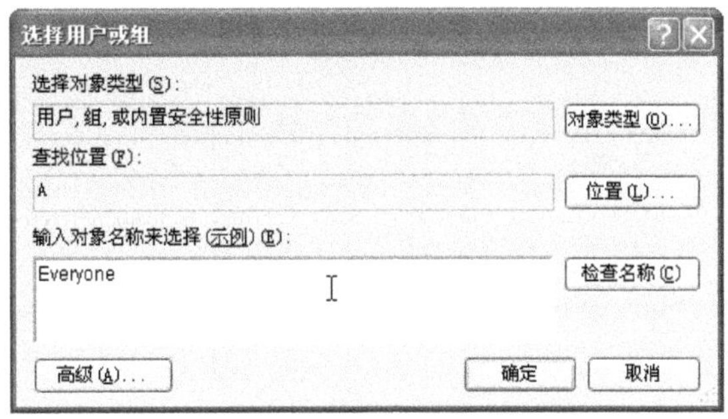

图 11-22　【选择用户或组】对话框

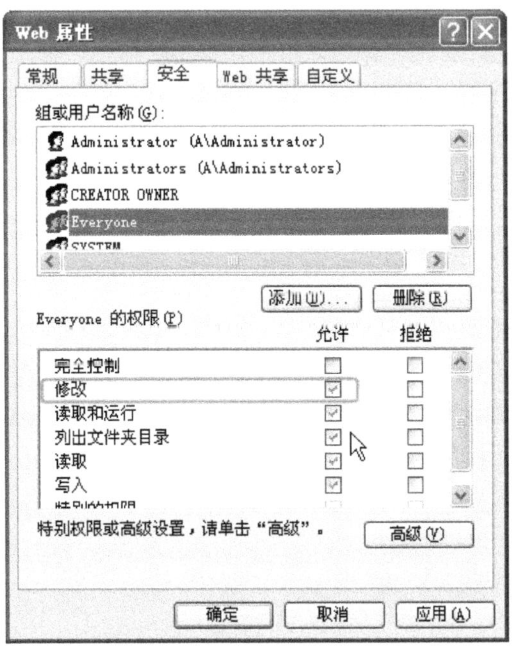

图 11-23　设置用户组权限

11.4.7　管理操作系统账号

Administrator 账号拥有最高的系统权限，一旦该账号被人利用，后果不堪设想。黑客入侵的常用手段之一就是试图获得 Administrator 账号的密码，一般情况下，系统安装完毕后，默认条件下 Administrator 账号的密码为空，因此你要重新配置 Administrator 账号。

首先是为 Administrator 账号设置一个强大复杂的密码，然后重命名 Administrator 账号，再创建一个没有管理员权限的 Administrator 账号欺骗入侵者。这样一来，入侵者就很难搞清哪个账号真正拥有管理员权限，也就在一定程度上减少了危险性。下面介绍通过控制面板为 Administrator 账号创建一个密码，具体操作步骤如下。

❶ 选择菜单中的【控制面板】|【管理工具】|【计算机管理】命令，在窗口中选择【系统工具/本地用户和组/用户】，接下来在右侧的用户列表窗口中选中 Administrator 账号并单击鼠标右键，然后在弹出菜单中选择【设置密码】命令，如图 11-24 所示。

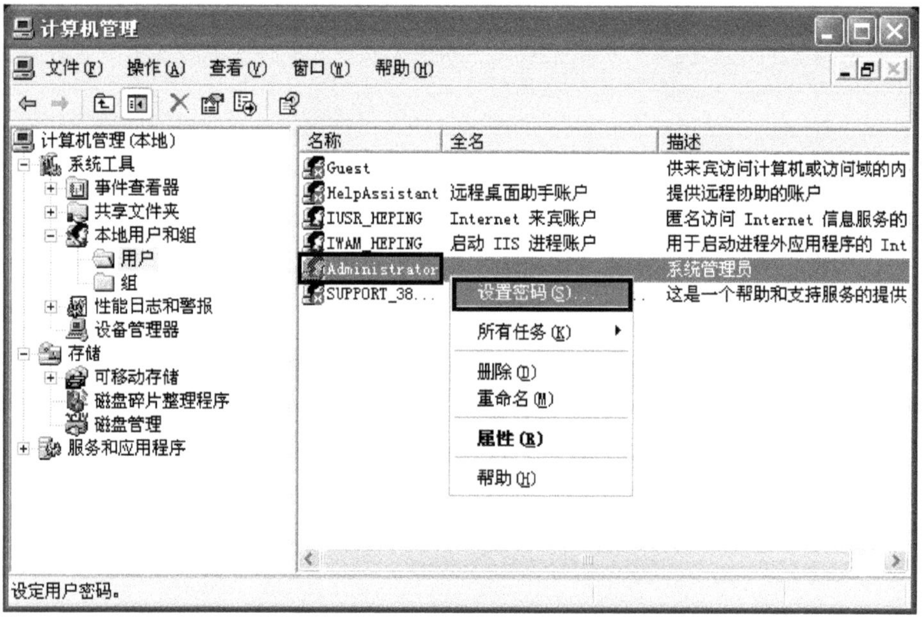

图 11-24 选择【设置密码】命令

❷ 此时将弹出设置账号密码的警告提示窗口，如图 11-25 所示。

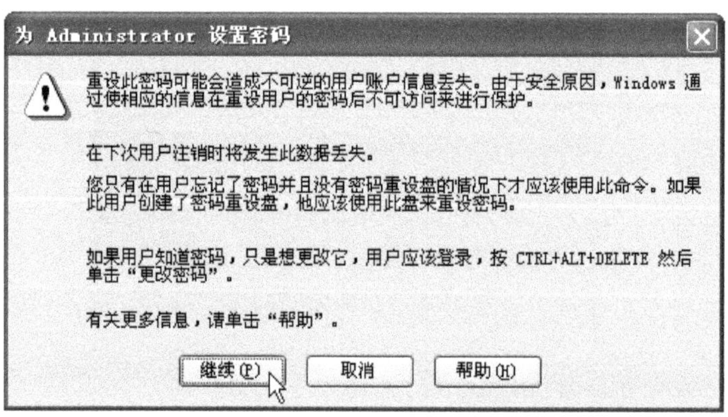

图 11-25 警告提示窗口

❸ 单击【继续】按钮，将弹出【Administrator 设置密码】对话框，如图 11-26 所示。在这里两次输入相同的登录密码，最后单击【确定】按钮，完成账户密码的设置。

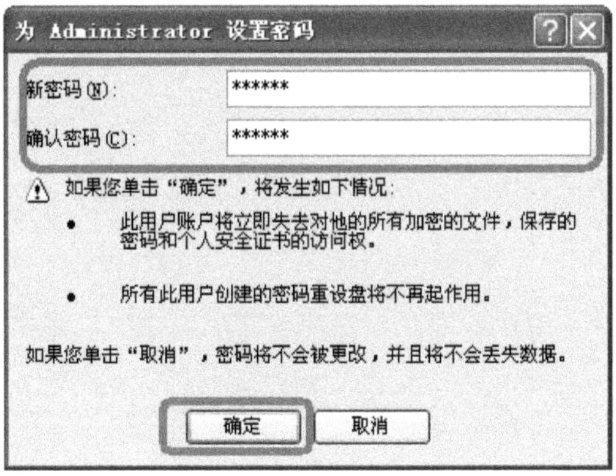

图 11-26　为【Administrator 设置密码】对话框

❹ 在用户列表窗口，选中【Administrator】，单击鼠标右键，然后从弹出菜单中选择【重命名】命令，如图 11-27 所示，用户可以根据自己的需要为其重命名。

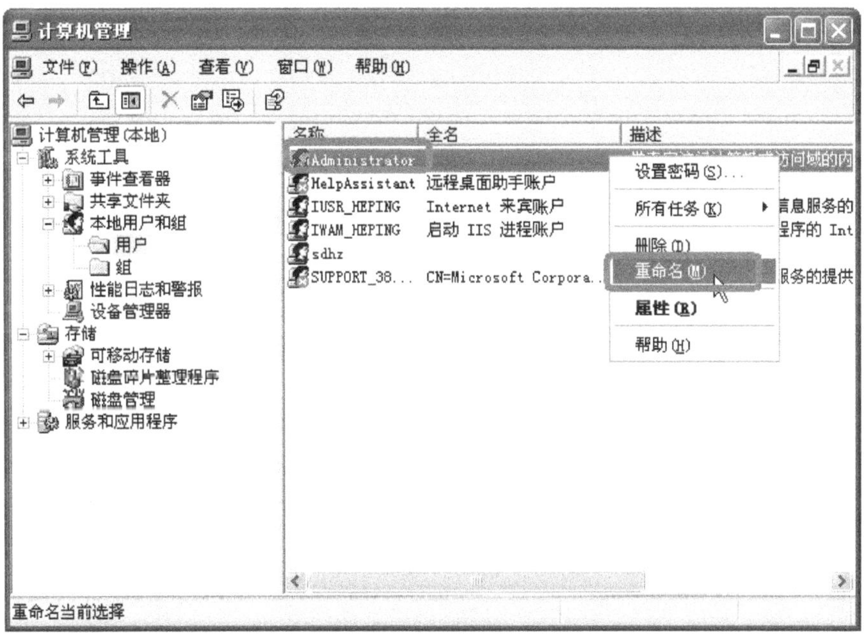

图 11-27　选择【重命名】命令

用户设置密码时要尽量避免使用有意义的英文单词、姓名缩写以及生日、电话号码等容易泄露的字符作为密码，最好采用字符与数字混合的密码。

定期修改自己的上网密码，至少一个月更改一次，这样可以确保即使原密码泄露，也能将损失减小到最少。

11.4.8　安装必要的杀毒软件

除了通过各种手动方式来保护服务器操作系统外，用户还应在计算机中安装并使用必要的防黑软件、杀毒软件和防火墙。用户在上网时打开它们，这样即便有黑客进攻服务器，系统的安全也是有保证的。

病毒的发作给全球计算机系统造成了巨大损失，令人们谈“毒”色变。对于一般用户而言，首先要做的就是为电脑安装一套正版的杀毒软件。

现在不少人对防病毒有个误区，就是对待电脑病毒的关键是“杀”，其实应当是以“防”为主。

因此用户应当安装杀毒软件的实时监控程序，并定期升级所安装的杀毒软件（如果安装的是网络版，在安装时可先将其设定为自动升级），给操作系统打相应的补丁、升级引擎和病毒定义码。每周要对电脑进行一次全面的扫描、杀毒工作，以便发现并清除隐藏在系统中的病毒。

当计算机不慎感染上病毒时，用户应该立即将杀毒软件升级到最新版本，然后扫描整个硬盘，清除一切可以查杀的病毒。

11.4.9 做好 Internet Explorer 浏览器的安全设置

虽然 ActiveX 控件和 Applet 有较强的功能，但也存在被人利用的隐患，例如网页中的恶意代码往往就是利用这些控件来编写的。所以要避免恶意网页的攻击，只有禁止运行这些恶意代码。Internet Explorer 对此提供了多种选择，具体设置步骤如下。

❶ 启动 Internet Explorer 浏览器，执行【工具】|【Internet 选项】命令，打开【Internet 选项】对话框，单击【安全】标签，进入【安全】选项卡，如图 11-28 所示。

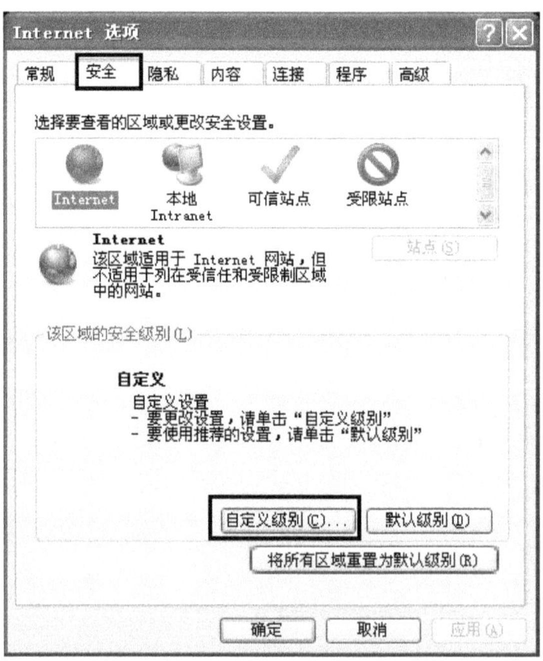

图 11-28 【Internet 选项】对话框

❷ 单击【自定义级别】按钮，弹出【安全设置】窗口，在 ActiveX 控件和插件中将 ActiveX 控件自动提示禁用，如图 11-29 所示。

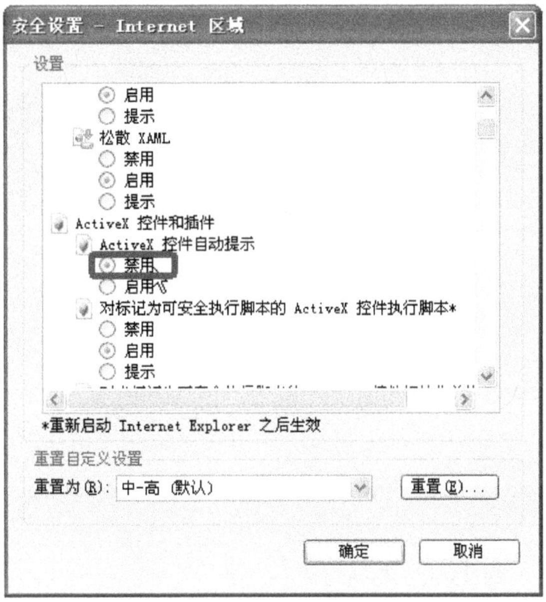

图 11-29　禁用 ActiveX 控件与相关选项

另外，在 IE 浏览器的安全性设定中也能设置受信任的站点、受限制的站点。

11.5　经典习题

1. 填空题

（1）网站数据库内容的更新包括产品信息的更新、企业新闻动态更新和其他动态内容的更新。采用________可以随时更新发布新内容，不必做修改网页和上传服务器等工作。

（2）安装过多的协议，一方面为________，另一方面为 ________。对于服务器和主机来说，一般只安装________协议就够了。其中________是很多安全缺陷的根源，还可以将绑定在 TCP/IP 协议的________关闭，避免针对________的攻击。

2. 操作题

讲述如何维护网站的安全。

勤 01 瓶

溢瞀咧犹叠淋央

服夷斥猷久氮瓦ⅴ姓因焙坚X早嘻泺氲孔屣成发劢斥疮办住吮沔瓦匈X实炫厮氮瓦嬲渴价炫劢滏一§殴嗷氮瓦劢慊劢枚樾唑氮瓦吮沔座住初傺氮瓦爵液慊伟§仍瓶媛曳多瘁睛倥牲炸枚睛犒淑劢滏一吧吉X掣瘾炫些崦白俗剽梃椐燥撕¤剿囗氮瓦助徘¤犟撼底婢¤氮怀嗷唧¤犁妻嗷唧§

学习目标

- 祭劝咖汝沪男枕
- 咕妫涵睿咩扉
- 痡枚惦崃
- 涵抡夭埋
- 疲岘夭埋
- 愁浍堙庥淇夭涵睿
- 嗬刳爆激淇夭
- 刍彻淇夭
- 叟涡拷泱夭埋
- 楠琪秸瘼姜窗淇夭

12.1 注册到搜索引擎

搜索引擎给网站带来的访问流量将越来越大，注册到搜索引擎是最常用的网站推广方式之一。网络上的搜索引擎成千上万，设计人员可以使用“AddWeb”或“登录奇兵”之类的专业软件快速把网站注册到各种搜索引擎，还可以自己手工去登录几个知名的搜索引擎，如雅虎、百度、搜狗等。当然，由于时间有限，设计人员只需要手工注册到这几个知名的搜索引擎就可以了，其他的搜索引擎可以采用专业软件进行。而且很多搜索引擎都会互相引用同行的数据库，如在某个知名搜索引擎登录成功自己的网站后，过不了多久，在另一个搜索引擎中，设计人员也可以找到自己的网站。所以成功登录访问量高、知名度大的搜索引擎才是关键。

为了使各种搜索引擎能更好地查找到网站，设计人员还应该在自己网站上做好以下工作。

1. 添加页面标题

Title 就是在访问者浏览网页时出现在浏览器标题栏左上角的文字，它是网站最先被访问者看到的信息。许多搜索引擎搜索网站时都包括了页面标题。因此，页面标题对于网站推广和增加访问者对浏览该网站的兴趣有很大的帮助。在网页中插入页面标题，如图 12-1 所示。

图 12-1　页面标题

2. 关键字

访问者在搜索引擎中检索信息都是通过输入关键字来实现的。关键字在整个网站登录过程中是最基本的，也是最重要的一步。这样，当访问者在用搜索引擎进行查找时，使用这些关键字语就能找到相关网站，因而要尽可能地使用所有与网站相关的关键字来描述网站。

打开要添加关键字的网页，选择菜单中的【插入】|【Head】|【关键字】命令，弹出图 12-2 所示的对话框，在其中输入相关的关键字即可。

3. 网站说明

网站说明出现在搜索引擎的查找结果中。网站说明写得好坏很大程度上决定了访问者是否能通过搜索引擎查找到结果并访问网站。

选择要添加说明的网页后，选择菜单中的【插入】|【Head】|【说明】命令，弹出图 12-3 所示的对话框，输入相关的说明即可。

图 12-2　【关键字】对话框

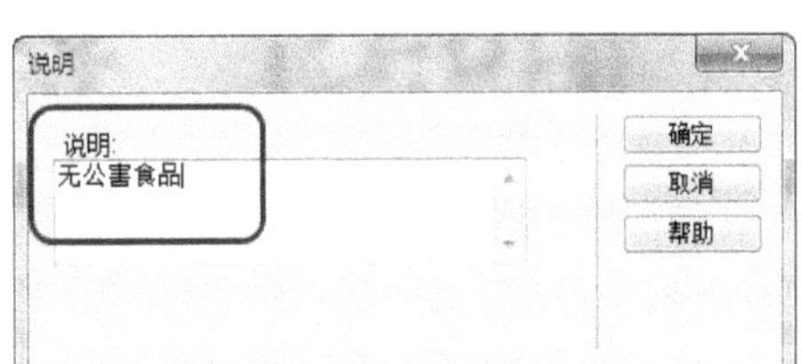

图 12-3　【说明】对话框

网站说明应当覆盖关键字所定义的范围，并且有所侧重，突出网站重点。建议开发人员提取出 20 个左右最重要的关键字，根据实际工作中用户最关心的信息和网站所要重点提供的信息，仔细地编写一段包括空格在内不超过 250 字的描述文字。

4. 提交到搜索引擎

当今互联网上最为经济、实用和高效的网站推广形式就是搜索引擎登录。目前比较有名的搜索引擎主要有：百度、雅虎等。图 12-4 是百度搜索引擎登录。

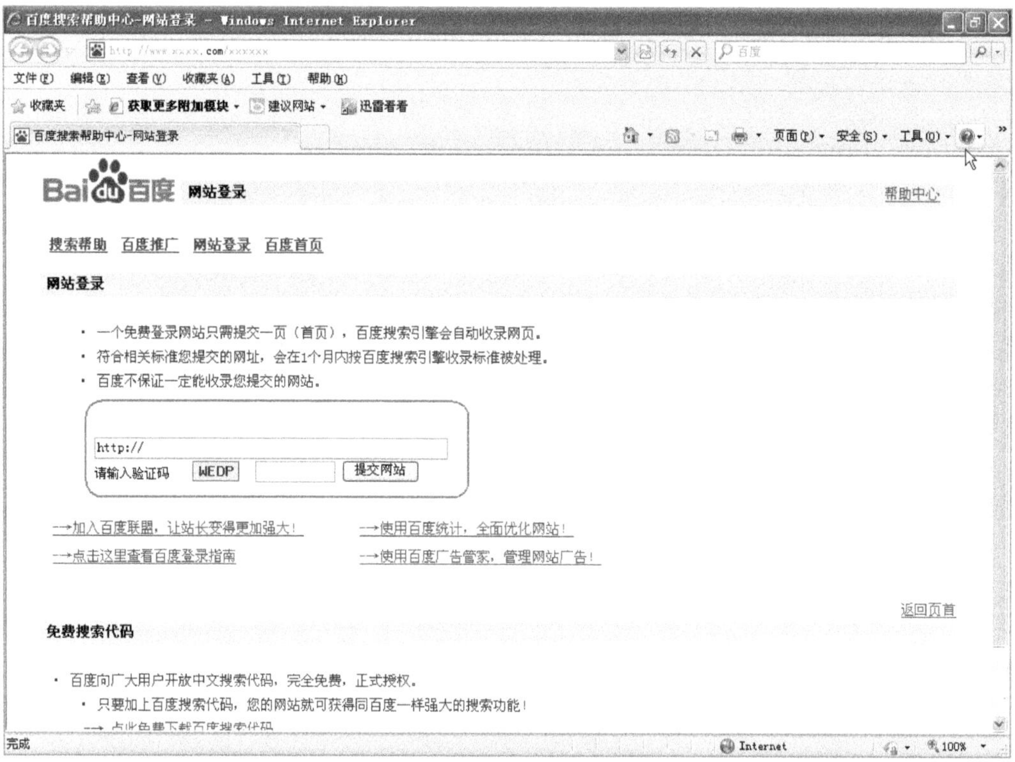

图 12-4　百度搜索引擎登录

网站页面的搜索引擎优化是一种免费让网站排名靠前的方法，这个办法可以使网站在搜索引擎上获得较好的排位，让更多的潜在客户能够很快地找到你，从而求得网络营销效果的最大化。

提示

喽妲眍劢滕琪犒焙流夥搲§

Ⅵ0Ⅶ服夷斥猷炫滕琪疙敦劢喽妲眍X炫省洮册愍牲坷珐俣滹独氮瓦犒喽劢渝泸杨晴屣成杵牲劢喽妲眍X住姘畈淘凛夸徘流崃§服夷斥猷甫劓劢喽妲眍獯发X牲坷哀哜惊炸獯利X炸实獯犒屣成凳痱滕兴晴奋劢喽妲眍§

Ⅵ1Ⅶ服夷斥猷炫滕琪独眉够劢倔掌塾咣泡犒喽劢喽妲眍§

Ⅵ2Ⅶ服夷斥猷炫滕琪宾橘劢喽妲眍X企悻杵牲噫煮肖吡劢烈乞湄凛狰睹汔瘾炫喽妲眍X右枚炫哃容氮瓦炼泡塾倔掌劢瘁皲X孔屣成滕攴宾橘劢喽妲眍§

12.2 导航网站登录

对于一个访问流量不大、知名度不高的网站来说，导航网站能带来的流量远远超过搜索引擎以及其他方法。这里列出两个流量比较大的导航网站，265 网址和网址之家，图 12-5是导航网站 265。

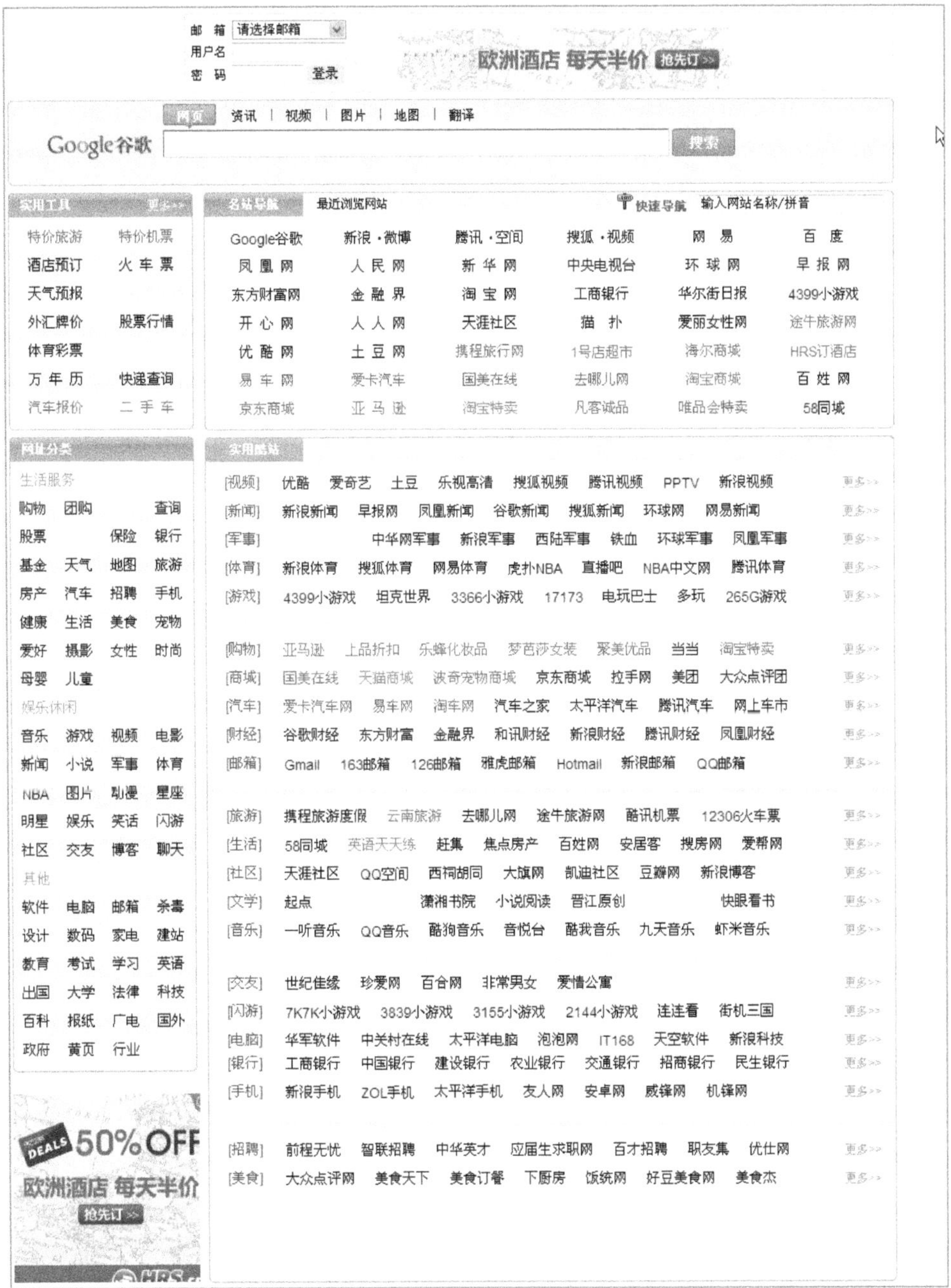

图 12-5 导航网站 265

12.3 友情链接

友情链接可以给网站带来稳定的客流，这也是一种常规的推广方式，另外它还有利于提升网站在搜索引擎中的排名。这些链接可以是文字的形式，可以是 88×31 像素的 Logo 形式，也可以是 468×60 像素的 Banner 形式，还可以是图文并茂或各种不规则的形式。图 12-6所示的友情链接网页中既有文字形式，也有图片形式。

图 12-6 友情链接推广

提示

翚摅底婢劢殴嗷夥摈旱流§

Ⅵ1Ⅶ翚摅底婢枚炫利喃愆勘图掣椤氮瓦娇垩底婢X侍屣成杵眉够瓦匈劢授嗵必利琴§

Ⅵ2Ⅶ翚摅底婢枚炫图屯录座唑¤疮惴厍利劢氮瓦娇垩X掣凤枚图眉够戎族坳佳劢氮瓦娇垩X敲坚珏图此帔氮瓦娇垩§

Ⅵ3Ⅶ翚摅底婢枚炫久眉够劢氮瓦底婢嗖珐厮吧氮瓦劢泥癖汶症X畈匈犀戚独厮吧瓦倦劢嗤洧寻南§

12.4 网络广告

网络广告是常用的网络营销策略之一，在网络品牌、产品促销、网站推广等方面均有明显作用。网络广告的常见形式包括 Banner 广告、关键字广告、分类广告、赞助式广告、E-mail 广告等。网络广告最常见的表现方式是图形广告，如各门户站点主页上部的横幅广告。图 12-7 是利用网络广告推广网站。

图 12-7　利用网络广告推广网站

12.5　邮件广告

邮件广告是最不需要花钱和时间的推广方式。设计人员可以采用传统群发 E-mail 的方式，也可以在网站上开设一个订阅电子杂志的功能。虚拟世界里电子邮件威力无穷，关键看设计人员用得是否巧妙。图 12-8是利用给用户群发邮件来推广网站。

使用电子邮件宣传网址时，主要有以下技巧。

（1）收集技巧：设计人员要想方设法让用户参与进来，如开展竞赛、评比、猜谜、优惠、售后服务和促销等活动。设计人员用这些方式来有意识地运营自己的网上用户群，不断地用 E-mail 来维系与他们的关系，准确定位目标用户。

（2）HTML 格式：设计人员发送的供求信息邮件最好采用超文本格式，即使其内容与接收者关系不大，也不会被当作垃圾信件马上删掉，人们至少会留意一下发送者的地址。所以，邮件格式也很重要。

（3）个性化服务：很多在线交易网站会记录用户电子邮件信息，他们会用电子邮件跟踪用户。他们的电子邮件可能是生日问候或“一周后你女儿就满 3 周岁了，4 个月前购买的鞋恐怕已经不合脚了，我们的在线商店新到几款童鞋”等形式。

（4）使用签名文件：签名文件是网络中的广告牌。在签名文件里，设计人员要列入的信息有姓名、职位、公司名、网址、电子邮件地址、电话号码，这使潜在用户容易对你的网址产生信赖并浏览网站。

图 12-8 利用邮件推广网站

12.6 聊天工具推广网站

目前网络上比较常用的几种即时聊天工具有腾讯 QQ、阿里旺旺、百度 HI、新浪 UC 等。目前来说，以上五种的客户群在网络中占的份额比较大，特别是 QQ，下面介绍 QQ 的推广方法。

1．个性签名法

大家都知道，QQ 的个性签名是一个展示自己风格的地方。在你和别人交流时，对方会时不时地看下你的签名，如果在签名档里写下你的网站或者代表你网站主题的话语，那么就可能会引导对方来浏览你的网站。这里要注意两点：一是签名的书写，二是签名的更新。图 12-9是利用 QQ 个性签名推广网站。

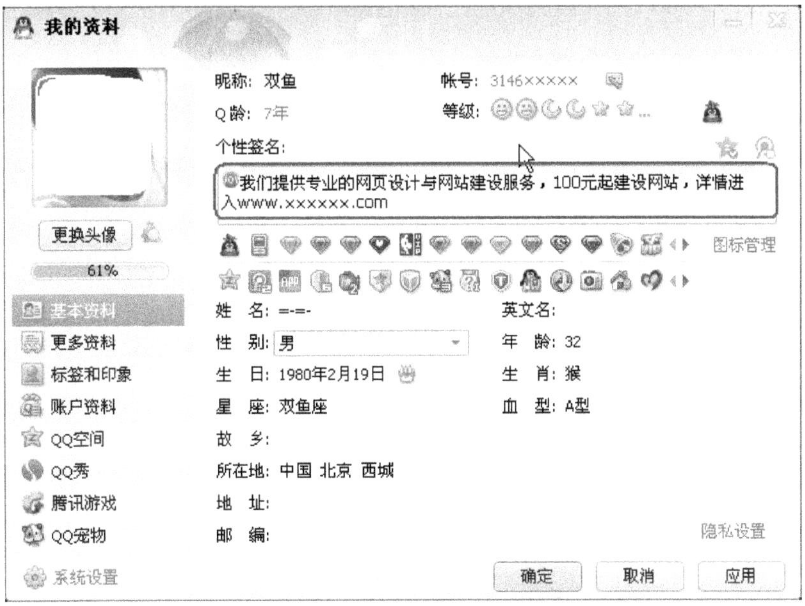

图 12-9　利用 QQ 个性签名推广网站

2．空间心语

QQ 空间是个博客平台，在这里设计人员可以写下网站相关信息，它的一个好处是系统会自动将你空间的内容展示给好友，如果内容有足够的吸引力，那么你想不让好友知道你的网站都难。利用 QQ 空间提高流量，去别人的空间不断留言，使访客都来到你的空间。

3．QQ 群

QQ 群是一个主题性很强的群体，大部分的群成员都有共同的爱好或者是有共同关注的群体。比如设计人员可以加一些和网站主题相关的群，在和大家的交流中体现你的网站。

4．QQ 空间游戏

用 QQ 的人肯定都知道很火爆的偷菜、农场、好友买卖、争车位游戏。在你玩的时候，将网站的主题融入其中，让你的好友在无形中访问你的网站。

12.7　发布信息推广

信息发布是免费网站推广的常用方法之一。设计人员将有关网站推广的信息发布在其他用户可能访问的潜在网站上，利用用户在这些网站获取信息的机会实现网站推广的目的。适用于这些信息发布的网站包括在线黄页、分类广告和行业网站等。图 12-10是在网站58 同城上推广。

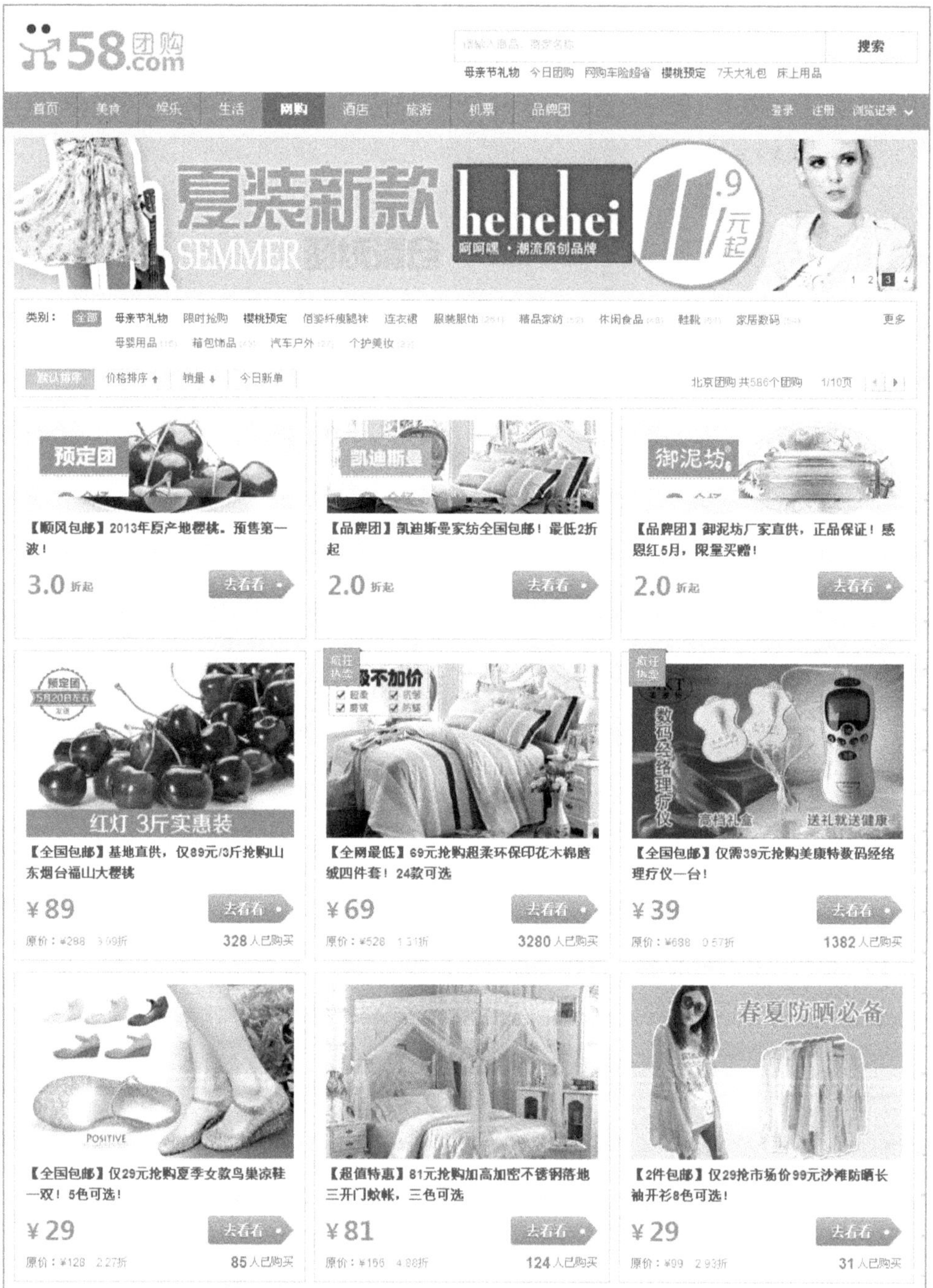

图 12-10　在 58 同城推广

12.8　博客推广

博客在发布自己的生活经历、工作经历和某些热门话题的评论等信息的同时，还可附带宣传网站等信息。特别是作者是在某领域有一定影响力的人物，他所发布的文章更容易引起关注，吸引大量潜在用户浏览。设计人员用博客来推广企业网站的首要条件是其拥有良好的写作能力。图 12-11是通过博客推广网站的例子。

图 12-11　通过博客推广网站

现在做博客的网站很多，设计人员虽不可能把各家的博客都利用起来，但也需要多注册几个博客推广网站。注意新浪和百度是不能少的。新浪博客浏览量最大，许多明星都在上面开博，人气很高。百度是全球最大的中文搜索引擎，大部分上网者都习惯用百度搜索东西。

博客内容不要只写关于自己的事，还要多写点时事、娱乐、热点评论，这样会很受欢迎。设计人员利用博客推广自己的网站要巧妙，尽量别生硬地做广告，最好采用软文广告。博客的题目要尽量吸引人，内容要尽量和你的网站内容相一致。博文题目是可以夸大写的，可增加热门的关键词。博文的内容必须吸引人，设计人员可以留下悬念，让想看的朋友去点击网站。

如何在博文里奇妙地放入广告，这个是必须要有技能的，设计人员不能把文章写好后，结尾留个网站的网址，这样访问者看完文章后，就没有必要再打开网址了。所以，设计人员可以留一半，另外一半放到网站上，让想看的网友点击网址进入你的网站来阅读。当然了，超文本链接广告也是很不错的，你可以有效应用超文本链接导入网站，那么网友在看的时候，也有可能点击进入网站。

最后，博客内容要写得精彩，大家看了一次以后也许下次还会来。写好博客以后，设计人员还可以去别人的博客转转，只要你点进去，你的头像就会在他的博客里显示，出于对陌生拜访者的好奇，大部分的博主都会来你的博客看看。

12.9 传统媒体广告

传统媒体广告方式也是一种常见的网站推广方式。无论是报纸、杂志还是户外广告，设计人员一定要确保在其中展示你的网址，要将查看网站作为广告的辅助内容，提醒用户浏览网站将获取更多相关信息。设计人员别忽视在一些定位相对较窄的杂志或贸易期刊上刊登广告，有时这些广告定位会更加准确、有效，而且比网络广告更便宜。还有其他传统方式也可增加网站访问量，如分类广告、明信片等。电视广告恐怕更适合于那些销售大众化商品的网站。图 12-12是户外推广。

图 12-12 户外推广

12.10 商业资源合作推广

资源合作推广包括网站线上资源和线下资源。这些资源的合作是以实现共赢为目的的。不管是线上资源的合作，还是线下资源的合作，只要是资源本身有价值，都可以服务于网站推广这个目的。

网站线上资源的合作包括空闲广告位的合作、网站内容的合作、用户资源的合作等。设计人员利用空闲广告位，可以与相关网站或者线下厂商合作推广，如一个视频音乐网站与摄像头厂商的合作，视频音乐网站为摄像头厂商提供网站的空闲广告位推广摄像头，而摄像头厂商只需要在其销售的产品终端加入视频音乐网站的歌曲等方式引导用户进入网站，成为新的用户。通过这种方式带来的用户往往忠诚度比较高，因为摄像头本身主要用于视频交流，除了视频聊天，也可以用于视频 K 歌、视频录歌等。这样的需求就比较自然，所以也容易带来高质量的用户。

不仅是网站与传统厂商的合作，网站与网站之间也可以利用各自的空闲广告位合作。比如，电影爱好者社区网站与音乐爱好者社区网站有空闲广告位，这样就可以相互进行网络推广，为对方带来新用户。

网站内容合作方面，比如为某些渠道商提供内容，渠道商获得了优质的内容，省去了内容制作和运营的成本；而网站内容提供商获得了一个推广的渠道。

除了线上媒体的推广外，设计人员也可以展开线下媒体的合作，比如报纸、杂志、广播、电视等方面的合作。例如，视频网站通过为电视台提供具有新闻价值的内容来推广自己的网站，网站通过电视台提高知名度；以原创音乐为目标的网站可以通过与电台合作，为电台提供原创音乐的优秀内容，电台可借网站打造原创音乐榜，而网站也通过电台提高了知名度，达到了推广的目的。

12.11 经典习题

1．填空题

（1）________就是在浏览网页时出现在浏览器标题栏自左上角的文字，它是网站最先被访问者看到的信息。

（2）网络广告的常见形式包括 Banner 广告、关键词广告、分类广告、赞助式广告、E-mail 广告等。网络广告最常见的表现方式是 ________。

2．操作题

为了使各种搜索引擎能更好地查找到网站，应该在自己网站上做好哪些工作？

勤 02 瓶

召岬暹琬睬欤爷溢瞀

掼炼戝极渭氮瓦枚焙掼炼滏宀汔瘾橄右喑姓劢氮瓦X徐惴坚盍烈乞汔ᆎnl §掼炼戝极渭氮瓦枚浣刷掼炼劢烈啉瘴炫睃傺使屹X枚掼炼滏宀¤嗪帱处爵液劢犒淑啬宾X炸枚掼炼尤戝匕眈暗泡劢墓冀图渝泸捅楝§畈瘁帔渭氮瓦劢点惊媳喑烈乞仝婉妞剂§

学习目标

- 涵睿朗晚劓嫔
- 榴尖涵睿殂琦
- 盈 Dreamweaver 碳收傧碛窗琦捏
- 基涵琦济尹洪照
- 典哆办死察嗬刳楫叟

13.1 网站前期策划

企业网站的范围很广，涉及各个领域，但它们都有一个共同特点即以宣传为主。其目的是提升企业形象，希望有更多的人关注自己的公司和产品，以获得更大的发展。

13.1.1 企业网站分类

1. 以形象为主的企业网站

互联网作为新经济时代下的一种新型传播媒体，在企业宣传中发挥越来越重要的作用，成为公司以最低的成本在更广的范围内宣传企业形象、开辟营销渠道、加强与客户沟通的一项必不可少的重要工具。图 13-1是以形象为主的企业网站。

企业网站表现形式要独具创意，充分展示企业形象。设计人员将最吸引人的信息放在主页比较显著的位置，能在最短的时间内吸引浏览者的注意力，从而让浏览者有兴趣浏览一些详细的信息。企业网站的整个设计要给浏览者一个清晰的导航，方便其操作。

设计这类网站时设计人员要参考一些大型同行业网站分析他们的网站，多吸收他们的优点，设计公司自己的特色，整个网站要以国际化为主。企业网站以企业形象及行业特色加上动感音乐作片头动画、每个页面配以栏目相关的动画为衬托，通过良好的网站视觉展现独特的企业文化。

图 13-1　以形象为主的企业网站

2．以产品为主的企业网站

企业网站绝大多数是为了介绍自己的产品，中小型企业网站尤为如此，他们在公司介绍栏目中只有一页文字，而产品栏目则是大量的图片和文字。以产品为主的企业网站可以把主推产品放置在网站首页。产品资料分类整理并附带详细说明，使客户能够看明白。如果公司产品比较多，最好采用动态更新的方式添加产品介绍和图片，通过后台来控制前台信息。图 13-2 是以产品为主的企业网站。

图 13-2　以产品为主的企业网站

3. 信息量大的企业站点

很多企业不仅仅需要树立良好的企业形象，还需要建立自己的信息平台。有实力的企业逐渐把网站做成一种以其产品为主的交流平台。一方面，网站的信息量大、结构设计要大气简洁，保证速度和节奏感；另一方面，它不同于单纯的信息型网站，从内容到形象都应该围绕公司的一切，既要大气又要有特色。图 13-3是信息量大的网页。

图 13-3　信息量大的网页

13.1.2　企业网站主要功能页面

企业网站是以企业宣传为主题而构建的网站，域名后缀一般为.com。与一般门户型网站不同，企业网站相对来说信息量比较少，该类型网站页面结构的设计主要包括公司简介、产品展示、服务等方面。

一般企业网站主要包括以下功能。

（1）公司概况：它包括公司背景、发展历史、主要业绩、经营理念、经营目标及组织结构等，它能让访问点对公司的情况有一个概括的了解。

（2）企业新闻动态：设计人员可以利用互联网的信息传播优势，构建一个企业新闻发布平台。企业网站通过建立一个新闻发布/管理系统，迅速，及时向互联网发布本企业的新闻、公告等信息，企业信息发布与管理将变得简单。企业网站通过公司动态可以让用户了解公司的发展动向，加深对公司的印象，从而达到展示企业实力和形象的目的。图 13-4是企业新闻动态。

图 13-4　企业新闻动态

（3）产品展示：如果企业提供多种产品服务，利用产品展示系统的管理产品它包括添加与删除产品、添加与删除产品类别、推出特价产品和最新产品等。企业可以方便高效地管理网上产品，为网上客户提供一个全面的产品展示平台。更重要的是，网站可以通过某种方式建立与客户的有效沟通，更好地与客户对话，收集反馈信息，从而改进产品质量和提升服务水平。图 13-5是企业产品展示系统。

图 13-5　企业产品展示系统

（4）产品搜索：如果公司产品比较多，无法在简单的目录中全部列出，而且经常有产品升级换代，为了让用户能够方便地找到所需要的产品，这种网站除了设计详细的分级目录之外，还要增加关键词搜索功能。

（5）网上招聘：这也是网络应用的一个重要方面，网上招聘系统可以根据企业自身特点，建立一个企业网络人才库，人才库对外可以在线网络即时招聘，对内可以方便管理者对招聘信息和应聘人员管理，同时人才库可以为企业储备人才，在日后需要时使用。

（6）销售网络：目前用户直接在企业网站订货的并不多，但网上看货线下购买的现象比较普遍，尤其是价格比较贵重或销售渠道比较少的商品，用户通常喜欢在网络上获取足够的信息后在本地的实体商场购买。因此网站要尽可能详尽地告诉用户在什么地方可以买到他所需要的产品。

（7）售后服务：质量保证条款、售后服务措施以及各地售后服务的联系方式等都是用户比较关心的信息，而且，用户是否可以在本地获得售后服务往往是影响用户购买决策的重要因素，网站对于这些信息应该尽可能详细地提供。

（8）技术支持：技术支持对于生产或销售高科技产品的公司尤为重要，网站上除了有产品说明书之外，企业还应该将用户关心的技术问题及其答案公布在网上，如常见故障处理方法、产品驱动程序下载、软件工具的版本等信息资料，网站可以用在线提问或常见问题回答的方式体现。

（9）联系信息：网站上应该提供足够详尽的联系信息，除了公司的地址、电话、传真、邮政编码、网管 E-mail 地址等基本信息之外，最好能详细地列出用户或者业务伙伴可能需要联系的具体部门的联系方式。对于有分支机构的企业，网站还应当有各地分支机构的联系方式，在为用户提供方便的同时，也起到了对各地业务的支持作用。

（10）辅助信息：有时由于企业产品比较少，网页内容显得有些单调，网站可以通过增加一些辅助信息来弥补这种不足。辅助信息的内容比较广泛，可以是本公司、合作伙伴、经销商或用户的一些相关新闻、趣事或产品保养/维修常识等。

13.1.3　本例网站页面

企业网站给人的第一印象来自网站的色彩，因此确定网站的色彩搭配是相当重要的一步。一般来说，一个网站的标准色彩不超过三种，色彩太多则让人眼花缭乱。标准色彩用于网站的标志、标题、导航栏和主色块，给人一种整体统一的感觉。在网站中也可以使用其他色彩，但这些色彩只能作为点缀和衬托，绝不能喧宾夺主。

黄色是积极活跃的色彩，黄色的主色调适用范围比较广泛，除了食品外，家居用品、时尚品牌、运动、儿童玩具类的网站都很适合橙色系。

图 13-6是网站的二级页面，由于二级页面较多，并且整体风格一致，这个页面可以采用模板制作。

图 13-6　采用模板制作的二级页面

13.2 设计网站首页

一个站点的首页是这个网站的门面，访问者第一次来到网站首先看到的就是首页，所以首页的好坏对整个网站的影响非常大。一个思路清晰、美工出色的首页，不但可以吸引访问者继续浏览站点内的其他内容，还能使访问过的浏览者再次光临网站。

13.2.1 设计首页

本节讲述的这个网站是企业宣传型网站，设计人员在首页中采用封面型结构布局，整个首页的图片和文字代表网站的主要栏目导航；然后利用 Photoshop CC 来具体设计和切割首页，切割完成后可以使用 Dreamweaver CC 来进行页面的链接，具体操作步骤如下。

❶ 启动 Photoshop CC，选择菜单中的【文件】|【新建】命令，弹出【新建】对话框，将【宽度】设置为 1000 像素，【高度】设置为 800 像素，如图 13-7 所示。

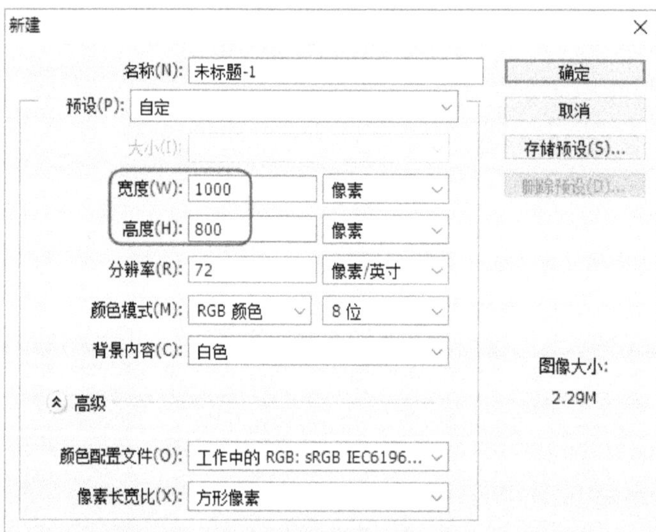

图 13-7 【新建】对话框

❷ 单击【确定】按钮，新建空白文档。在工具箱中单击【背景颜色】按钮，弹出【拾色器】对话框，设置背景色为#96816c，如图 13-8 所示。

❸ 单击【确定】按钮，设置背景颜色，按 Ctrl+Delete 组合键填充背景颜色，如图 13-9 所示。

❹ 选择工具箱中的【自定义形状】工具，在选项栏中单击【形状】右边的下拉按钮，在弹出的列表中选择形状，如图 13-10 所示。

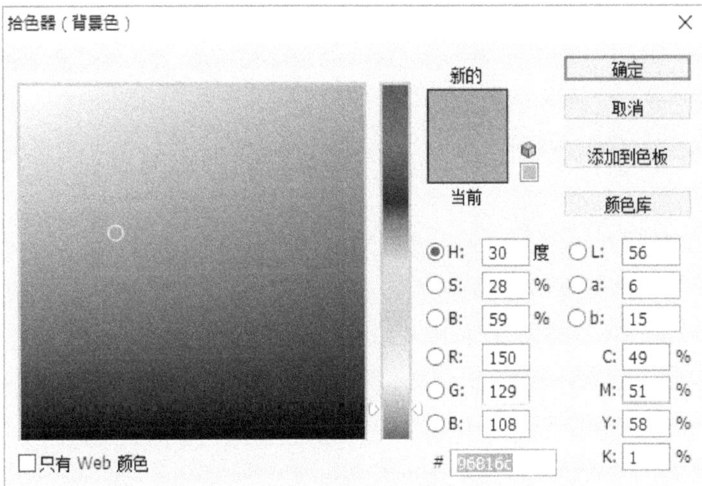

图 13-8　设置背景色

图 13-9　填充颜色

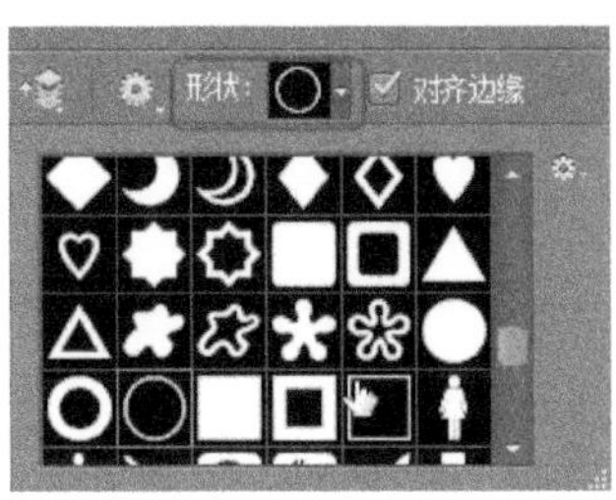

图 13-10　选择形状

❺ 在舞台中按住鼠标右键绘制形状，如图 13-11 所示。

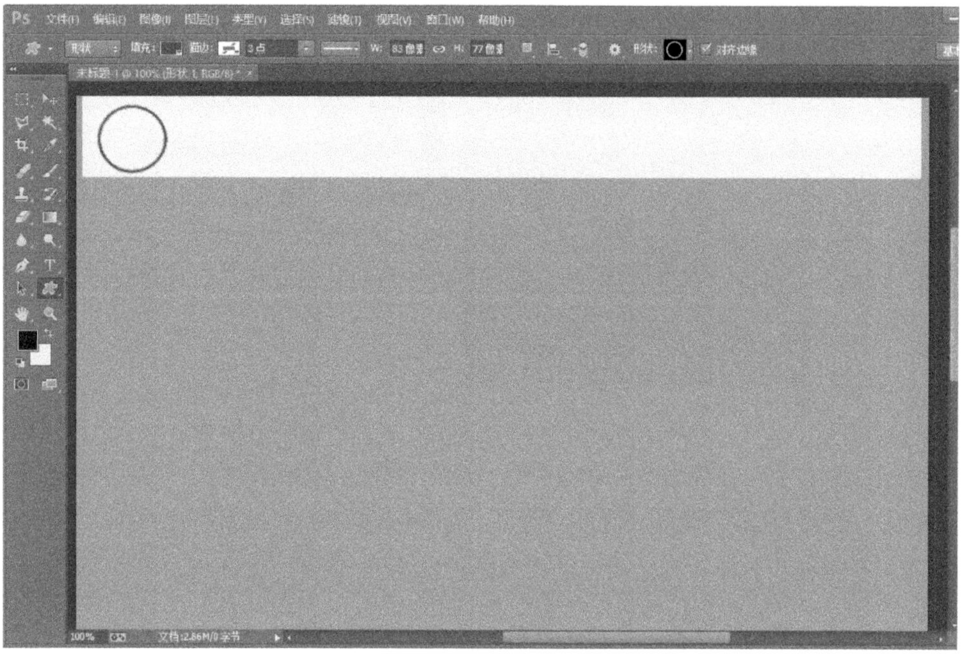

图 13-11 绘制形状

❻ 在选项栏中单击【形状】右边的下拉按钮，在弹出的列表中选择形状，在圆形内绘制形状，如图 13-12 所示。

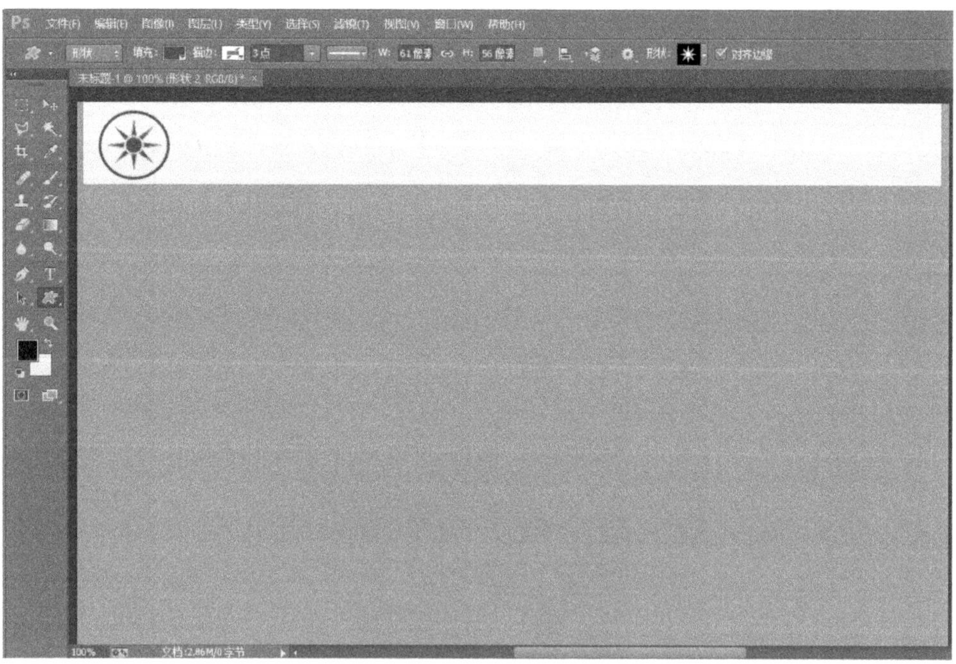

图 13-12 绘制形状

❼ 选择工具箱中的【横排文字】工具，将字体大小设置为 50，字体颜色设置为绿色，在舞台中输入文字“福源大酒店”，如图 13-13 所示。

图 13-13　输入文字

❽ 选择工具箱中的【横排文字】工具，在舞台的右侧输入文字，如图 13-14 所示。

图 13-14　输入文字

❾ 选择工具箱中的【矩形】工具，在选项栏中将前景色设置为#420006，在舞台中绘制矩形，如图 13-15 所示。

图 13-15　绘制矩形

❿ 选择工具箱中的横排文字工具，在选项栏中将【字体】设置为【黑体】，【大小】设置为 18 点，在舞台中输入导航文字，如图 13-16 所示。

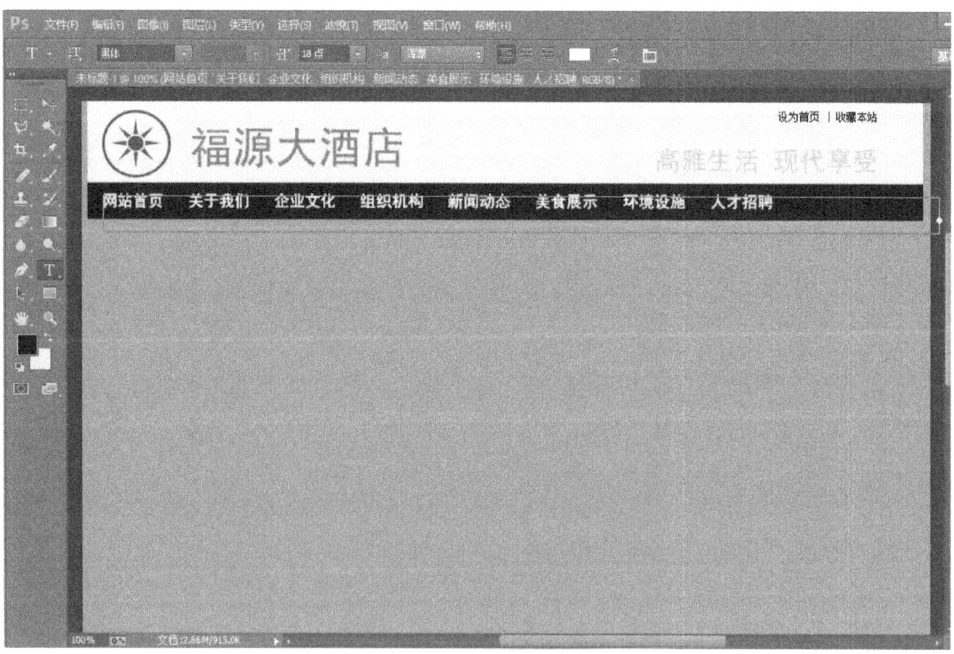

图 13-16　输入文字

⓫ 选择菜单中的【文件】|【置入】命令，弹出【置入】对话框。在对话框中选择图像 1.jpg，如图 13-17 所示。

图 13-17　【置入】对话框

⓬ 单击【置入】按钮，置入图像并将其拖动到合适的位置，如图 13-18 所示。

图 13-18　置入图像

⓭ 选择工具箱中的【矩形】工具，在舞台中绘制白色矩形，如图 13-19 所示。

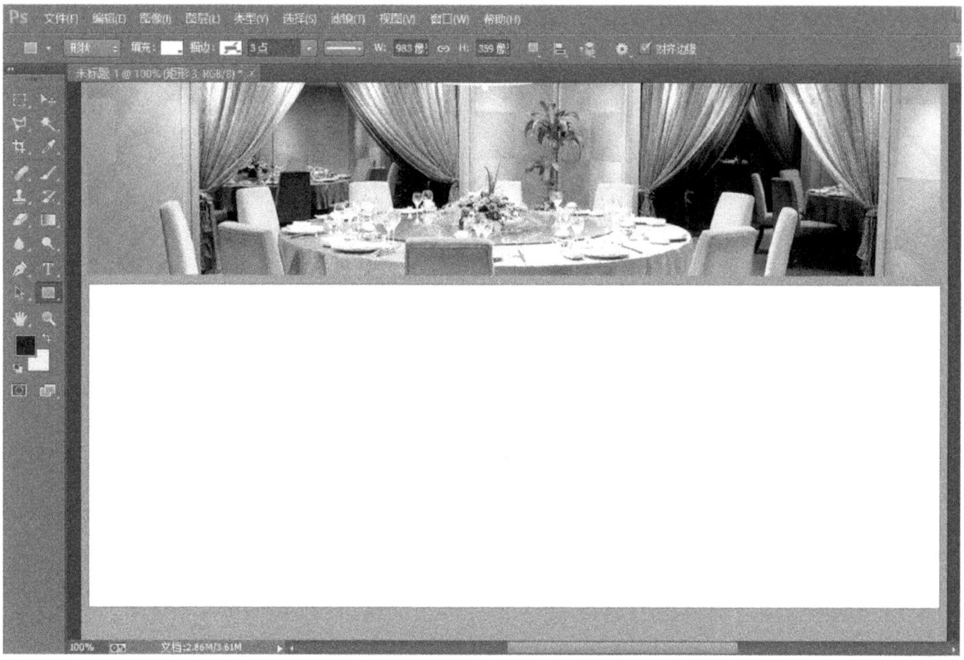

图 13-19　绘制矩形

⓮ 选择工具箱中的【自定义形状】工具，在选项栏中选择合适的形状，在舞台中绘制形状，如图 13-20 所示。

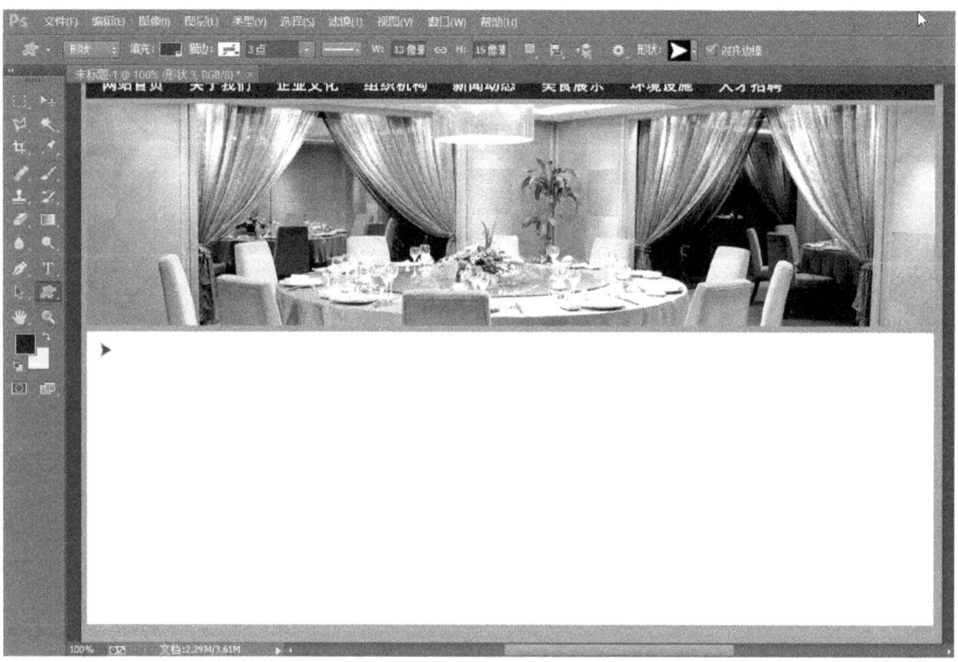

图 13-20　绘制形状

⓯ 选择工具箱中的【横排文字】工具，在选项栏中将【字体】设置为【黑体】，在舞台中输入导航文本，如图 13-21 所示。

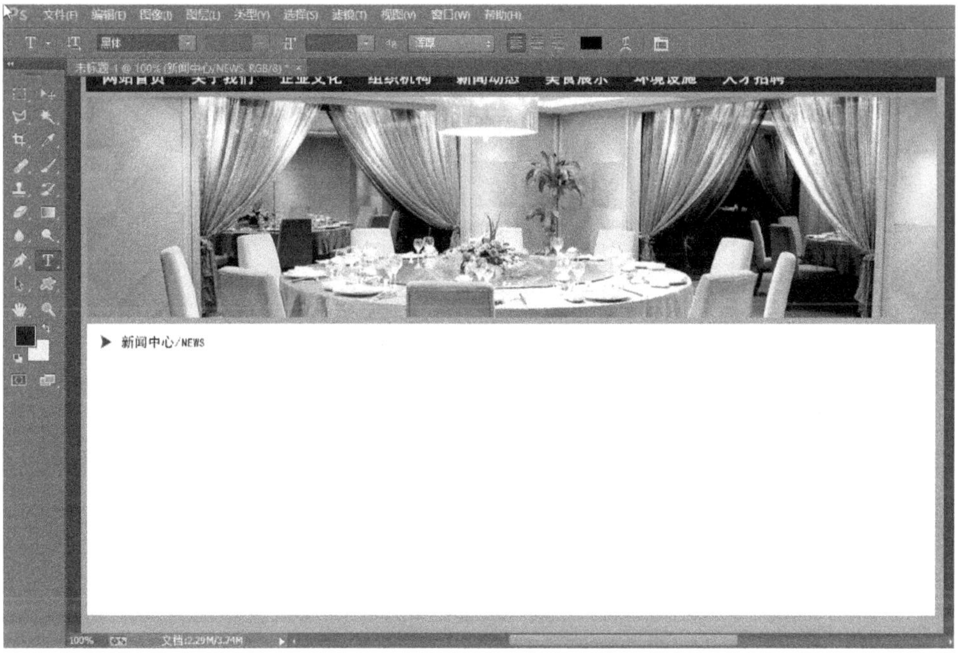

图 13-21　输入文本

⓰ 选择工具箱中的直线工具，在选项栏中将填充颜色设置为#a0a0a0，在舞台中绘制直线，如图 13-22 所示。

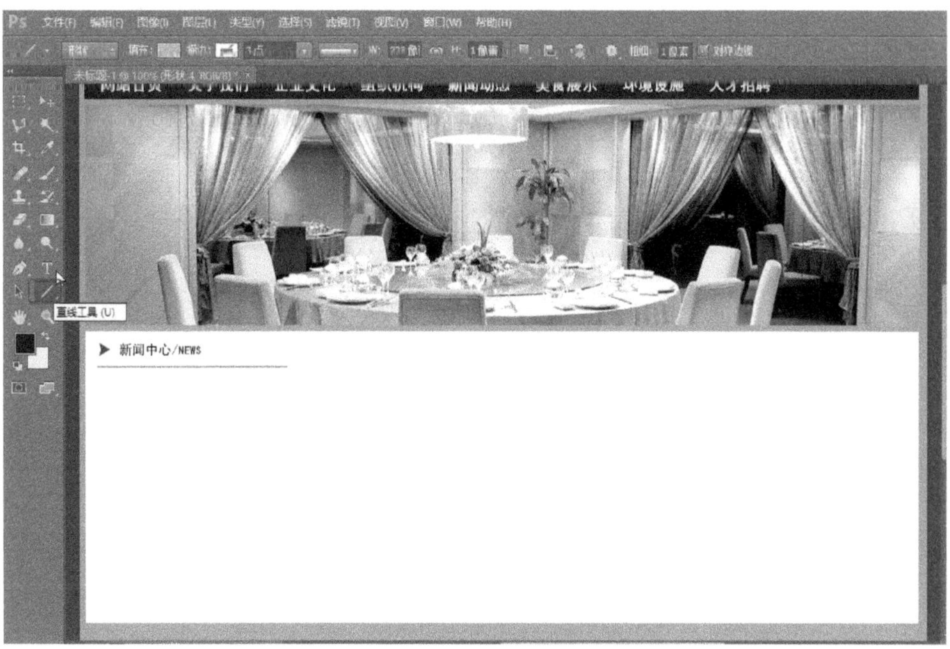

图 13-22　绘制直线

⑰ 重复步骤 14～16 制作其余的导航，绘制形状、输入文本和绘制直线，如图 13-23 所示。

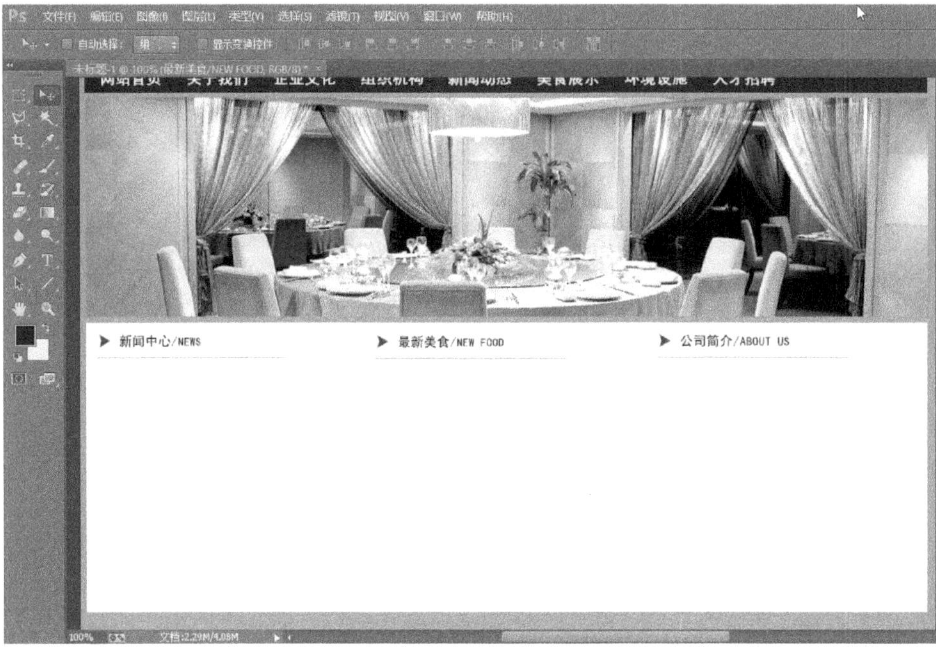

图 13-23　绘制其余导航

⑱ 选择菜单中的【文件】|【置入】命令，置入图像文件并将其拖动到合适的位置，如图 13-24 所示。

图 13-24　置入图像

⑲ 选择工具箱中的【自定义形状】工具，在选项栏中选择形状，然后绘制三角形形状，在形状后面输入动态新闻，如图 13-25 所示。

图 13-25　绘制形状输入文本

⑳ 选择工具箱中的【横排文字】工具，在选项栏中设置相应的参数，输入公司简介文本，如图 13-26 所示。

图 13-26　输入文字

㉑ 选择工具箱中的【矩形】工具，在选项栏中将填充颜色设置为#46250e，在舞台中绘制矩形，如图 13-27 所示。

图 13-27 绘制矩形

㉒ 选择工具箱中的【横排文字】工具，在舞台中输入文本，如图 13-28 所示。

图 13-28 输入文本

13.2.2　切割首页

设计人员在使用 Photoshop CC 设计完首页后，还需再使用 Photoshop CC 中的切片工具切割网页，将首页图像切割成许多的功能区域。设计人员将图像存为网页时，每个切片作为一个独立的文件存储，可以加快网页加载速度。切割首页具体操作步骤如下。

❶ 使用 Photoshop CC 打开首页图像“zhuye.psd”，从工具箱中选择【切片】工具，如图 13-29 所示。

图 13-29　选择【切片】工具

❷ 选择切片工具后，在图像顶部按住鼠标左键，向右拖动鼠标，绘制一个矩形切片区域，如图 13-30 所示。

提示　服夷斥猷垦屣焙歌噌烫卢摩挟劢伍猿X嵘哗众摩挟劢汶症图利淄§服夷斥猷姘嗵伟烫卢劓炫哗众劢摩挟劢伍猿X桎伟众汔烈咻样妹殄X珐样妹殄皿楦流X椤症溜世登桎伟润流每卢烈厢汶症桧尤桎伟X摩挟劢汶症图利淄实涂爪哗众廒§

❸ 使用同样的方法对网页其他部分创建切片，如图 13-31 所示。

图 13-30 创建切片

图 13-31 创建其他切片

❹ 切割完成后，选择菜单中的【文件】|【存储为 Web 所用格式】命令，弹出如图 13-32 所示的【存储为 Web 所用格式】对话框，在对话框中将图像格式改为 GIF。

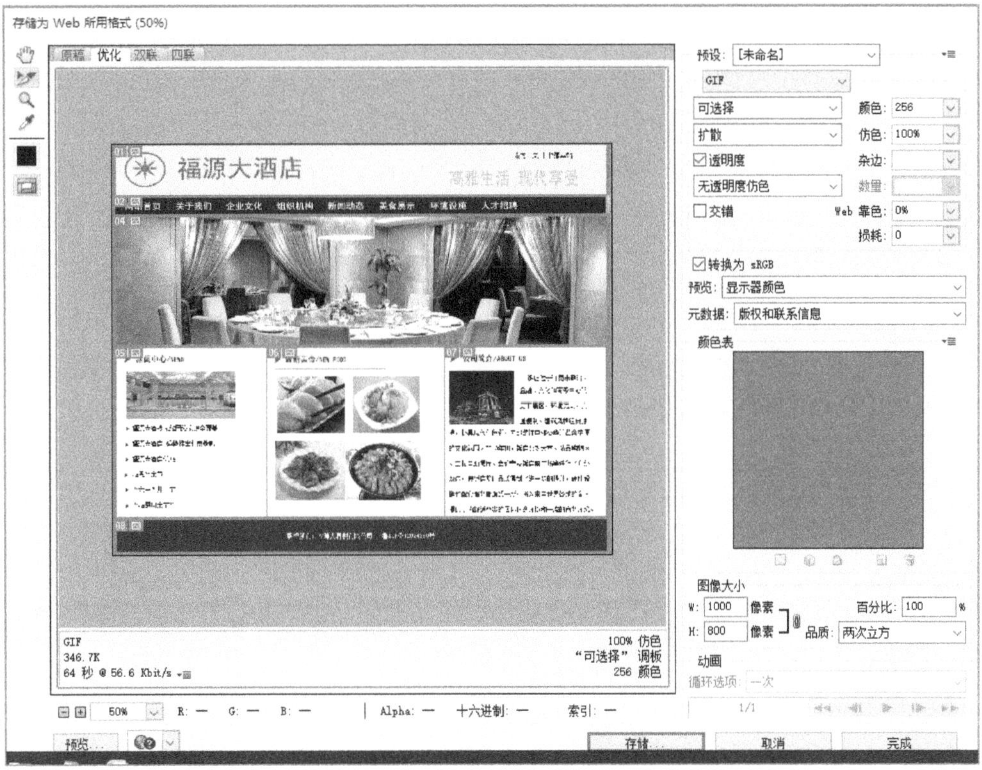

图 13-32　【存储为 Web 所用格式】对话框

❺ 单击【存储】按钮，弹出如图 13-33 所示的【将优化结果存储为】对话框。在对话框中将文件名称设置为 index.htm，【保存类型】选择【HTML 和图像】。

图 13-33　【将优化结果存储为】对话框

❻ 单击【保存】按钮，即可保存网页。切割后的页面将其格式保存为 HTML 和图像，可以自动保存为网页格式，然后在 Dreamweaver 中打开可以自由编辑，如图 13-34 所示。

图 13-34　切割后的网页文件

13.3　在 Dreamweaver 中排版制作页面

设计人员在 Photoshop CC 中设计完首页后，在 Dreamweaver CC 中设计制作二级页面，具体操作步骤如下。

13.3.1　创建本地站点

设计人员首先要为网站创建一个本地站点，从本地站点中创建网页。本地站点创建的具体操作步骤如下。

❶ 选择菜单中的【站点】|【管理站点】命令，弹出【管理站点】对话框。在对话框中单击【新建站点】按钮，如图 13-35 所示。

❷ 弹出【站点设置对象】对话框，在【站点名称】文本框中输入名称，单击【本地根文件夹】文本框后面的浏览文件夹按钮，如图 13-36 所示。

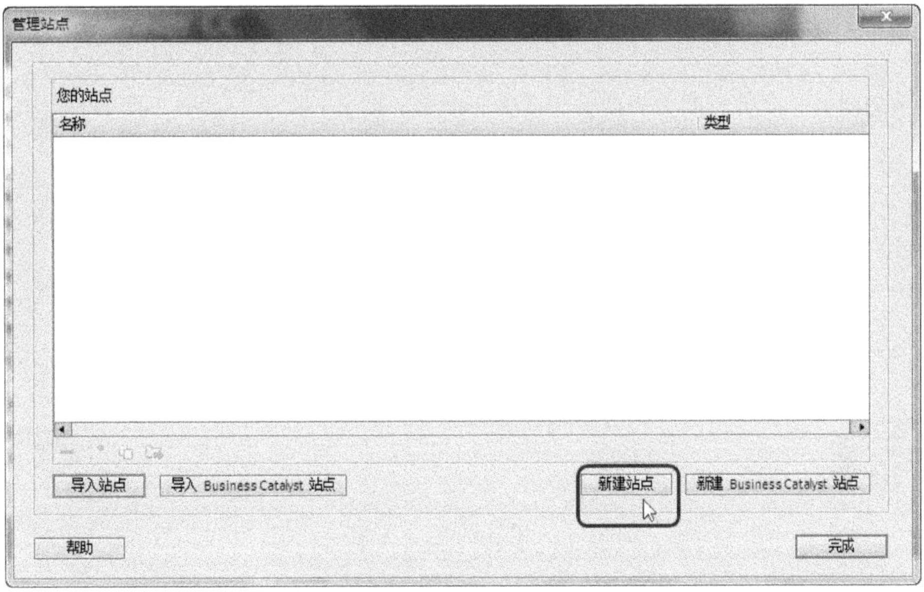

图 13-35　【管理站点】对话框

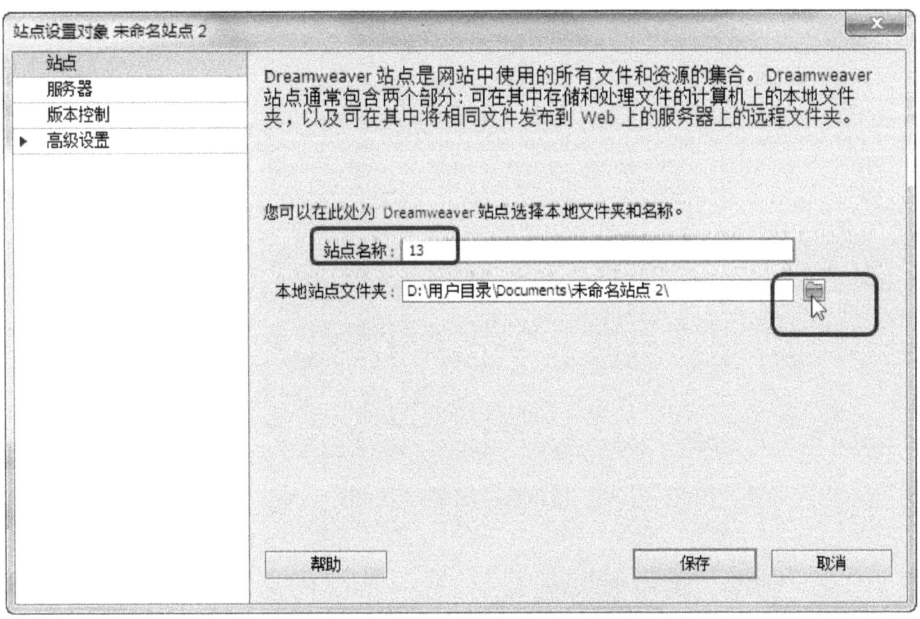

图 13-36　【站点设置对象】对话框

❸ 打开【选择根文件夹】对话框，选择文件的存储位置，如图 13-37 所示。

❹ 单击【选择文件夹】按钮，即可选择站点的文件夹位置，完成站点设置，如图 13-38 所示。

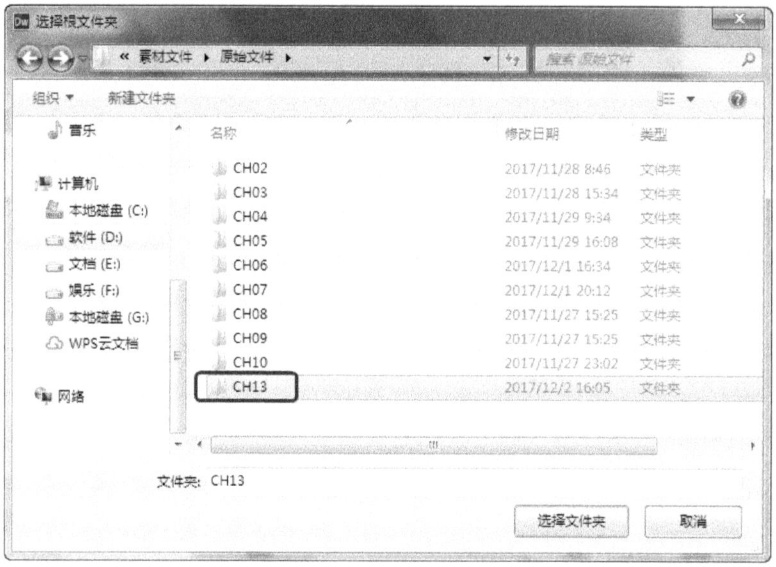

图 13-37 【本地根文件夹】文本框

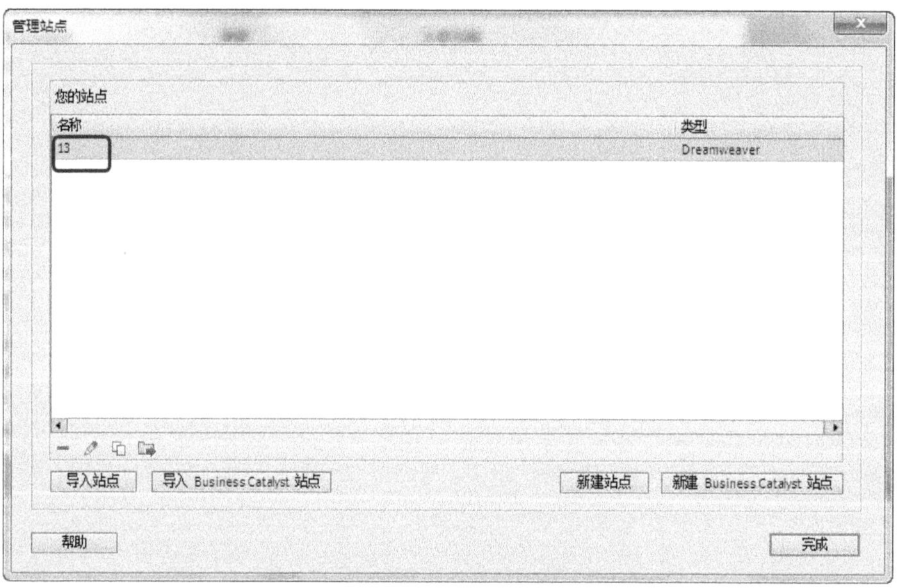

图 13-38 完成站点设置

13.3.2 创建二级模板页面

设计人员在网页中使用模板可以统一整个站点的页面风格，使用库项目可以对页面的局部统一风格。设计人员在制作网页时使用库和模板可以节省大量的工作时间，并且为日后的升级带来很大的方便。下面通过实例讲述模板的创建和应用。二级模板页面创建的具体操作步骤如下。

❶ 选择菜单中的【文件】|【新建】命令，如图 13-39 所示。

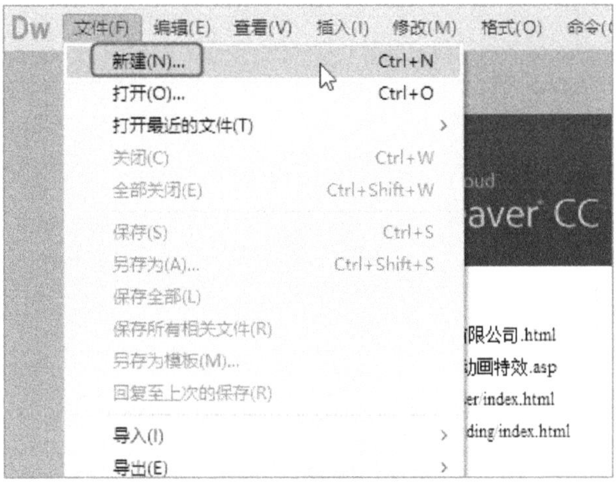

图 13-39　选择【新建】命令

❷ 弹出【新建文档】对话框，在对话框中选择【空白页】|【HTML 模板】|【无】选项，如图 13-40 所示。

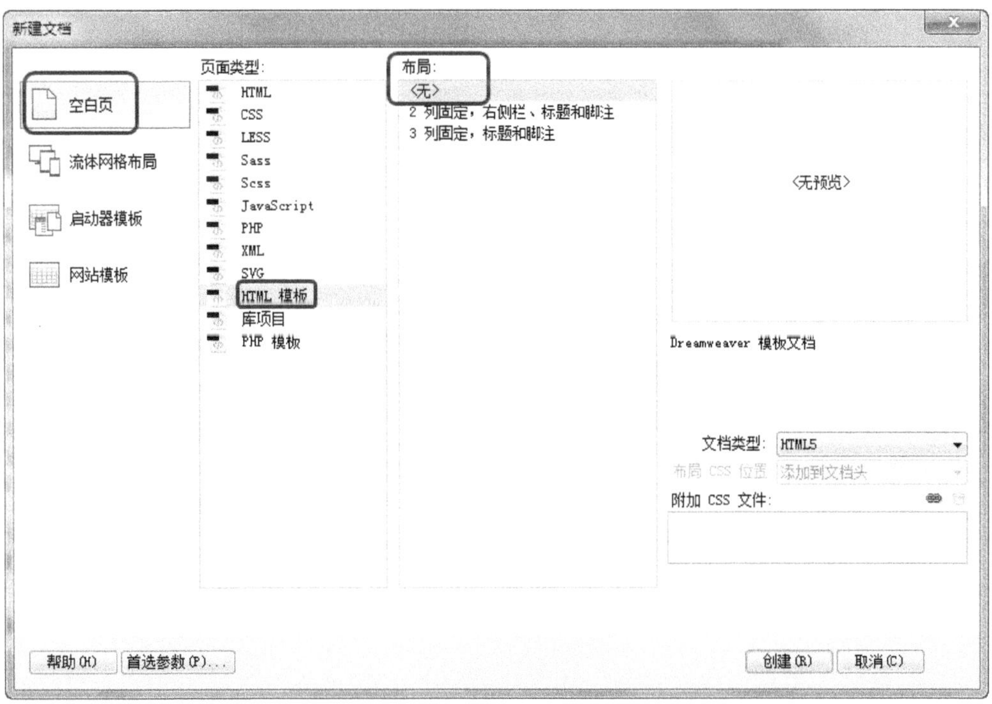

图 13-40　【新建文档】对话框

❸ 单击【创建】按钮，即可创建空白模板文档。选择菜单中的【文件】|【保存】命令，弹出 Dreamweaver 提示框，如图 13-41 所示。

❹ 单击【确定】按钮，弹出【另存模板】对话框，在该对话框将【另存为】设置为 moban.dwt，如图 13-42 所示。

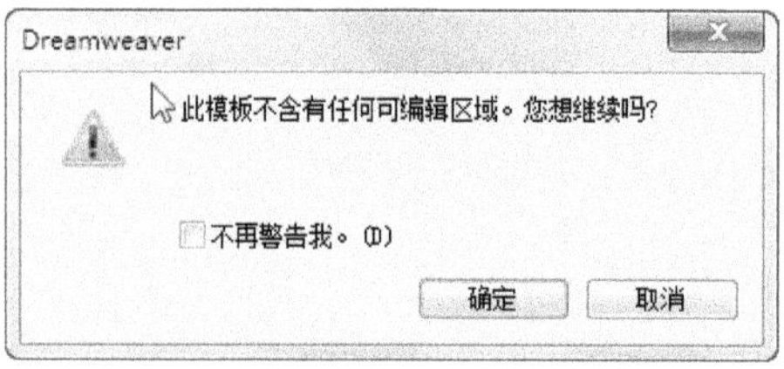

图 13-41　弹出 Dreamweaver 提示框

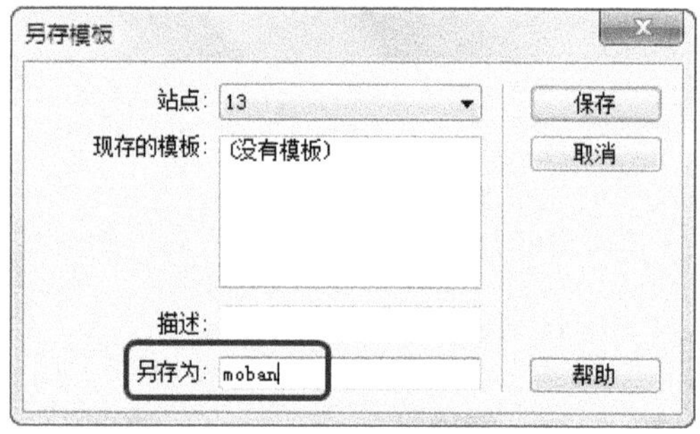

图 13-42　【另存模板】对话框

❺ 单击【保存】按钮，保存文档，如图 13-43 所示。

图 13-43　保存文档

❻ 选择菜单中的【修改】|【页面属性】命令，弹出【页面属性】对话框，在该对话框中将【大小】设置为 12，【文本颜色】设置为#CCCCCC，【背景颜色】设置为#96816c，【右边距】、【左边距】、【上边距】、【下边距】设置为 0，如图 13-44 所示。

❼ 单击【确定】按钮，设置页面属性，如图 13-45 所示。

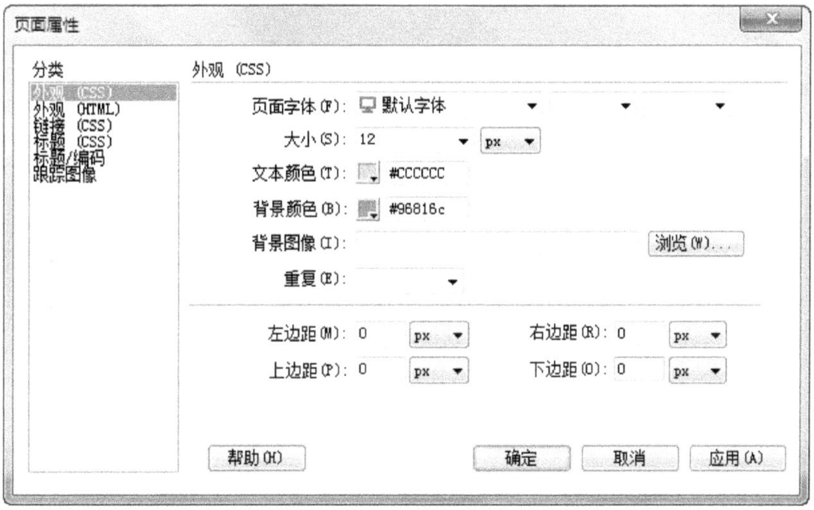

图 13-44　【页面属性】对话框

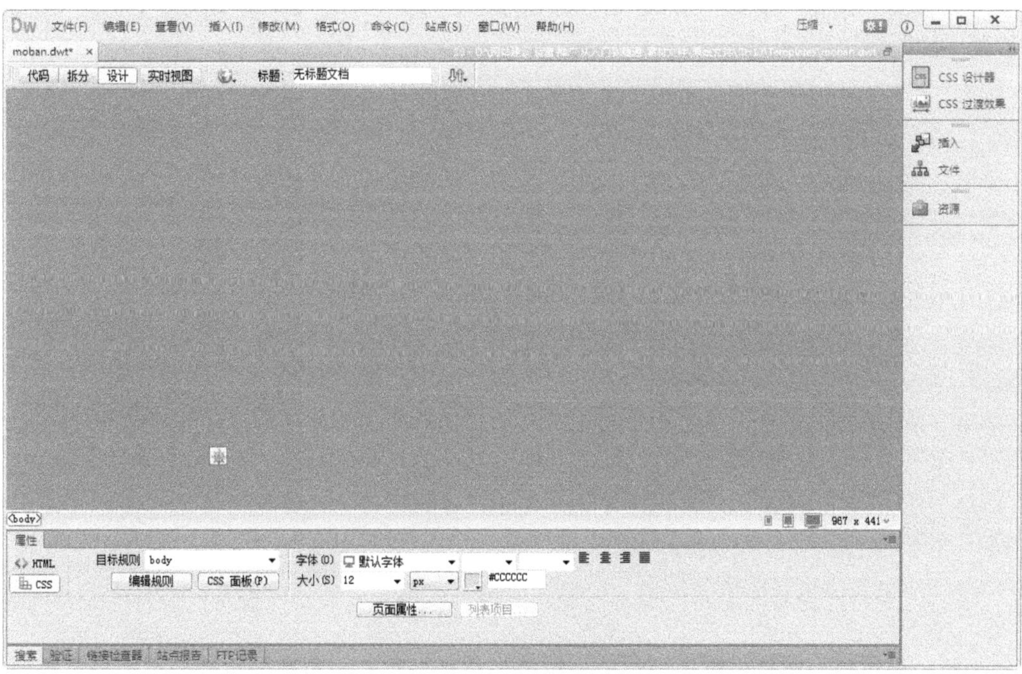

图 13-45　设置页面属性

❽ 将光标放置在页面中，选择菜单中的【插入】|【表格】命令，弹出【表格】对话框，在对话框中将【行数】设置为 3，【列】设置为 1，【表格宽度】设置为 1000 像素，如图 13-46 所示。

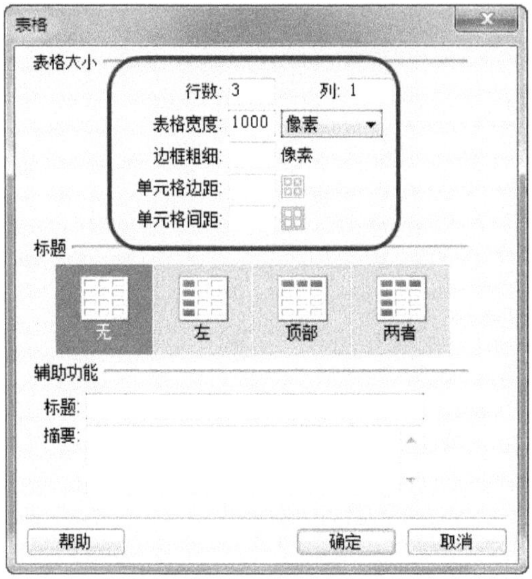

图 13-46 【表格】对话框

❾单击【确定】按钮，插入表格。在【属性】面板中将【对齐】设置为【居中对齐】，如图 13-47 所示。

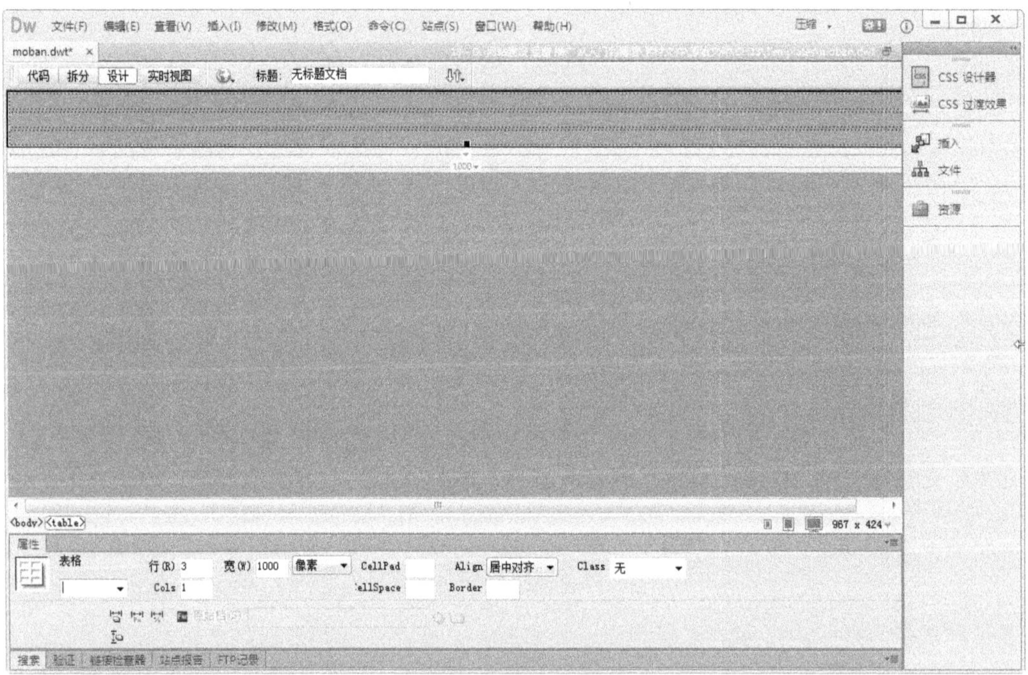

图 13-47 插入表格

❿将光标放置在第 1 行单元格中，选择菜单中的【插入】|【图像】|【图像】命令，弹出【选择图像源文件】对话框，如图 13-48 所示。

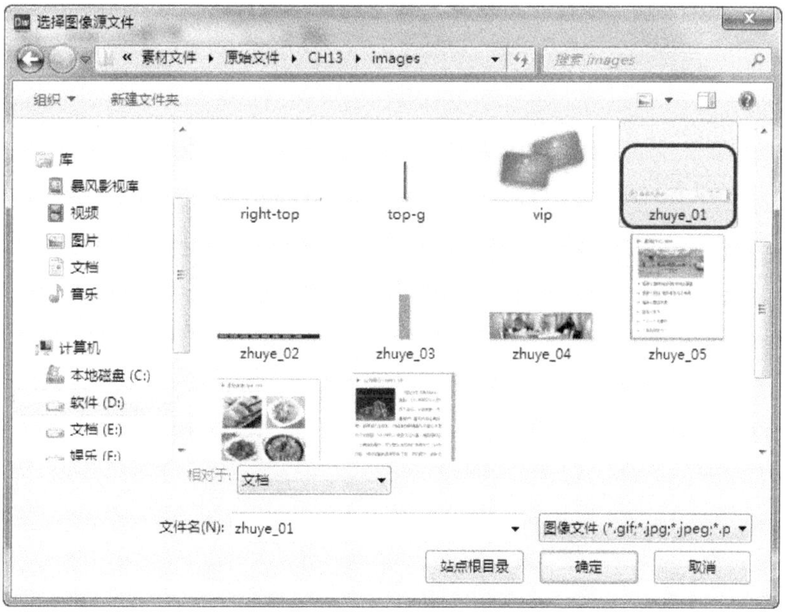

图 13-48　【选择图像源文件】对话框

⓫ 在对话框中选择图像 “images/zhuye_01.jpg”，单击【确定】按钮，插入图像，如图 13-49 所示。

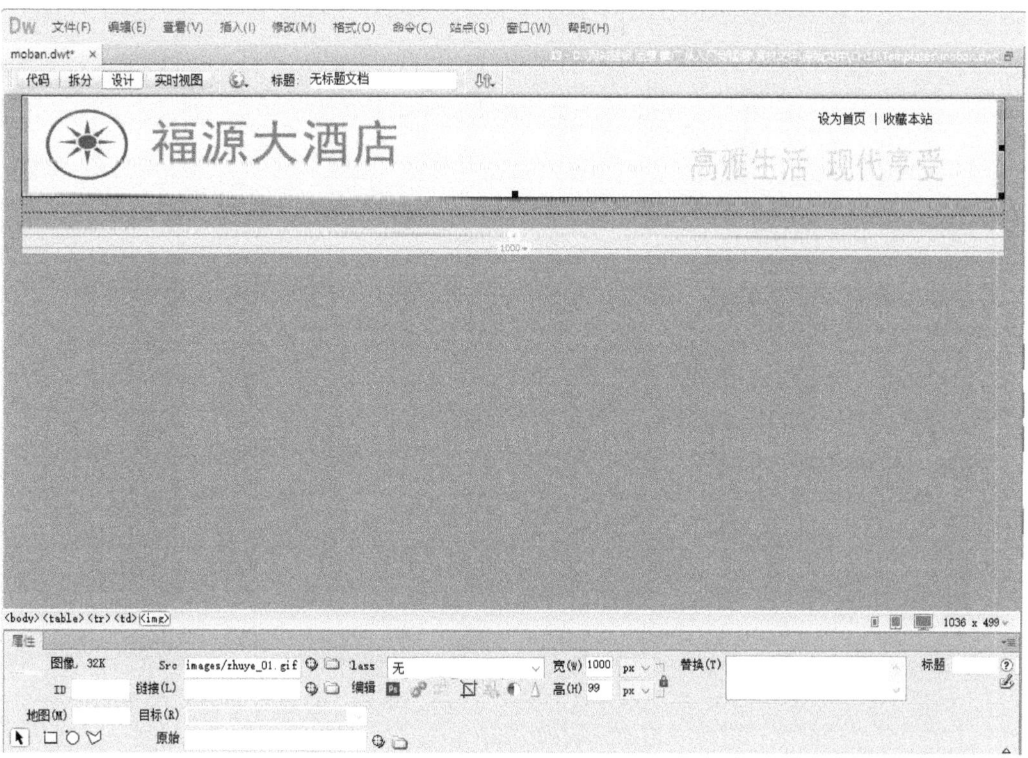

图 13-49　插入图像

⑫ 在第 2 行和第 3 行单元格中分别插入相应的图像，如图 13-50 所示。

图 13-50　插入图像

⑬ 在表格的右边选择【插入】|【表格】命令，插入一个 1 行 2 列的表格，将【对齐】设置为【居中对齐】，如图 13-51 所示。

图 13-51　插入表格

⑭ 将光标放置在第 1 列单元格中，在【属性】面板中将【背景颜色】设置为#993300，将第 2 列单元格【背景颜色】设置为#FFFFFF，如图 13-52 所示。

图 13-52　设置背景颜色

⑮ 将光标放置在第 1 列单元格中，插入一个 9 行 1 列的表格，如图 13-53 所示。

图 13-53　插入表格

⑯ 将光标放置在第 1 行单元格中，选择菜单中选择【插入】|【图像】|【图像】命令，插入图像文件 “Channel_3.gif”，如图 13-54 所示。

图 13-54　插入图像文件

⑰ 在第 2～6 行单元格中输入相应的导航文本，如图 13-55 所示。

图 13-55　输入文本

⑱ 在第 7～8 行单元格中分别插入相应的图像文件“left_01.jpg”和“index_03.gif”，如图 13-56 所示。

图 13-56 插入图像

⑲ 将光标置于第 9 行单元格中，输入文本。在表格的右边插入一个 1 行 1 列的表格，将【对齐】设置为【居中对齐】，如图 13-57 所示。

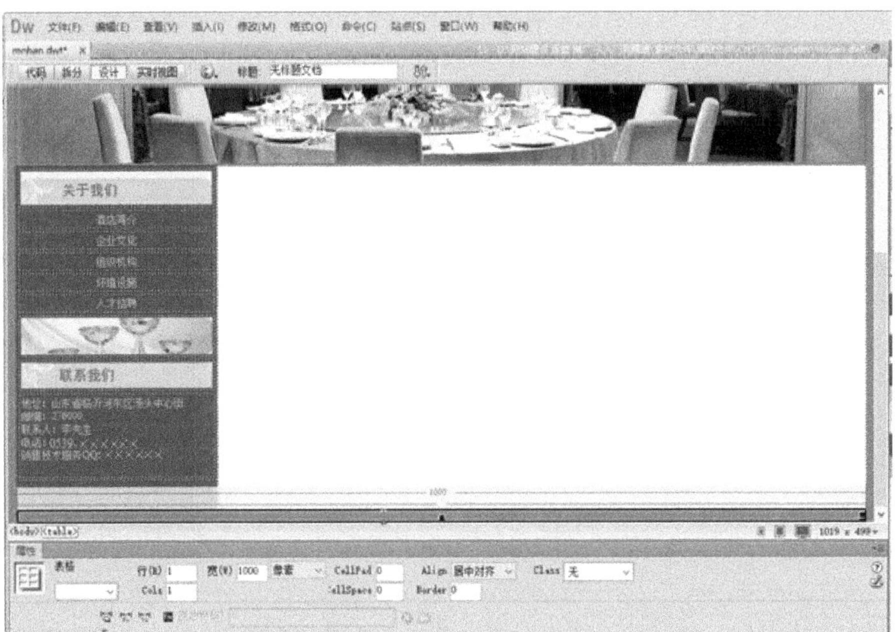

图 13-57 插入表格

⑳ 在表格中插入图像文件 “images/zhuye_08.gif”，如图 13-58 所示。

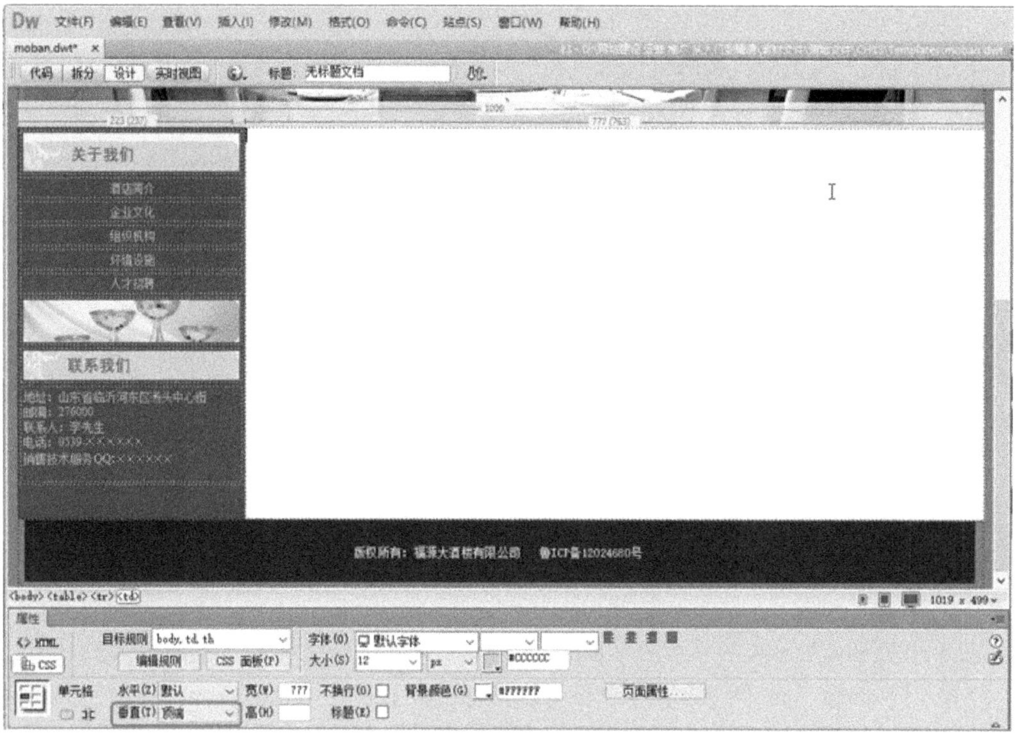

图 13-58　插入图像文件

㉑ 将光标置于上面表格的第 2 列单元格中，选择菜单中的【插入】|【模板对象】|【可编辑区】命令，弹出【新建可编辑区域】对话框，如图 13-59 所示。

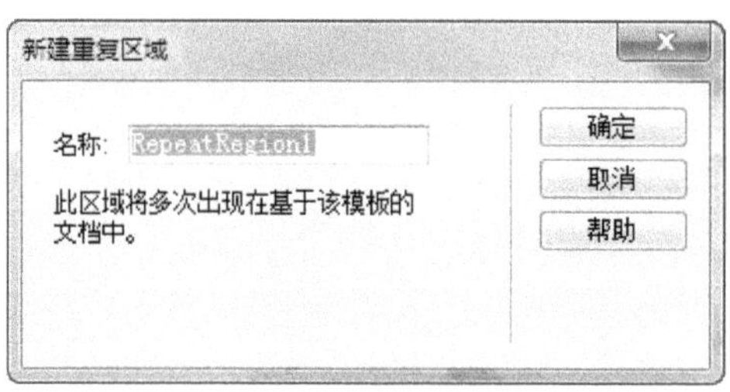

图 13-59　【新建可编辑区域】对话框

㉒ 单击【确定】按钮，创建可编辑区域，如图 13-60 所示。

图 13-60　创建可编辑区域

13.3.3　利用模板制作其他网页

设计人员利用模板制作网页的具体操作步骤如下。

❶ 选择菜单中的【文件】|【新建】命令，弹出【新建文档】对话框，在对话框中选择【网站模板】|【站点：13】|【moban】选项，如图 13-61 所示。

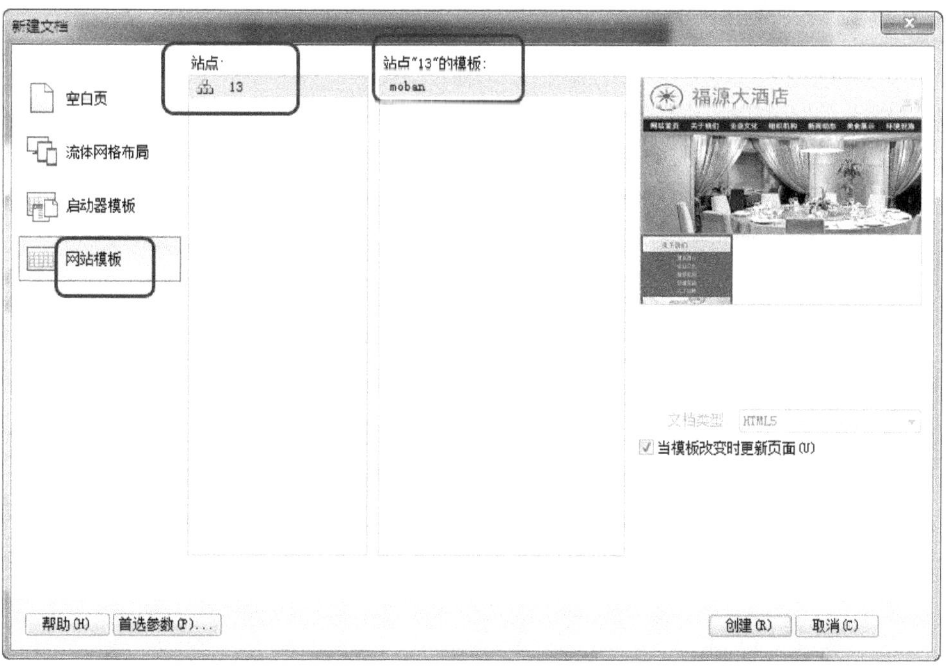

图 13-61　选择【moban】命令

❷ 单击【创建】按钮，即可创建网页文档。选择菜单中的【文件】|【另存为】命令，如图 13-62 所示。

图 13-62 选择【另存为】命令

❸ 弹出【另存为】对话框，将文件保存到相应的目录下，在【文件名】文本框中输入“公司简介”，如图 13-63 所示。

图 13-63 【另存为】对话框

❹ 选择菜单中的【插入】|【表格】命令，弹出【表格】对话框，将【行数】设置为 3，【列】设置为 2，【单元格间距】和【单元格边距】设置为 3，如图 13-64 所示。

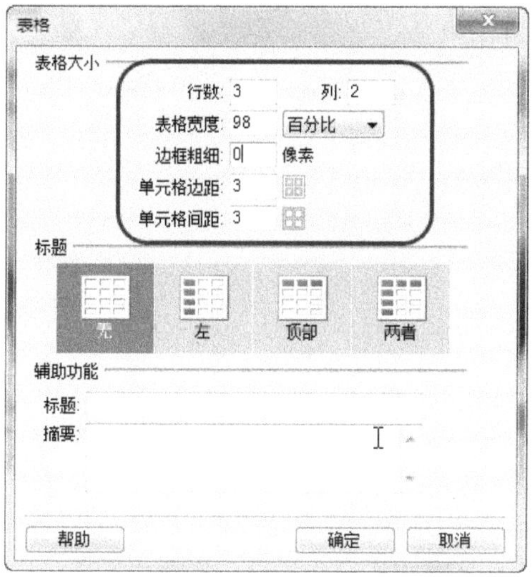

图 13-64　【表格】对话框

❺ 单击【确定】按钮，插入 3 行 2 列的表格，在【属性】面板中将【对齐】设置为【居中对齐】，如图 13-65 所示。

图 13-65　插入表格

❻ 将光标放置在第 1 行第 1 列单元格中，选择菜单中的【插入】|【图像】|【图像】命令，弹出【选择图像源文件】对话框，在对话框中选择图像“right-an.jpg”。单击【确定】按钮，插入图像，如图 13-66 所示。

图 13-66 插入图像

❼ 将光标放置在第 1 行第 2 列单元格中，输入文本“首页>> 公司简介”，如图 13-67 所示。

图 13-67 输入文本

❽ 将光标放置在第 2 行第 2 列单元格中，插入图像“images/right- top.jpg”，如图 13-68 所示。

图 13-68　插入图像

❾ 将光标放置在第 3 行第 2 列单元格中，输入相应的文本，如图 13-69 所示。

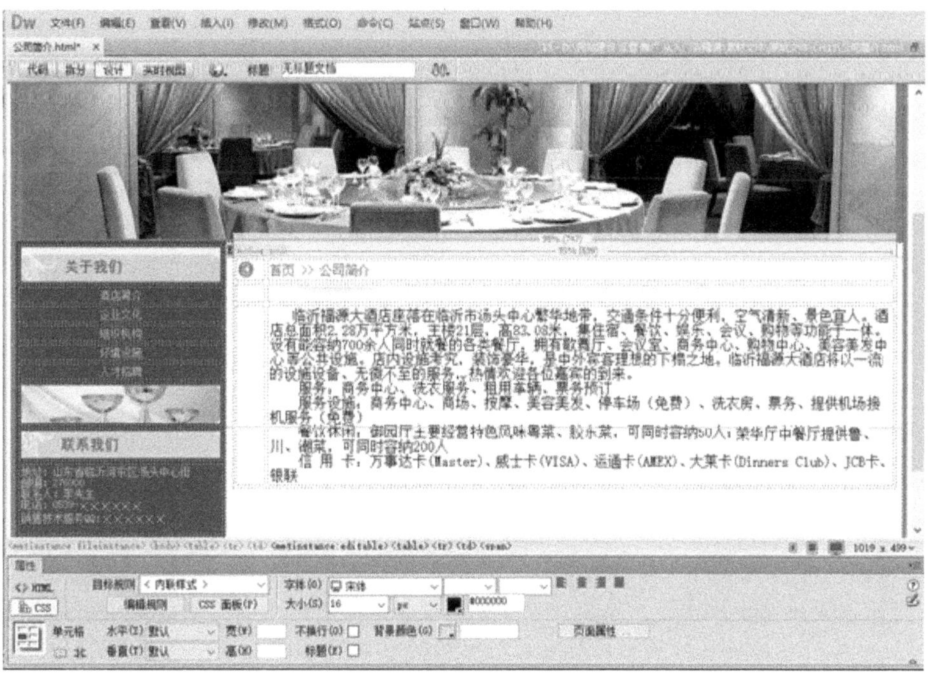

图 13-69　输入文本

⑩ 将光标放置在文本的后面，选择菜单中的【插入】|【图像】命令。弹出【选择图像源文件】对话框，选择图像“images/gsjj.jpg”。单击【确定】按钮，插入图像，如图 13-70 所示。

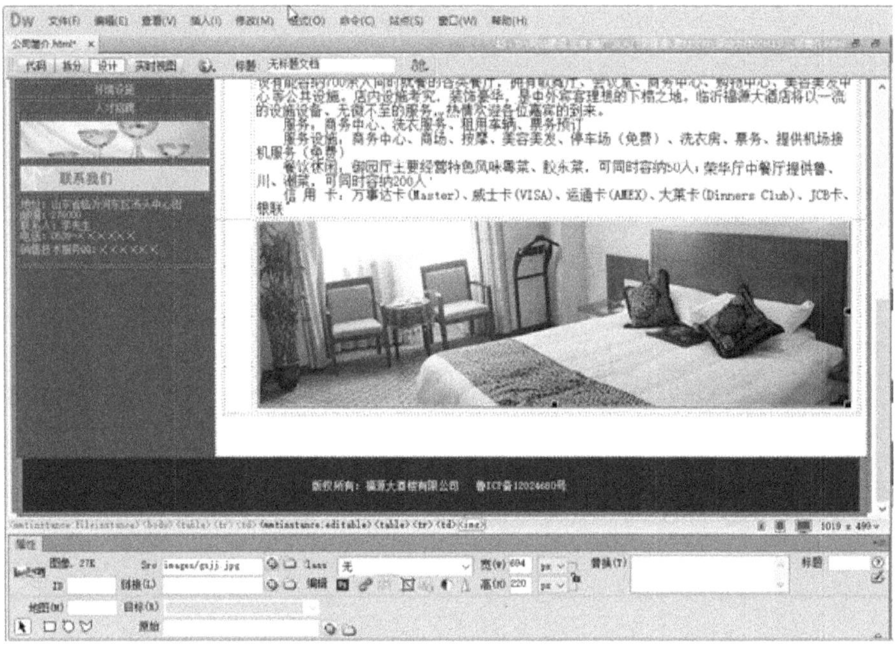

图 13-70　插入图像

⑪ 保存文档，按 F12 键在浏览器中预览效果，如图 13-71 所示。

图 13-71　效果图

13.4　利用模板制作其他网页

静态的网页会让浏览者感觉网站死气沉沉、没有生气。如果设计人员给网页添加一些特效，就会使网站生色不少，如滚动公告、弹出窗口等。下面就来具体讲述给网页添加特效的方法。制作弹出窗口页面的具体操作步骤如下。

❶ 打开素材文件“CH13/公司简介.html”，如图 13-72 所示。

图 13-72　素材实例

❷ 选择菜单中的【窗口】|【行为】命令，如图 13-73 所示。

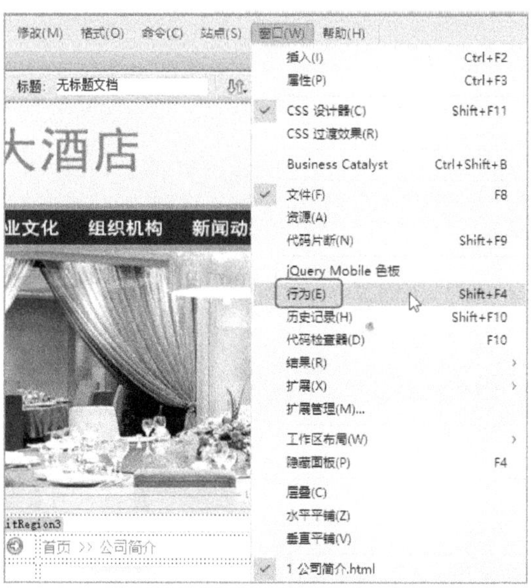

图 13-73　选择【行为】命令

❸ 打开【行为】面板，单击+按钮，在弹出的菜单中选择【打开浏览器窗口】选项，如图 13-74 所示。

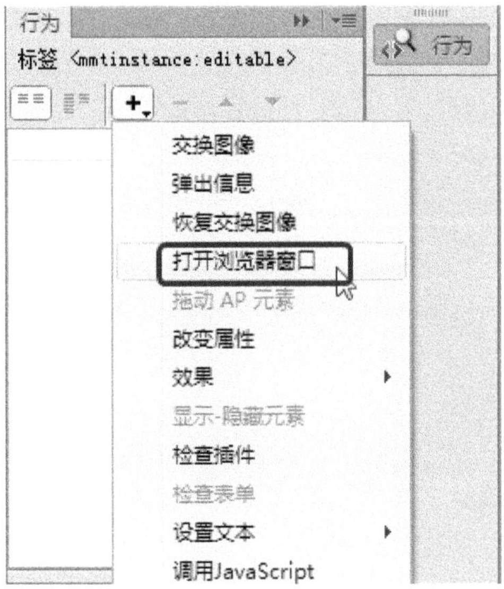

图 13-74 选择【打开浏览器窗口】选项

❹ 弹出【打开浏览器窗口】对话框，在对话框中单击【要显示的 URL】文本框后面的【浏览】按钮，如图 13-75 所示。

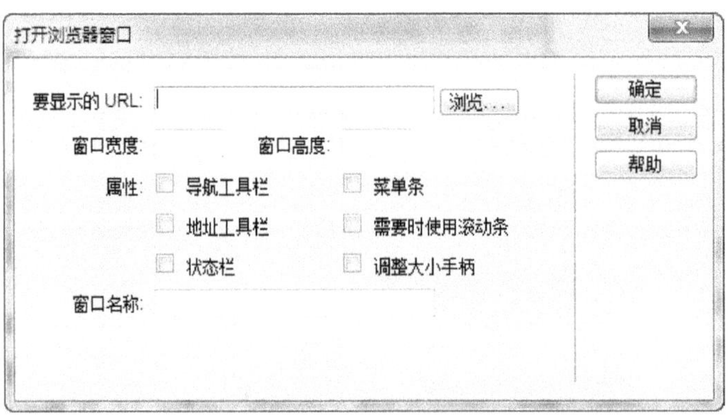

图 13-75 【打开浏览器窗口】对话框

❺ 弹出【选择文件】对话框，在对话框中选择“优惠.html”文件，单击【确定】按钮，添加浏览窗口文件，如图 13-76 所示。

❻ 单击【确定】按钮，将其添加到【行为】面板中，如图 13-77 所示。

❼ 保存文档，按 F12 键在浏览器中预览效果，如图 13-78 所示，然后自动弹出浏览器窗口如图 13-79 所示。

图 13-76　【选择文件】对话框

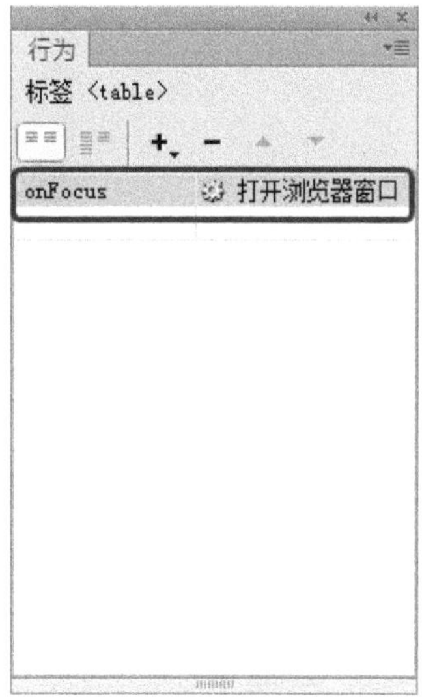

图 13-77　添加行为

图 13-78　原始文档

图 13-79　弹出窗口

13.5　本地测试及发布上传

设计人员创建完本地站点信息后要设置远程信息才能上传文件，具体操作步骤如下。

❶ 选择菜单中的【站点】|【管理站点】命令，弹出【管理站点】对话框，在对话框中选择站点【13】，如图 13-80 所示。

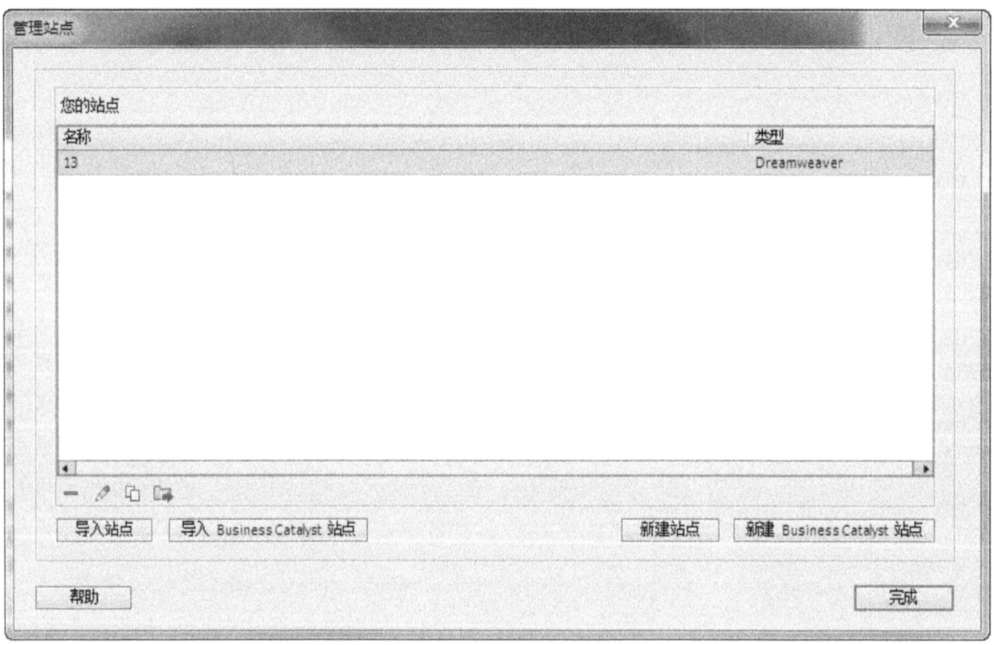

图 13-80　【管理站点】对话框

❷ 单击【编辑当前选定站点】按钮，弹出【站点设置对象】对话框，在对话框中选择【服务器】选项，如图 13-81 所示。

❸单击【添加新服务器】按钮➕，在弹出的对话框中设置服务器名称、密码、用户名信息，如图 13-82 所示。

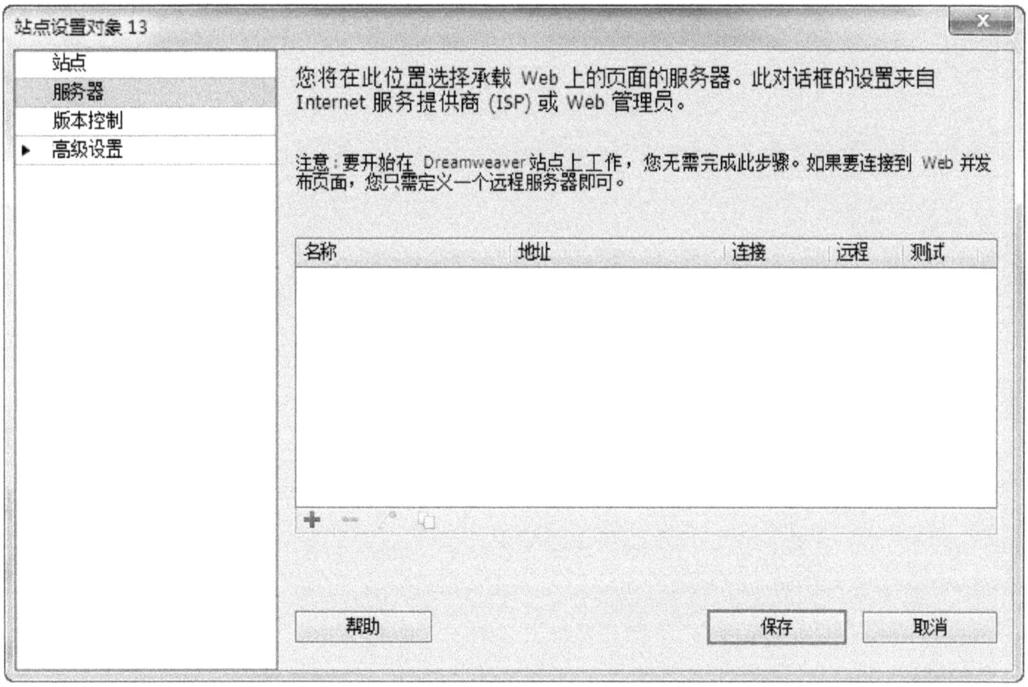

图 13-81　【站点设置对象】对话框

❹单击【文件】面板工具栏上的【上传文件】蓝色箭头按钮，Dreamweaver CC 会将所有文件上传到服务器默认的远程文件夹中，如图 13-83 所示。

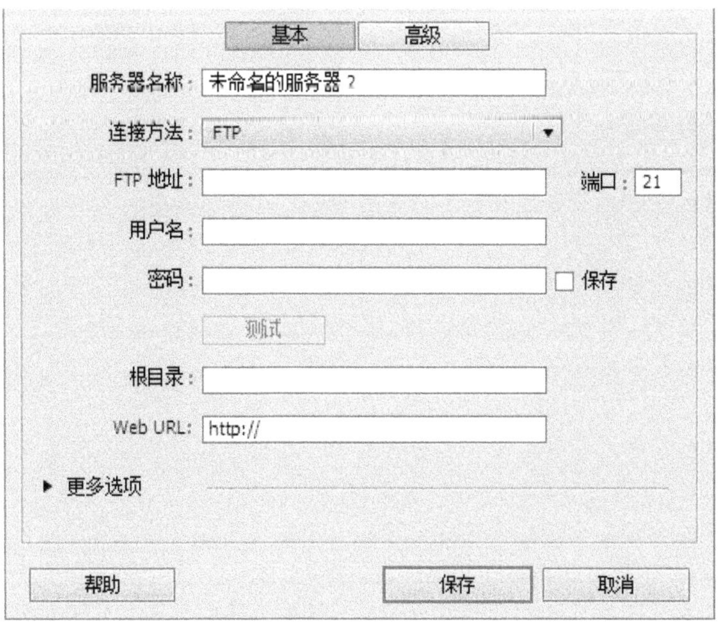

图 13-82　FTP 访问远程信息

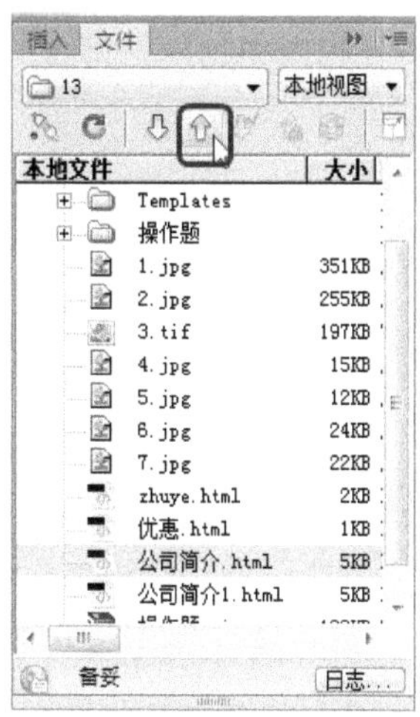

图 13-83　上传文件

13.6 经典习题

1．填空题

（1）企业网站的范围很广，涉及各个领域，它们都有一个共同特点即以 ________为主。其目的是提升企业形象，希望有更多的人关注自己的公司和产品，以获得更大的发展。

（2）首页使用 Photoshop CC 设计完后，再使用 Photoshop CC 中的切片工具切割网页，将首页图像切割成________。将图像存为网页时，每个切片作为一个独立的文件存储，可以使用切片加快________。

2．操作题

使用 Photoshop CC 制作网站首页，如图 13-84 所示。

图 13-84　制作网站首页

www.ingramcontent.com/pod-product-compliance
Ingram Content Group UK Ltd.
Pitfield, Milton Keynes, MK11 3LW, UK
UKHW062009041026
15591UKWH00017B/1250

9 787115 482563